经济法文库（第二辑）

Economic Law Library

外国投资国家安全审查制度研究

Research on National Security Review System of Foreign Investment

◎ 王东光 著

图书在版编目(CIP)数据

外国投资国家安全审查制度研究/王东光著. —北京:北京大学出版社,2018.11
（经济法文库·第2辑）
ISBN 978-7-301-30043-5

Ⅰ.①外… Ⅱ.①王… Ⅲ.①外商投资—涉外经济法—研究—中国 Ⅳ.①D922.295.4

中国版本图书馆CIP数据核字(2018)第251062号

书　　名	外国投资国家安全审查制度研究 WAIGUO TOUZI GUOJIA ANQUAN SHENCHA ZHIDU YANJIU
著作责任者	王东光　著
责任编辑	朱　彦
标准书号	ISBN 978-7-301-30043-5
出版发行	北京大学出版社
地　　址	北京市海淀区成府路205号　100871
网　　址	http://www.pup.cn　新浪微博　@北京大学出版社
电子信箱	sdyy_2005@126.com
电　　话	邮购部 010-62752015　发行部 010-62750672　编辑部 021-62071998
印刷者	天津中印联印务有限公司
经销者	新华书店
	730毫米×980毫米　16开本　16.5印张　221千字 2018年11月第1版　2018年11月第1次印刷
定　　价	49.00元

未经许可，不得以任何方式复制或抄袭本书之部分或全部内容。
版权所有，侵权必究
举报电话：010-62752024　电子信箱：fd@pup.pku.edu.cn
图书如有印装质量问题，请与出版部联系，电话：010-62756370

"经济法文库"总序

  我国改革开放以来的经济法制状况,可以用"突飞猛进"这几个字形容。仅从经济立法看,在完善宏观调控方面,我国制定了预算法、中国人民银行法、企业所得税法、价格法等法律,这些法律巩固了国家在财政、金融等方面的改革成果,为进一步转变政府管理经济的职能,保证国民经济健康运行提供了一定的法律依据;在确立市场规则、维护市场秩序方面,我国制定了反不正当竞争法、消费者权益保护法、城市房地产管理法等法律,这些法律体现了市场经济公平、公正、公开、效率的原则,有利于促进全国统一、开放的市场体系的形成。

  然而,应该看到,建立与社会主义市场经济相适应的法制体系还是一个全新的课题。我们还有许多东西不熟悉、不清楚,观念也跟不上。尤其是面对逐步建立起的完善的市场经济,我们的法制工作有不少方面明显滞后,执法、司法都还存在着许多亟待解决的问题。

  改革开放以来的经济法研究呈现出百家争鸣、百花齐放的良好局面,各种学术观点和派别不断涌现。但是,总体来说,经济法基本理论的研究还相当薄弱,部门法的研究更是分散而不成系统。实践需要我们回答和解释众多的疑难困惑,需要我们投入精力进行艰苦的研究和知识理论的创新。

  在政府不断介入经济生活的情况下,我们必须思考一些非常严肃的问题:政府介入的法理依据究竟是什么?介入的深度与广度有没有边界?政府要不要以及是否有能力"主导市场"?我们应如何运用法律制度驾驭市场经济?

  在国有企业深化改革过程中,我们不能不认真研究这样一些问题:国有的资本究竟应由谁具体掌握和操作？投资者是否应与监管者实行分离？国有企业应覆盖哪些领域和行业，应通过怎样的途径实现合并和集中？如何使国有企业既能发挥应有的作用，又不影响市场的竞争机制？

加入 WTO 以后，我国经济、政治、社会生活的方方面面发生了重大变化。我们必须研究：市场经济法制建设面临着什么样的挑战和机遇？在经济全球化的背景下，我们的经济法制如何在国际竞争中发挥作用？国外的投资者和贸易伙伴进入我国，我们提供一个什么样的法律环境？我们又如何采取对策维护国家的经济安全和利益？

面对环境日益恶化和资源紧缺的生存条件，循环经济法制建设任务繁重。如何通过立法确定公众的权利义务，引导和促进公众介入和参与循环经济建设？怎样增强主动性和控制能力，以实现经济发展与环境资源保护双赢，实现利益总量增加？如何发挥法律的鼓励、引导、教育等功能，通过受益者补偿机制，平衡个体与社会之间的利益？

在市场规制与监管方面，如何掌握法律规制监管的空间范围、适当时机和适合的力度？在法律上，我们究竟有什么样的有效规制和监管的方式、方法和手段？对各类不同的要素市场，实行法律规制和监管有什么异同？

…………

我们的经济法理论研究应当与经济生活紧密结合，不回避现实经济改革与发展中提出的迫切需要解决的问题，在观念、理论和制度等方面大胆创新。这是每一个从事经济法科学研究的学者和实际工作者应尽的义务和光荣职责。我们编辑出版"经济法文库"，就是要为经济法研究者和工作者提供交流平台。

"经济法文库"首批著作汇集的是上海市经济法重点学科和上海市教委经济法重点学科的项目成果，随后我们将陆续推出更多国内外经济法学者的优秀研究成果。我们坚信，这些优秀成果一定会引起社会各方面的广泛关注，一定会对我国的经济法制建设起到推动和促进作用。

期望"经济法文库"在繁花似锦的法学苑中成为一朵奇葩。

华东政法大学　顾功耘

CONTENTS 目 录

第一章 经济全球化与外国投资　1
第一节　经济全球化的历史潮流　1
第二节　外国投资的保护与规制　4
第三节　我国的外资政策与海外投资　19

第二章 外国投资与国家安全审查　30
第一节　国家安全审查的政治内核　32
第二节　国家安全审查的法律化路径　41
第三节　国家安全审查法律执行与
　　　　适用的政治回归　52
第四节　对外国政府所控制投资进行
　　　　国家安全审查的特殊性　63

第三章 国家安全审查制度比较研究　75
第一节　美国国家安全审查制度　76
第二节　澳大利亚国家安全审查制度　97
第三节　加拿大国家安全审查制度　114
第四节　德国国家安全审查制度　125
第五节　俄罗斯国家安全审查制度　137
第六节　英国国家安全审查制度　149

第四章　我国国家安全审查制度之完善　156
　　第一节　引发国家安全担忧的外资并购　157
　　第二节　我国国家安全审查制度框架　164
　　第三节　我国现行国家安全审查制度　176
　　第四节　自贸区国家安全审查制度　187
　　第五节　统一的国家安全审查制度　194

附　录　199
　　附录一　罗尔斯公司（Ralls）诉美国外国投资委员会（CFIUS）案　199
　　附录二　关于罗尔斯公司（Ralls）收购四个美国风电项目公司的总统令　228
　　附录三　国务院办公厅关于建立外国投资者并购境内企业安全审查制度的通知　231
　　附录四　商务部实施外国投资者并购境内企业安全审查制度的规定　235
　　附录五　国务院办公厅关于印发自由贸易试验区外商投资国家安全审查试行办法的通知　238
　　附录六　《外国投资法（草案征求意见稿）》第四章　241

参考文献　247

后　记　258

第一章
经济全球化与外国投资

经济全球化使得资源可以在全球范围内进行配置,一个产品的元件可能来自多国各地,一个公司可能在全球范围内经营。跨国投资既是经济全球化的表现,也是经济全球化的实现路径。经济全球化带动了跨国投资,跨国投资进一步促进了经济全球化。在经济全球化的历史趋势下,对待外国投资不再是一个要或不要的问题,而是多或少、宽或松的问题,是如何保护与规制的问题。

第一节 经济全球化的历史潮流

一、经济全球化:现象、意义、反思与趋势

经济全球化,是指各国生产经营活动通过世界市场形成的跨越国界的融合,是各国经济联系和经济依赖程度的高度化。经济全球化以资本无限增值和扩张的本性为根本驱动力,以世界市场的形成为根本前提,是生产力发展的必然结果。[①]"经济全球化是一个不以人的主观意志为转移的客观进程,世

[①] 参见高友才:《经济全球化:生成、利弊、对策》,载《郑州大学学报(哲学社会科学版)》2011年第6期。

界各国的体制趋同、跨国公司全球性的套利活动以及信息技术的革命等,为经济全球化发展提供了符合逻辑的解释。"①经济全球化就是投资、贸易等经济活动及其各生产经营要素流动的自由化,就是世界市场的统一化,与其说是一种静态的结果,不如说是一个动态的过程。② 能够反映经济全球化的本质,揭示其发展动力、动因的是市场经济全球化。市场经济全球化既能够从现象上描述全球化,又能够揭示全球化的本质。"世界市场、经济全球化是一个自然的历史发展的趋势。"③经济全球化是不可逆转的时代潮流。④

经济全球化内在地具有正面和负面双重影响。在不合理、不平等、不民主的国际经济秩序下,经济全球化给发展中国家经济、贸易以及知识和技术准入等方面带来负面影响;可能带来民族国家内部和民族国家之间的社会、经济不平衡,以及世界广大地区的两极分化;对全球生态系统造成过度开发与破坏;权力集中在几乎不受任何监督控制的少数几个经济单位的手里,如跨国以及跨地区的公司企业。⑤ 经济全球化虽可惠及世界,但对各国产生的影响并不相同。由于经济全球化是以发达国家为主导的,发展中国家的经济实力和综合竞争力远逊于发达国家,因此经济全球化也给发展中国家带来了严峻的挑战和冲击。"全球化的最大弊端是造成了世界范围的贫富差距拉大,貌似公平的自由竞争使强者更强,弱者更弱。"⑥但是,也有学者认为,经济全球化是增进全球福利的,而且在某种程度上可以说后进国家在经济全球化过程中所获得的好处要多于发达国家。"经济全球化所带来的风险主要源自边缘化、分工选择错误和动态转型滞后等原因。经济全球化的最新发展表明,实际经济的全球化进程与虚拟的金融活动的全球化进程是不对称的,这种非对称性是导致经济全球化进程中富国越来越富、穷国越来越穷的主要原

---

① 华民:《经济全球化与中国的对外开放》,载《学术月刊》2007年第7期。
② 参见沈四宝、盛建明:《经济全球化与国际经济法的新发展》,载《中国法学》2006年第3期。
③ 朱小慧:《揭示世界市场与经济全球化的内在联系》,载《中国社会科学院院报》2005年9月13日002版。
④ 参见郭连成:《经济全球化正负效应论》,载《世界经济与政治》2000年第8期。
⑤ 参见胡代光:《经济全球化的利弊及其对策》,载《福建论坛(经济社会版)》2000年第11期。
⑥ 高友才:《经济全球化:生成、利弊、对策》,载《郑州大学学报(哲学社会科学版)》2011年第6期。

因。"①以市场扩张为基本特征的经济全球化受到国家和超国家权力系统的调节。尽管反全球化的呼声仍然很高,我们还是应当承认,全球化在提出挑战的同时,也带来了机会,它提高了人们的生活水平,扩大了就业,为各国的经济活动和就业提供了更大的稳定性,增进了个体的文化自由。②

在国际金融危机的冲击下,全球贸易与直接投资流量下降,但是经济全球化的基本趋势没有改变;跨国垄断资本不仅有实力继续推进生产要素的跨国界流动,而且经济全球化趋势演进的内生机制、运行条件和路径等仍将在调整和变化中继续发挥作用。但是,这并不意味着国际金融危机对经济全球化的发展进程毫无影响。在后危机时代,经济全球化和世界经济多极化都出现了新特点和新态势。国家资本跨国化成为刺激经济的新需要,跨国垄断资本正在寻找新的全球市场。③

二、经济全球化背景下的国际投资

在经济全球化进程中,国际投资扮演着非常重要的角色,日益成为推动经济全球化进程的发动机。经济全球化的发展促进了国际投资的流动、自由化和解除管制,使各国进行全球性结构调整和战略定位。④ 国际投资的迅猛发展既是经济全球化的重要表现形式,也是进一步推动经济全球化进程的直接力量,在一定程度上表现出相伴相生、相互促进的关系。在全球化、发展和外国直接投资(FDI)之间存在着互动作用,对于外国直接投资作用的认识以及外资政策的制定应考虑全球化和发展的维度。外国直接投资有利于促进国内企业提高竞争能力,推动国内产业结构升级。⑤ 经济全球化以市场扩张为其基本特征之一。跨国资本直接投资流向拥有知识资源和战略性资产的

---

① 华民:《经济全球化与中国的对外开放》,载《学术月刊》2007 年第 7 期。
② 参见〔英〕约翰·邓宁:《外国直接投资:全球化与发展、新的挑战与机遇》,载《国际经济合作》2005 年第 4 期。
③ 参见裴长洪:《后危机时代经济全球化趋势及其新特点、新态势》,载《国际经济评论》2010 年第 4 期。
④ 参见王玉梁、朱喜秋:《经济全球化与国际投资——趋势及对策》,载《国际经济合作》1999 年第 11 期。
⑤ 参见〔英〕约翰·邓宁:《外国直接投资:全球化与发展、新的挑战与机遇》,载《国际经济合作》2005 年第 4 期。

国家或地区,当地化成为经济全球化背景下跨国资本直接投资的新趋势。①经济全球化是不可抗拒、不可逆转的世界经济潮流,在这样的客观形势下,必须采取积极、开放的态度,欢迎并合理利用外国投资,促进本国经济、社会发展进步,同时也要推动本国资本"走出去",进入世界市场,在全球范围内优化和配置资源,增强本国经济及企业的国际竞争力。

在经济全球化和国际投资中,大型跨国企业发挥着极为重要的作用,也是全球化的最直接受益者。"在全球经济一体化的条件下,国际经济竞争已经突破国界,在规模巨大、销售额和资产额占全球各行业中较大比重的大企业之间进行,实力强盛的大企业在世界经济发展中起着越来越重要的作用。跨国公司凭借其种种优势,跨越国界进行营销活动,实施全球范围内资源和生产要素的最佳配置和组合,已成为当前国际经济竞争的一种趋势。"②跨国投资是大型跨国企业在全球范围内进行资源优化整合与配置的最普遍、最直接、最重要的路径和方式。

第二节 外国投资的保护与规制

外国投资的保护与规制旨在实现外国投资者与东道国之间的利益平衡,二者不可偏废。"传统的新自由主义主导的国际投资法范式,以促进投资自由化和保护外国投资者的利益为主要目标,而相对忽视东道国的国内监管权。近年来,伴随着国际资本流动的多元化和'全球治理'理念的兴起,加之传统国际投资理论固有的不合理性,新自由主义逐渐被各国所抛弃,一种新的被称为'嵌入式自由主义'的国际投资法范式正在成为主流。这种范式的国际投资法更为追求促进投资自由化、保护投资者利益与保障东道国国内监管权的平衡,更加注重东道国在国家安全、金融稳定、环境保护、劳工保障等重要公共政策领域所保有的适当监管空间。"③

---

① 参见史美霖:《经济全球化下跨国资本直接投资新趋势与利用外资的战略思考》,载《企业经济》2006 年第 7 期。
② 欧阳卓飞:《经济全球化与企业境外投资》,载《中南财经政法大学学报》2003 年第 3 期。
③ 漆彤、余茜:《从新自由主义到嵌入式自由主义——论晚近国际投资法的范式转移》,载刘志云主编:《国际关系与国际法学刊》(2014·第 4 卷),厦门大学出版社 2014 年版,第 201 页。

一、外国投资之自由与权益保护

国际投资的形成和发展依赖于东道国允许外国资本进入本国投资并对这种投资给予保护,即外国投资者在东道国具有投资的自由,其投资所产生的权益受到东道国的尊重与保护。在投资自由方面,绝大多数国家都秉持开放的外资政策,积极促进外国投资的自由化和便利化,可能还会给予一定的优惠政策,营造宽松、自由的外国投资环境。在权益保护方面,东道国以国际投资协定和国内法为基础,构建法治化的投资环境,确保外国投资者的正当投资权益得到法律保护。

除了东道国制定的关于外国投资的国内法外,它与其他国家签订的国际投资保护协定是保护国际投资的重要法律渊源。国际投资保护协定虽然由东道国与外国投资者的母国签订,是以国家为主体达成的保护投资的约定,但是其保护对象是具体的外国投资者。所以,与其说东道国根据国际投资保护协定保护外国投资者的投资权益,还不如说外国投资者的母国为了保护本国投资者的对外投资而采取行动。欧洲是国际投资保护协定的发源地。1959年,德国和巴基斯坦签订了世界上第一个双边投资保护协定。在此后的半个多世纪中,欧盟成员国,特别是老牌的发达国家,签订了大量的双边投资保护协定。根据联合国贸易和发展会议(UNCTAD)的有关资料,全球签订双边投资保护协定数量较多的国家中,大部分都是欧盟成员国;所有欧盟成员国各自与相关国家签订的双边投资保护协定有一千多项,几乎占了全球双边投资保护协定总量的一半。[①] 美国、日本等发达国家也都致力于双边或多边投资协定的签订。尤其是美国,通过自己起草国际投资协定范本并以此为基础进行国际投资谈判,努力推动国际投资保护并从中获取优势和有利条件。改革开放以来,我国先后与很多国家签订了投资保护协定,对实施"引进来"和"走出去"战略发挥了积极的促进作用。

双边投资保护协定是国际投资法主要的法律形式之一,无论是单边、双边还是多边的法律制度都建立在此基础之上。它的国民待遇、最惠国待遇、

---

① 参见肖芳:《〈里斯本条约〉与欧盟成员国国际投资保护协定的欧洲化》,载《欧洲研究》2011年第3期。

公平与公正待遇等条款,要求东道国给予投资者无论是在实体权利还是程序权利上都符合国际法要求的待遇标准,其争议解决条款也是东道国与母国之间以及投资者与东道国之间解决投资争议的法律基础。美国从1982年开始制定作为谈判标准的双边投资保护协定范本,并根据时代的变化而不断修改。在范本中,美国非常重视对国家安全的保护,突出的表现就是重大安全例外条款,其表述为:"本条约不得要求缔约一方提供和公开与其重大利益相冲突的信息;不得禁止缔约另一方采取其认为必要的措施以履行其维护世界和平与安全的义务或保护其根本安全利益。"根据该条款,国家可以基于国家安全采取其认为适当的措施,即使违反条约义务,也不需要承担赔偿责任。[1]

二、东道国对外国投资的规制

外国投资对东道国的经济、社会发展具有积极的促进作用,各主要国家都奉行开放、友好的外资政策,积极吸收和利用外国投资。但是,外资也是"具有两面的硬币",在促进东道国经济、社会发展的同时,也会带来诸如环境污染、掠夺资源、垄断市场、威胁产业安全等问题,甚至会影响和威胁东道国国家安全。所以,各国在对外资保持开放姿态的同时,都会采取适当的政策和法律措施,引导和规范外国投资,发挥其积极功能,限制和消除其消极影响。关于外资威胁国家经济安全的原因和方式,有学者认为,外资企业与本土企业在经营目标等方面存在本质区别,两类企业对东道国经济安全态势会产生明显不同的影响:外资企业对东道国所承担的社会责任缺失、核心技术的垄断和控制、财富的归属问题、承载的母国国家利益以及对母国文化的高度认同,均使其无法成为东道国经济安全的保障,甚至可能演变为经济不安全的"发源地"。外资并购可能对经济安全造成潜在威胁的途径和方式为:过度的外资并购弱化或动摇了本土企业乃至国家自主创新的基础和持续性,自主创新能力(尤其是持续创新能力)的下降将进一步削弱一国或地区的国际竞争力及其持续性,而国际竞争力的强弱及其是否具有持续性又决定着该国

---

[1] 参见陈晓芳、刘其军:《中国投资遭遇美国国家安全审查的困境与突破》,载《商业时代》2013年第17期。

或地区的经济安全状况。①

东道国通过制定外资政策和相关法律规范外国投资,这并不存在国际法上的障碍。主权国家根据国家属地管辖原则,拥有管制或禁止外资进入本国领土或设立永久性商业存在的绝对权力。② 东道国对于外资的限制属于符合国家主权原则的合理行为,国家主权原则是对外资的准入和运营进行控制、对事关国家安全利益的外资并购交易实施审查的国际法依据。《1994年关税与贸易总协定》规定了"安全例外规则",其中第20条为一般例外规定:"本协定的规定不得解释为禁止缔约方采用或加强以下措施,但对情况相同的各国,实施的措施不得构成武断的或不合理的差别待遇,或构成对国际贸易的变相限制:(a)为维护公共道德所必需的措施;(b)为保护人类、动植物的生命或健康所必需的措施;(c)有关输出或输入黄金或白银的措施;(d)为了保证某些与本协定的规定并无抵触的法令或条例的贯彻执行所必需的措施,包括加强海关法令或条例,加强根据协定第2条第4款和第14条而实施的垄断,保护专利权、商标及版权,以及防止欺诈行为所必需的措施;(e)有关罪犯产品的措施;(f)为保护本国具有艺术、历史或考古价值的文物而采取的措施;(g)与国内限制生产与消费的措施相配合,为有效保护可能用竭的天然资源的有关措施;(h)如果商品协定所遵守的原则已向缔约方全体提出,缔约方全体未表示异议,或商品协定本身已向缔约方全体提出,缔约方全体未表示异议,为履行这种国际商品协定所承担的义务而采取的措施;(i)在国内原料的价格被压低到低于国际价格水平,作为政府稳定计划的一部分的期间内,为了保证国内加工工业对这些原料的基本需要,有必要采取的限制这些原料出口的措施;但不得利用限制来增加此种国内工业的出口或对其提供保护,也不得背离本协定的有关非歧视的规定;(j)在普遍或局部供应不足的情况下,为获取或分配产品所必须采取的措施;但采取的措施必须符合以下原则:所有缔约方在这些产品的国际供应中都有权占有公平的份额,而且如采取的措施与本协定的其他规定不符,应在导致其实施的条件不复存在时,立即予

---

① 参见张金清、吴有红:《外资并购对我国经济安全的潜在威胁分析》,载《复旦学报(社会科学版)》2010年第2期。

② 参见吴兴南、林善炜:《全球化与未来中国》,中国社会科学出版社2002年版,第298页。

以停止。……"第 21 条为安全例外规定:"本协定不得解释为:(a)要求任何缔约方提供其根据国家基本安全利益认为不能公布的资料;或(b)阻止任何缔约方为保护国家基本安全利益对有关下列事项采取其认为必须采取的任何行动:(i)裂变材料或提炼裂变材料的原料;(ii)武器、弹药和军火的贸易或直接和间接供军事机构用的其他物品或原料的贸易;(iii)战时或国际关系中的其他紧急情况;或(c)阻止任何缔约方根据《联合国宪章》为维持国际和平和安全而采取行动。"经济合作与发展组织(OECD)的《资本流动自由化法典》也允许成员国基于安全利益或其他根本利益而采取限制资本自由化的合理措施。所以,以维护国家安全利益为由,通过国际法规范中的例外条款,在必要的限度内限制甚至禁止外资并购,可以避免东道国政府对外资的规制行为与本国所应承担的国际法义务相抵触,使东道国对外资的限制具有合法性。

为了保护国内产业,维护国内稳定,促进经济持续健康发展,各国通常都会对外资采取一定的防护措施。此类投资限制是必要的,而且是大有裨益的。但是,若投资限制超出合理的限度,变成带有歧视性的、针对外资的不公平待遇,就会转变成国际投资保护主义,不利于建立平等开放、自由竞争、公平互利的国际投资环境。[①] 由于受到美国金融危机、欧洲主权债务危机等方面的影响,国际投资保护主义在全球兴起,主要表现为:设置市场准入壁垒,进行严格的国家安全审查,投资者需承担更多的社会责任并应有政治、经济民族主义方面的考虑。国际投资保护主义兴起的原因主要有:世界经济低迷导致东道国保护国内产业,国际投资规则体系存在缺陷,自由贸易区的投资带来转移效应,以及部分国家对新兴经济体的对外投资感到恐慌。[②]

对于外资并购,各国大多同时采用产业政策审查、反垄断审查和国家安全审查。一般情况下,一国在外资的市场准入方面越是宽松,反垄断审查和国家安全审查越是重要;反之,如果一国对外资实施较为严格的市场准入制

---

① 参见卢进勇、李锋:《国际投资保护主义的历史演进、特点及应对策略研究》,载《亚太经济》2012 年第 4 期。

② 参见李轩:《国际投资保护主义的兴起与中国的对策研究》,载《河北经贸大学学报》2013 年第 6 期。

度,则产业政策审查将占据突出的地位。① 另外,反垄断审查可能在客观上有助于维护产业安全,但是它并非反垄断审查所直接追求的目标和承载的任务。垄断在绝大多数情况下是极其有害的。从这个意义上说,垄断必然会损害产业安全,相应地,反垄断则可以起到保障产业安全的作用。但是,问题在于,反垄断法作为竞争政策法律化的产物,其根本价值取向应在于创造和维护自由竞争、公平竞争的市场环境。在市场经济条件下,竞争政策与产业安全并不是同一层面上的价值范畴,不能在一个制度中兼顾。反垄断法的实质在于,清除市场机制运行中的障碍,从而恢复和维护市场机制的正常运行,让市场这只"看不见的手"自己去发挥资源配置的作用。产业安全的保障则是国家对经济运行的主动干预,是在一国经济发展的特定阶段,政府这只"看得见的手"基于特定产业的重要性或特殊性而采取的干预措施。这就决定了反垄断审查不应当将企业集中对于产业安全的影响作为一个普遍性的考量因素。②

(一)产业安全审查

经济全球化是一股不可阻挡的潮流,不仅展现了国家、地区之间的协作交融、相互依赖,也是人类社会文明进步的表现形式。但是,经济全球化带来的问题同样不容忽视。贸易自由化和资本国际化在促进商品流通、国际分工和技术交流的同时,给参与国尤其是落后国家带来的冲击亦相当明显。伴随着国际贸易的出现,保护本国弱势产业的经济思想也开始萌生。产业安全思想萌芽于重商主义的保护关税思想。托马斯·孟认为,要使本国工业得到发展并具有竞争力,就要降低为出口制成品而进口的原材料的进口关税,同时减免出口关税也是必要的。民族工业保护理论先驱、英国古典经济学家亚当·斯密主张对外国船舶绝对禁止或课以重税,以保护本国船舶运输产业的安全及发展。到重商主义后期,鼓励出口与限制进口成了普遍做法,这种做法具有明显的保护国内产业的性质。近代贸易保护主义者汉密尔顿立足于工业革命伊始美国的利益,在《关于制造业的报告》中提出了保护幼稚产业的

---

① 参见孙南申、彭岳:《外资并购国家安全审查制度的立法改进与完善措施》,载《学海》2014年第3期。

② 参见朱一飞:《国家安全审查与反垄断法的区别与协调——以产业安全保障为视角》,载《河北法学》2009年第5期。

理论。德国学者李斯特在《政治经济学的国民体系》一书中提出了进行贸易保护的政策,主张以关税作为保护国内幼稚产业的手段,并认为保护民族经济的根本目的在于维护民族利益。尽管英国经济学家穆勒是自由贸易论者,但是他也主张保护幼稚产业,强调从外国移植的产业或政府扶植的产业处于学习和探索阶段,必须加以保护;等到学习和试验期结束,应撤销保护。发展经济学家提出的独立发展本国产业思想是产业安全思想发展的又一个阶段。阿瑟·刘易斯提出,既要让外来资本发挥促进本国经济发展的作用,又要防止外资垄断某些重要领域;面对先进工业化国家的竞争,本国的工业化进程虽面临巨大困难,但却是值得的、必要的。英国经济学家高德莱于20世纪70年代提出了基于凯恩斯主义的新保护主义经济理论,主张通过保障产业安全以维护国家经济安全。国外学者对于产业安全的研究立足于其所在国家的现实发展需要,并贯穿于国际贸易理论的发展之中,特别是贸易保护主义理论、民族工业保护理论一致强调产业安全是一国国民经济安全的核心问题,保障国家经济安全的关键是保障产业安全。[①]

随着改革开放的深入和外资的不断进入,我国的产业安全问题逐渐引起关注。2001年,我国加入了WTO,国际贸易开放程度大幅提升,在享受国际贸易带来的惠益的同时,本国的弱势产业也面临严峻的挑战。我国吸收、利用外资的规模不断增大,外国投资的方式也开始从"绿地建设"转向并购国内企业,尤其是并购国内产业的龙头企业。这使得关于我国产业安全的担忧不断升级。北京交通大学专门成立了中国产业安全研究中心,2007年至今已经举办多次中国产业安全论坛。除了产业安全的宏观研究之外,学者们还从微观视角对能源、汽车、物流、金融、文化、医药、棉花、大豆等产业的安全进行了分析。

关于产业安全的内涵,学者们从不同的角度进行了诠释。为了厘清产业安全的内涵与外延,有学者对各方关于产业安全有代表性的观点进行了梳理,形成了"四说"(即产业控制力说、产业竞争力说、产业发展说和产业权益

[①] 参见景玉琴:《关于产业安全问题的经济思想钩沉》,载《江汉论坛》2005年第10期;李成强:《产业安全理论评介、涵界与展望》,载《黑龙江社会科学》2008年第3期。

第一章　经济全球化与外国投资

说)①和"五论"(即威胁论、能力论、状态论、权力论和层次论)②。还有学者在更高的层面上对上述学者的梳理进行了综述。③ 这些学说之下的产业安全可以概括为:"一国国民对其重要产业拥有自主权、控制权和发展权,特别是这些产业在国际产业竞争中具有竞争力,能够应对各种生存与发展威胁,并在国内市场上达成国民产业权益总量和其在国内份额的最佳组合,从而保证本国国民现有的或潜在的产业权益免受危害的状态和能力。"④宏观产业安全说强调国家制度与产业安全的关系,即"一国制度安排能够引致较合理的市场结构及市场行为,经济保持活力,在开放竞争中本国重要产业具有竞争力,多数产业能够生存并持续发展。"⑤另有学者强调保障产业安全的手段与措施,即"主权国家在内在和外在因素的影响下,通过采取促进、调整、保护和管制手段与措施,确保对国内各产业的创立、调整和发展拥有自主权,确保产业安全的国民主体和产业权益的国民属性,使产业处于一种长期安全运行的发展状态,进而维护国家经济安全并最终维护国家主权安全。"⑥还有学者从国际政治的角度阐释了产业安全问题,指出:"产业安全问题从本质上来看,并不是一个单纯的经济发展问题,更是关系到国家经济主权和政治独立的政治问题。它是一种不同民族国家在面临经济份额分配时所客观存在的利益冲突现象,也是经济民族主义意识及其政策主张在现实生活中的一种具体反映。"⑦

产业安全既是宏观的,也是具体的。宏观的产业安全是抽象化的综合安全,是基于本国经济发展水平、科技创新能力、对外贸易质量、外资利用能力、产业发展与保障制度建设等核心要素所形成的整体状态,本质上是一国整体经济实力的体现。具体的产业安全是分行业、分领域的微观考察,主要体现

---

① 参见何维达、李冬梅:《我国产业安全理论研究综述》,载《经济纵横》2006年第8期。
② 参见乔颖、彭纪生:《国内产业安全问题的研究述评》,载《济南大学学报》2007年第3期。
③ 参见俞婷婷、徐明玉:《中国产业安全研究的最新进展:一个文献综述》,载《经济研究导刊》2009年第28期。
④ 孙瑞华、刘广生:《产业安全:概念评析、界定及模型解释》,载《中国石油大学学报(社会科学版)》2006年第5期。
⑤ 景玉琴:《产业安全概念探析》,载《当代经济研究》2004年第3期。
⑥ 李成强:《产业安全理论评介、涵界与展望》,载《黑龙江社会科学》2008年第3期。
⑦ 张立:《产业安全问题的国家政治经济学分析》,载《天府新论》2007年第4期。

一国在某一经济领域的发展状况。宏观的产业安全并不表示也不要求一国所有产业都处于安全状态,而微观的产业安全状况在一定程度上反映了宏观的产业安全质量。

影响我国产业安全的因素可以从外来威胁与内部体制两个方面考虑。有学者通过资料分析阐述了外部因素对我国产业安全造成的严峻形势。"第一,从宏观整体开放水平来看,我国接近60%的贸易依存度,高达10%的FDI资本形成依存度,达到25%的外资产业资本存量依存度,不到4%的自主知识产权率,接近40%的基础能源依存度,高达31%的外资经济市场占有率以及外资对核心产业的高控制率,这些决定了中国这个发展中的经济大国在未来必将面临十分严峻的产业安全问题。……第二,从产业竞争力角度来看,较低的劳动生产率增长速度、高额的能源投入以及低水平的研究开发投入水平,必将使我国传统的产业比较优势和核心竞争力逐渐下降,通过贸易途径产生的市场冲击和产业冲击,将进一步恶化,自有名牌也将进一步大面积消失。……第三,大规模的外资涌入,对包括装备制造业、汽车制造业、商业流通行业在内的支柱产业形成了全面的资本和技术控制格局,很可能引起我国对核心产业和相应的核心技术丧失控制力。"[①]景玉琴教授认为,政府规制不当是影响我国产业安全的关键性的内部因素。首先,设租性规制的租金耗散影响产业安全。为维持行业垄断而进行的进入规制被认为具有设租性质,可以以此为例分析行业垄断租金的耗散。用来维系行业垄断的进入规制看似保护企业,实际上是毁了企业,因为它阻碍全国统一市场的形成和发展,不利于建立统一开放的市场体系,严重妨碍了生产的合理布局和资源配置优化;它直接阻碍了市场竞争,使垄断型企业在没有竞争压力的情况下错过了发展良机,当不得不面对竞争时,表现出极大的不适应。由于寻租所造成的庞大成本,租金最终将会耗散,生产性资金将被投入非生产性用途。设租性规制进一步恶化了产业的绩效,大大影响了我国垄断性产业的竞争力。其次,法制不完善与规制真空制约产业安全。最后,行政不作为与行政权力滥用危害产业安全。[②]

---

① 纪宝成、刘元春:《关于对我国产业安全若干问题的看法》,载《产经评论》2006年第10期。
② 参见景玉琴:《政府规制与产业安全》,载《经济评论》2006年第2期。

无论是对外贸易还是外国直接投资,其对产业安全的影响都具有两面性,既有消极的影响,也有积极的影响。外贸和外资对于提高我国的产业技术水平,提升产业竞争意识、品牌意识以及竞争能力等都有积极的促进作用。至于如何发挥外贸和外资的积极作用,尽量降低其对我国产业安全的威胁,关键在于制定正确的外贸和外资政策、产业安全政策,既要坚持改革开放和吸收利用外资,又要保证本国的产业安全。外贸和外资的适当刺激对于提升本国产业的竞争力非常有益。所以,国家制定的政策与法律不是要拒绝、防阻外贸和外资,而是要缓冲外贸和外资可能造成的过大冲击,将这种冲击转化成有益的、持续的适当刺激。

在认识产业安全问题的基础上,很多学者给出了如何保障产业安全的对策、建议。例如,有学者从六个方面阐述了如何正确认识和处理我国面临的产业安全问题:第一,必须从国家利益的战略高度认识产业安全的重要性,从"新型市场失灵"的高度治理产业安全。第二,正确认识 FDI、市场结构与产业安全之间的关系,走出"FDI 无害论"的认识误区,加强对外资并购的监管。第三,正确处理企业利益、地方政府利益与全局利益,国家需要从"纯公共产品"的高度统筹处理产业安全问题。第四,正确处理好立法管理和行政管理之间的关系,加强配套法律体系的建设,以避免我国产业安全管理的短视性、任意性和无序发展的情况。第五,治理产业安全不仅要注重进口问题和资本引进问题,还必须注重出口问题和资本输出问题;不仅要关注实业领域的产业安全,更为重要的是要关注虚拟经济的安全。第六,正确处理开放、发展与产业安全的辩证关系,在避免极端自由主义的同时,要防止新闭关锁国倾向。① 要取得一个共识,即"只有坚持改革开放,才能确保产业安全"②。

加强产业安全的路径可以概括为两个方面:"强身健体"和"防寒保暖"。所谓"强身健体",就是要苦练内功,提升产业竞争力,加强品牌建设和自主知识产权开发,使我国的产业实力得到整体提升。所谓"防寒保暖",就是要加强产业安全保障的法制建设,为我国重要产业的存在、发展、壮大提供安全屏

---

① 参见纪宝成、刘元春:《关于对我国产业安全若干问题的看法》,载《产经评论》2006 年第 10 期。

② 成思危:《只有坚持改革开放 才能确保产业安全》,载《财经界》2008 年第 1 期。

障,避免外来产品和外来资本对这些产业造成严重冲击。产业实力的提升虽是解决产业安全问题的根本之道,却是一个长期的、渐进的过程。加强产业安全法制建设是当务之急,只有完善相关配套法律法规,才能为我国重要产业整体实力的提升创造安全的外部环境,才能为产业的发展赢得时间和空间。主管部门要从维护经济安全、合理开发利用资源、保护生态环境、优化重大布局、保障公共利益、防止出现垄断、投资准入、资本项目管理等方面,对外商投资项目进行核准。①

我国在维护产业安全方面的立法主要存在以下几个方面的问题:

首先,规则凌乱,立法层级比较低。涉及国家安全、经济安全以及产业安全的法律规范多为政府部门的规章。虽然规章在我国的法律体系中也属于法律,但是其规制效果和权威性较弱,无法引起充分的重视。同时,规章出自不同的部委部门,不但形式上比较凌乱,而且很难协调配合,难以发挥整体的规制效果。

其次,多为原则性规范,缺乏明确性、可操作性。从其内容可以看出,这些规范更像宣示性规范,虽然表明了政府对于包括产业安全在内的外资利用安全问题的态度,但是过于抽象,很难发挥实际效果。这不但给管理者带来执行上的困难,也给外国投资者、相关参与者带来制度预期、程序遵从上的困扰。

最后,维护产业安全的法律体系不完善。我国是拥有十几亿人口的大国,在成为全球贸易大国的同时,绝不能忽视本国产业的完整性、安全性。我国不但具有建立完整产业链和实现产业自足的能力,更有十足的必要,只有维护产业安全,才能实现国家的持久发展和长期稳定、安全。但是,我国的产业安全法律体系尚不健全,尤其是缺乏宏观产业安全的制度构架,尚未建立维护产业安全的统领性、根本性制度规范。

基于我国产业安全立法存在的上述问题,法律完善可以从以下几个方面着手:第一,建立维护我国产业安全的基础性、根本性法律,从宏观的视角整体把握产业安全问题,为产业安全法的细化、实施提供原则性规范。全球化

---

① 参见《国家发展改革委关于进一步加强和规范外商投资项目管理的通知》。

是一股不可阻挡的浪潮,改革开放的步伐不能停止,在这种背景下,我国在经济领域的国际参与在广度和深度上都将不断加强,必须从战略和国家安全的高度看待产业安全问题,制定一部经济安全领域的"宪法"实属必要。第二,对现有部委规章等产业安全规范进行梳理,打破凌乱、分割的格局,将相关的产业安全法规则体系化、规范化,提升效力层级。囿于职责划分和视域有限,部委规章通常只解决问题的某一个方面,多是从本部门的角度考虑问题,这对于解决复杂的产业安全问题十分不利。根据我国的立法模式,在正式立法尚未成熟之前,通常由主管部委以规章形式对相关问题进行规范,待相关的研究、实践取得成果和经验之后再推动立法。我国改革开放已经走过四十年的历程,加入WTO已经有十余年,官方与民间对于国家经济安全十分关注,推动正式立法的时机已经成熟。第三,需要强化产业安全法的可操作性和可执行性,细化相关法律的程序性规则,明确相关机构的职权和义务。程序规制与实体规制同样重要,完善的程序规则不仅可以提高法律的可操作性和权威性,还可以提高行政效率和透明度,更有助于树立法治文明、行政高效的国家形象。

(二) 反垄断审查

实施跨国并购的外国资本通常是大型的跨国企业,在资金、技术、管理、品牌、规模、市场份额等方面都具有很大的优势。外资企业对东道国企业的并购容易形成并滥用垄断性优势,排挤东道国的同业弱小企业,限制甚至消除市场竞争,破坏东道国的竞争环境和竞争秩序,对于东道国相关产业及企业的生存和发展、消费者权益的保护以及社会公共利益都可能带来危害。所以,各主要国家都会从市场竞争的角度对外资并购行为进行反垄断审查,以限制和消除由此对竞争环境和竞争秩序造成的消极影响。

由于反垄断审查是从市场竞争的角度审视并购行为的,因此较多的意见认为,在反垄断审查上,应同等对待外资和内资,不应因并购主体的外资属性而加以严苛对待。从外资国民待遇的国际发展趋势、反垄断法的自身特点以及我国对引资的实际需求出发,有学者主张,对内外资并购的反垄断规制应采用统一的立法模式,并在反垄断法的核心——垄断认定的实体规则上同样采用合理原则,以使我国反垄断法在有效监控外资并购的同时,进一步体现我国对外资的国民待遇。①

但是,反对意见从反垄断管制与产业准入管制的冲突与协调的视角论证了对内外资差别对待的合理性。反垄断管制与产业准入管制都是政府对市场的干预。反垄断管制是对微观市场的干预,旨在维护产业的竞争性结构和市场主体之间的自由竞争,弥补市场机制的不足和功能失效,确保市场机制在资源配置中的作用。产业准入管制是宏观层面的干预,通过支持或限制某一产业实现其调整目的。由于反垄断管制强调竞争,产业准入管制侧重保护,两者在企业并购管制中可能产生冲突,而经济全球化更加剧了这种冲突。经济全球化促使各国尤其是发展中国家适用反垄断管制,以防止跨国公司并购本国企业后造成垄断。但是,反垄断管制所要求的对内外资的平等适用也会限制本国产业规模的扩大。当这些产业属于东道国产业政策支持发展的产业时,反垄断管制对内外资的平等适用就会与产业政策的目标追求相悖。借鉴世界各国的经验,就我国而言,在处理反垄断管制与产业准入管制的关系时,前者应当服从后者。② 同时,从反垄断法的发展趋势来看,其功能定位已经发生了一些变化。各发达国家的反垄断法对外资并购作出了较大的调整,将维护国家利益、保护本国经济安全、增强本国企业的国际竞争力作为规制重点考虑的因素,从而使得其反垄断法从结构主义走向行为主义,从注重市场份额转向进行灵活的经济分析。究其原因,主要是因为激烈的市场竞争已由国内市场扩展到国际市场,提高企业效率和减轻企业承受的国际竞争压力已成为企业继续生存和发展的必由之路。③ 但是,我们也应该看到,很多国家在产业准入方面对外资极为宽松,客观上需要借助反垄断法的功能扩展维护国家经济安全。就外资规范方式而言,我国对外资设定了产业准入方面的限制,所以本国企业的竞争力以及产业安全、国家经济安全问题应通过产业准入方面的制度予以解决,让反垄断审查集中于市场竞争,不要做过多的功能附加,在反垄断审查中对内外资予以同等对待。

---

① 参见李凌云:《我国反垄断立法中有关外资并购的国民待遇问题》,载《华东政法学院学报》2003年第4期。
② 参见张国平:《外资并购的准入管制和反垄断管制》,载《南京师大学报(社会科学版)》2008年第6期。
③ 参见杜仲霞:《反垄断法视野下的外资并购》,载《法治研究》2010年第2期。

就我国而言,自20世纪90年代以来,外资并购逐渐发展起来并呈现出四大特点:一是外资开始谋求绝对的控股地位;二是地区性、行业性、集团性的外资并购已不鲜见;三是外资并购的目标已逐渐转向国内在本行业内占据龙头地位的企业、在当地或地区内具有影响的企业;四是大的跨国公司已开始参与并购境内企业。外资并购对我国市场结构有着巨大的影响,确实容易形成市场垄断力量。①

外资并购给我国经济带来的消极影响主要表现为:第一,导致大量中国品牌流失,削弱了我国品牌产品的竞争力。第二,容易导致行业垄断。外资并购所选中的中国企业大多是行业的龙头企业、在国内市场具有相当实力与较大市场份额的企业。2004年5月国家工商总局发布的《在华跨国公司限制竞争行为表现及对策》指出,在华跨国公司在市场竞争中具有明显的市场优势地位。这些在华跨国公司一旦获得行业垄断地位,就容易滥用优势地位,通过低价倾销、价格联盟、价格歧视、拒绝交易等各种限制竞争行为以达到其垄断中国市场的目的。②

可口可乐公司收购汇源公司案曾引起各界极大关注。汇源公司于2008年9月3日发布公告称,荷银亚洲将代表可口可乐公司全资附属公司,以约179.2亿港元收购汇源公司股本中的全部已发行股份及全部未行使可换股债券,可口可乐公司提出的每股现金作价为12.2港元。9月18日,商务部收到可口可乐公司收购汇源公司的经营者集中反垄断申报材料。经申报方补充,申报材料达到了《反垄断法》第23条规定的要求。商务部于11月20日对此项集中予以立案审查,12月20日决定在初步审查的基础上实施进一步审查。

商务部依据《反垄断法》的相关规定,从市场份额及其市场控制力、市场集中度、集中对市场进入和技术进步的影响、集中对消费者和其他有关经营者的影响以及品牌对果汁饮料市场竞争产生的影响等方面对此项集中进行了审查。审查过程中,商务部充分听取了有关方面的意见。经过审查,商务

---

① 参见孙晋、翟孟:《对我国外资并购的反垄断法思考——以美国可口可乐收购我国汇源为例》,载《新疆大学学报(哲学·人文社会科学版)》2009年第3期。
② 参见杜仲霞:《反垄断法视野下的外资并购》,载《法治研究》2010年第2期。

部认定:此项集中将对竞争产生不利影响。集中完成后,可口可乐公司可能利用其在碳酸软饮料市场上的支配地位,搭售、捆绑销售果汁饮料,或者设定其他排他性的交易条件,集中限制果汁饮料市场竞争,导致消费者被迫接受更高价格、更少种类的产品。同时,由于既有品牌对市场进入的限制作用,潜在竞争难以消除该等限制竞争效果。此外,集中还挤压了国内中小型果汁企业的生存空间,对果汁饮料市场竞争格局造成不良影响。为了减少集中对竞争产生的不利影响,商务部与可口可乐公司就附加限制性条件进行了商谈,要求申报方提出可行的解决方案。可口可乐公司对商务部提出的问题表述自己的看法,并先后提出了初步解决方案及其修改方案。经过评估,商务部认为修改方案仍不能有效减少此项集中对竞争产生的不利影响。据此,根据《反垄断法》第28、29条,商务部作出禁止此项集中的决定。①

商务部作出禁止收购的决定之后遭到了较多的贸易保护指责,持异议者认为可口可乐公司与汇源公司在中国软饮料市场的总体份额很难说明其具有垄断性,商务部否决该项并购是出于贸易保护的考虑,是通过反垄断法防止民族品牌流失的做法。尽管商务部没有在决定中详细解析和说明该项收购对市场竞争产生的消极影响,但是从维护市场竞争的角度来看,商务部的决定无疑是正确的。我国的反垄断审查并不是专门针对外资的,不能因个案审查的结论而否定我国的外资开放政策。

(三)国家安全审查

国家安全利益是主权国家的根本利益,是立国之本、兴邦之基。无论外国资本对于本国经济、社会发展具有多么大的积极作用,任何国家都不会以牺牲国家安全利益为代价吸收利用外资。因为如果国家安全受到威胁或危害,等于触动了国之根本,吸收利用外资已经失去了意义。不危及国家安全是东道国吸收利用外资的最高原则和底线。

为了在外资开放政策和维护国家安全之间找到平衡,很多国家都建立了针对外资的国家安全审查制度,由国家安全审查机构通过个案审查的方式,

---

① 参见《中华人民共和国商务部公告 2009 年第 22 号 商务部关于禁止可口可乐公司收购中国汇源公司审查决定的公告》,http://www.mofcom.gov.cn/article/b/c/200903/20090306108617.shtml,2015 年 3 月 15 日访问。

就某项外国投资是否威胁国家安全作出判断,并根据判断结论采取进一步的措施。如果审查机构认为外资项目威胁国家安全,东道国有权要求外国投资者采取缓和措施,甚至禁止该项交易,以消除对东道国国家安全的威胁。

第三节 我国的外资政策与海外投资

"引进来"与"走出去"是我国在资本跨国流动上的立场和态度,是国家发展战略。在"引进来"方面,我国始终坚持并逐步扩大对外开放,积极促进外国投资的自由化、便利化,不断推进外资管理体制改革,引导和规范外资在我国的健康发展,同时依法保护外国投资者的合法权益,使我国在吸收利用外资方面走在世界前列。在"走出去"方面,我国引导、鼓励有条件、有实力的企业尤其是国有资本走出国门,参与国际市场竞争,在竞争中发展和壮大,提高国际化水平。"走出去"战略不仅能使企业自身在全球范围内配置资源,开拓市场,提高竞争力,还能为国内中小企业腾出市场空间。

一、我国的外资政策

(一)政策文件

改革开放至今,我国吸收利用外资走过了四十年的历程,外资政策也不断调整和优化,始终保持向前发展的大方向,不断扩大外资开放的广度与深度。我国的外资政策经历了四个重要的发展阶段:1979—1985年的初步确定和试验性阶段、1986—1992年的政策调整阶段、1992—2001年的战略转变阶段(从政策优惠到互利双赢)以及从2001年开始进入的成熟和完善阶段。[①]在各发展阶段,党和国家的有关部门发布了具有阶段性特征的外资政策文件。

1983年9月3日,中共中央、国务院发出《关于加强利用外资工作的指示》,明确指出:"利用外资、引进先进技术,对加快我国社会主义现代化建设具有重要的战略意义。……要把利用外资、引进先进技术提到战略的高度来认识,消除各种疑虑,勇于实践,……切实把工作推向前进。"该指示还对我国

---

① 参见巫云仙:《改革开放以来我国引进和利用外资政策的历史演进》,载《中共党史研究》2009年第7期。

利用外资工作中要注意的问题,如放宽某些政策、抓紧完善立法工作、加强利用外资的计划工作、加强集中统一领导等作了具体的规定。

1986年10月11日,国务院出台了《关于鼓励外商投资的规定》,对外商投资企业,尤其是产品出口型的外商投资企业和先进技术型的外商投资企业,在税收、土地使用费、劳务费、利润分配、生产经营的外部条件等方面给予特别优惠,即"超国民待遇",并保障外商投资企业具有独立的自主经营权。

1987年政府工作报告提出了我国利用外资的三项原则:"总结我们自己的经验和借鉴国外的经验,利用外资必须把握三条原则:第一,借外债的总额要有控制,外债结构要合理,要同自己的偿还能力和消化能力相适应;第二,一定要用在生产建设上,重点是出口创汇企业、进口替代企业和技术先进的企业;第三,利用外资要讲求经济效益,创造的纯收入,无论如何不能统统花掉,一定要留足及时还本付息的部分。这样我们才能保持国际信誉,立于不败之地。"

1992年,党的十四大报告指出:"进一步扩大对外开放,更多更好地利用国外资金、资源、技术和管理经验。对外开放的地域要扩大,形成多层次、多渠道、全方位开放的格局,继续办好经济特区、沿海开放城市和沿海经济开放区。扩大开放沿边地区,加快内陆省、自治区对外开放的步伐。……利用外资的领域要拓宽。采取更加灵活的方式,继续完善投资环境,为外商投资经营提供更方便的条件和更充分的法律保障。按照产业政策,积极吸引外商投资,引导外资主要投向基础设施、基础产业和企业的技术改造,投向资金、技术密集型产业,适当投向金融、商业、旅游、房地产等领域。"

1995年6月,当时的国家计委、国家经贸委、对外经贸部联合颁布《指导外商投资方向暂行规定》和《外商投资产业指导目录》。《外商投资产业指导目录》的出台,明确了外商投资的领域,加强了以产业、技术引进和地区为导向的"差别性"优惠政策,将利用外资从单纯引进资金朝技术引进、促进产业结构调整以及产业升级的方向倾斜。

1998年4月14日,中共中央、国务院发布了《关于进一步扩大对外开放,提高利用外资水平的若干意见》,肯定了利用外资政策和利用外资所取得的巨大成就,提出进一步优化外商投资的产业结构,继续扩大外商投资领域,努力完善外商投资的地区布局,多渠道多方式吸收外商投资,大胆引进和积极引导跨国公司投资,稳步地利用国际证券市场引进外资等多项鼓励外商投资的意见。

1999年8月20日,国务院办公厅转发外经贸部等部门《关于当前进一步鼓励外商投资的意见》,旨在扩大吸收外资,鼓励引进先进技术、设备,提高利用外资工作水平,促进产业结构调整和技术进步,保持国民经济持续快速健康发展。鼓励外商投资的具体意见包括:鼓励外商投资企业技术开发和创新,扩大国内采购;加大对外商投资企业的金融支持力度;鼓励外商向中西部地区投资;进一步改善对外商投资企业的管理和业务。

2013年11月12日,中共第十八届中央委员会第三次全体会议通过《中共中央关于全面深化改革若干重大问题的决定》,提出:"建立公平开放透明的市场规则。实行统一的市场准入制度,在制定负面清单基础上,各类市场主体可依法平等进入清单之外领域。探索对外商投资实行准入前国民待遇加负面清单的管理模式。""放宽投资准入。统一内外资法律法规,保持外资政策稳定、透明、可预期。推进金融、教育、文化、医疗等服务业领域有序开放,放开育幼养老、建筑设计、会计审计、商贸物流、电子商务等服务业领域外资准入限制,进一步放开一般制造业。加快海关特殊监管区域整合优化。"

(二)政策实践

在我国改革开放、促进贸易和投资自由化的过程中,加入世界贸易组织、加入或建立国际区域性自贸区、签订双边或多边自由贸易协定以及建立自由贸易试验区等都具有里程碑意义。

1. 加入世界贸易组织

2001年11月20日,时任世界贸易组织(以下简称"世贸组织")总干事迈克尔·穆尔致函世贸组织成员,宣布中国政府已于11月11日接受《中国加入世贸组织议定书》。这个议定书于12月11日生效,中国于同日正式成为世贸组织成员。根据"入世"承诺,在不损害中国以符合世贸组织规定的方式管理贸易的权利的情况下,逐步放宽贸易权的获得及其范围;在中国的所有企业在登记后都有权经营除国营贸易产品外的所有产品的进出口业务,并对外国在华投资或注册的企业给予国民待遇。加入世贸组织后,我国根据自身国情、发展水平、承受能力,对服务贸易作出不同程度的市场准入承诺,有条件、有步骤地开放服务贸易领域,并进行管理和审批。我国服务贸易的市场开放在加入世贸组织后逐步实施。开放的服务贸易领域包括商务服务、通信服务、建筑和相关工程服务、分销服务、教育服务、环境服务、金融服务、旅游和与旅游相关的服务、运输服务等 9 个部门及其 70 多个分部门和子部门。

加入世贸组织是中国经济融入世界经济的重要里程碑,极大促进了我国社会主义市场经济体制的发展和完善,直接推动了我国对外贸易的自由化进程和外资政策的进一步开放。世界经济发展离不开中国,中国也必须努力参与到全球经济中,加入世贸组织是中国与世界联通的重要桥梁。

2. 加入或建立区域性自贸区

2011 年 8 月 15 日,第八次中国—东盟经贸部长会议在泰国曼谷举行,中国商务部部长与东盟十国的经贸部长共同签署了中国—东盟自贸区《投资协议》。该协议的签署意味着中国和东盟各国将继续推进贸易和投资自由化,反对贸易和投资保护主义,为东亚地区和全球经济的复苏与发展做出重大贡献。该协议通过双方相互给予投资者国民待遇、最惠国待遇和投资公平公正待遇,提高相关投资法律法规的透明度,为双方投资者创造一个自由、便利、透明、公平的投资环境,并提供充分的法律保护,从而进一步促进双方投资便利化和逐步自由化。随着《投资协议》的签署和实施,中国与东盟之间的相互投资和经贸关系进入新的发展阶段。

中国—东盟自贸区是我国对外商谈的第一个自贸区,也是东盟作为整体对外商谈的第一个自贸区。中国与东盟 2002 年启动了自贸区的谈判,2003 年正式实施"早期收获计划",2004 年签署了《货物贸易协议》,2007 年签署了《服务贸易协议》。《投资协议》的签署标志着双方成功地完成了中国—东盟自贸区协议的主要谈判。2010 年,中国—东盟自贸区全面建成。

2015 年 11 月 22 日,中国与东盟结束了自贸区升级谈判,中国政府与东盟十国政府在马来西亚吉隆坡正式签署中国—东盟自贸区升级谈判成果文件——《中华人民共和国与东南亚国家联盟关于修订〈中国—东盟全面经济合作框架协议〉及项下部分协议的议定书》。该议定书是我国在现有自贸区基础上完成的第一个升级协议,涵盖货物贸易、服务贸易、投资、经济技术合作等领域,是对原有协定的丰富、完善、补充和提升,体现了双方深化和拓展经贸合作关系的共同愿望和现实需求。该议定书的达成和签署,将为双方经济发展提供新的助力,并将促进《区域全面经济伙伴关系协定》谈判和亚太自由贸易区的建设进程。

3. 签订双边或多边自由贸易协定

截至 2018 年 7 月 26 日,我国已分别与澳大利亚、瑞士、新加坡、韩国、新西兰、智利、秘鲁、冰岛、哥斯达黎加、巴基斯坦等 24 个国家和地区签订了 16 个自由贸易协定,开启了与这些国家和地区之间的贸易自由化之门。以中韩自贸区为例,中韩两国政府于 2015 年 6 月 1 日在韩国首尔正式签署《中华人民共和国政府和大韩民国政府自由贸易协定》。这是我国迄今为止对外签署的覆盖议题范围最广、涉及国别贸易额最大的自贸协定,对中韩双方而言都是一个互利双赢的协定,实现了"利益大体平衡、全面、高水平"的目标。根据该协定,在开放水平方面,双方货物贸易自由化比例均超过税目 90%、贸易额 85%。该协定涵盖货物贸易、服务贸易、投资和规则等 17 个领域,包含电子商务、竞争政策、政府采购、环境等"21 世纪经贸议题"。同时,双方承诺,在协定签署生效后,将以负面清单模式继续开展服务贸易谈判,并基于准入前国民待遇和负面清单模式开展投资谈判。

4. 建立自由贸易试验区

建立中国(上海)自由贸易试验区是国家的重大决策,是在新形势下推进改革开放的重大举措,对加快政府职能转变,积极探索管理模式创新,促进贸易和投资便利化,为全面深化改革和扩大开放探索新途径、积累新经验具有重要意义。自由贸易试验区建设的目标在于,探索建立投资准入前国民待遇和负面清单管理模式,深化行政审批制度改革,扩大服务业开放,推进金融领域开放创新,建设具有国际水准的投资贸易便利、监管高效便捷、法制环境规范的自由贸易试验区。

2013 年 8 月 30 日,第十二届全国人大常委会第四次会议通过了《全国人民代表大会常务委员会关于授权国务院在中国(上海)自由贸易试验区暂时调整有关法律规定的行政审批的决定》。为加快政府职能转变,创新对外开放模式,进一步探索深化改革开放的经验,此次会议决定:"授权国务院在上海外高桥保税区、上海外高桥保税物流园区、洋山保税港区和上海浦东机场综合保税区基础上设立的中国(上海)自由贸易试验区内,对国家规定实施准入特别管理措施之外的外商投资,暂时调整《中华人民共和国外资企业法》《中华人民共和国中外合资经营企业法》和《中华人民共和国中外合作经营企业法》规定的有关行政审批(目录附后)。上述行政审批的调整在三年内试行,对实践证明可行的,应当修改完善有关法律;对实践证明不宜调整的,恢复施行有关法律规定。"

2013年9月18日,国务院公布了《中国(上海)自由贸易试验区总体方案》,扩大投资领域的开放是其主要任务和措施之一。该方案的主要内容包括:(1)扩大服务业开放。选择金融服务、航运服务、商贸服务、专业服务、文化服务以及社会服务领域扩大开放,暂停或取消投资者资质要求、股比限制、经营范围限制等准入限制措施(银行业机构、信息通信服务除外),营造有利于各类投资者平等准入的市场环境。(2)探索建立负面清单管理模式。借鉴国际通行规则,对外商投资试行准入前国民待遇,研究制订试验区外商投资与国民待遇等不符的负面清单,改革外商投资管理模式。对负面清单之外的领域,按照内外资一致的原则,将外商投资项目由核准制改为备案制(国务院规定对国内投资项目保留核准的除外),由上海市负责办理;将外商投资企业合同章程审批改为由上海市负责备案管理,备案后按国家有关规定办理相关手续;工商登记与商事登记制度改革相衔接,逐步优化登记流程;完善国家安全审查制度,在试验区内试点开展涉及外资的国家安全审查,构建安全高效的开放型经济体系。在总结试点经验的基础上,逐步形成与国际接轨的外商投资管理制度。(3)构筑对外投资服务促进体系。改革境外投资管理方式,对境外投资开办企业实行以备案制为主的管理方式,对境外投资一般项目实行备案制,由上海市负责备案管理,提高境外投资便利化程度。创新投资服务促进机制,加强境外投资事后管理和服务,形成多部门共享的信息监测平台,做好对外直接投资统计和年检工作。支持试验区内各类投资主体开展多种形式的境外投资。鼓励在试验区设立专业从事境外股权投资的项目公司,支持有条件的投资者设立境外投资股权投资母基金。

2013年12月21日,国务院发布了《国务院关于在中国(上海)自由贸易试验区内暂时调整有关行政法规和国务院文件规定的行政审批或者准入特别管理措施的决定》。根据《全国人民代表大会常务委员会关于授权国务院在中国(上海)自由贸易试验区暂时调整有关法律规定的行政审批的决定》和《中国(上海)自由贸易试验区总体方案》的规定,国务院决定在中国(上海)自由贸易试验区内暂时调整下列行政法规和国务院文件规定的行政审批或者准入特别管理措施:(1)改革外商投资管理模式,对国家规定实施准入特别管理措施之外的外商投资,暂时调整《外资企业法实施细则》《中外合资经营企业法实施条例》《中外合作经营企业法实施细则》《指导外商投资方向规定》《外国企业或者个人在中国境内设立合伙企业管理办法》《中外合资经营企业合营期限暂行规定》《中外合资经营企业合营各方出资的若干规定》《〈中外合资经营企业合营各方出资的若干规定〉的补充规定》《国务院关于投资体制改革的决定》《国务院关于进一步做好利用外资工作的若干意见》规定的有关行政审批。(2)扩大服务业开放,暂时调整《船舶登记条例》《国际海运条例》《征信业管理条例》《营业性演出管理条例》《娱乐场所管理条例》《中外合作办学条例》《外商投资电信企业管理规定》《国务院办公厅转发文化部等部门关于开展电子游戏经营场所专项治理意见的通知》规定的有关行政审批以及有关资质要求、股比限制、经营范围限制等准入特别管理措施。国务院有关部门、上海市人民政府要根据法律、行政法规和国务院文件调整情况,及时对本部门、本市制定的规章和规范性文件作相应调整,建立与试点要求相适应的管理制度。

2014年9月4日,国务院发布了《国务院关于在中国(上海)自由贸易试验区内暂时调整实施有关行政法规和经国务院批准的部门规章规定的准入特别管理措施的决定》。为适应在中国(上海)自由贸易试验区进一步扩大开放的需要,国务院决定在试验区内暂时调整实施《国际海运条例》《认证认可条例》《盐业管理条例》以及《外商投资产业指导目录》《汽车产业发展政策》《外商投资民用航空业规定》规定的有关资质要求、股比限制、经营范围等准入特别管理措施。国务院有关部门、上海市人民政府要根据上述调整,及时对本部门、本市制定的规章和规范性文件作相应调整,建立与进一步扩大开放相适应的管理制度。

2015年4月8日,国务院办公厅印发了《自由贸易试验区外商投资准入特别管理措施(负面清单)》(以下简称《自贸试验区负面清单》)。负面清单列明了不符合国民待遇等原则的外商投资准入特别管理措施,适用于上海、广东、天津、福建四个自由贸易试验区。《自贸试验区负面清单》依据《国民经济行业分类》(GB/T4754-2011),划分为15个门类、50个条目、122项特别管理措施。其中,特别管理措施包括具体行业措施和适用于所有行业的水平措施。《自贸试验区负面清单》中未列出的与国家安全、公共秩序、公共文化、金融审慎、政府采购、补贴、特殊手续和税收相关的特别管理措施,按照现行规定执行。自贸试验区内的外商投资涉及国家安全的,须按照《自由贸易试验区外商投资国家安全审查试行办法》进行安全审查。《自贸试验区负面清单》之外的领域,在自贸试验区内按照内外资一致原则实施管理,并由所在地省级人民政府发布实施指南,做好相关引导工作。

2015年4月8日,国务院办公厅还印发了《自由贸易试验区外商投资国家安全审查试行办法》。为做好中国(上海)自由贸易试验区、中国(广东)自由贸易试验区、中国(天津)自由贸易试验区、中国(福建)自由贸易试验区等自由贸易试验区对外开放工作,试点实施与负面清单管理模式相适应的外商投资国家安全审查措施,引导外商投资有序发展,维护国家安全,制定该办法。

二、我国的海外投资与东道国国家安全审查

我国在"引进来"的同时,也加快了"走出去"的步伐。国家引导、鼓励有条件、有实力的企业走出国门,参与世界市场和国际竞争,在全球范围内进行布局和经营。"走出去"已经成为国家战略。实施"走出去"战略以来,我国对外投资合作持续快速发展。2013年,我国对外直接投资首次突破千亿美元,对外直接投资流量连续两年列世界第三位。截至2013年年底,我国对外直接投资存量为6600多亿美元,境外企业超过2.5万家,分布在全球184个国家和地区,境外企业资产总额近3万亿美元。在经济发展新常态下,加快实施"走出去"战略,大规模"走出去"和高水平"引进来"并存将成为新时期开放型经济的重要特征。跨国公司在推动经济全球化进程中发挥重要作用,在全球资本流动中扮演主要角色。我国跨国企业虽然起步较晚,但是海外资产增长较快,国有企业国际化进程加快。不过,我国跨国企业国际化的整体水平偏低。①

随着经济全球化的发展,中国企业对外直接投资的规模不断扩大。与此同时,海外市场对于中国企业对外直接投资的担忧也越来越大,"中国威胁论""中国企业影响就业和国家经济安全""中国企业导致东道国产业空心化"等论调甚嚣尘上。一些发达经济体甚至打着维护国家经济安全的旗号,多次将中国企业海外并购阻挡在国门之外。在经济全球化的形势下,中国企业对外直接投资不仅要考虑规模,还要考虑效率和质量,因此必须慎重考虑可能出现的各种风险因素,预先防范以避免海外利益受损。②

除了商业风险、政治风险,因东道国的法律障碍而导致投资失败的案例也屡有发生。外国投资者需要尊重、遵守东道国的法律,并采取有效的措施,预防因缺乏对东道国法律的了解和认知而可能带来的投资风险。改革开放以来,我国一些企业的海外并购计划因东道国的国家安全审查而遭遇挫折。

(一) 中国航空技术进出口公司收购美国MAMCO公司案

中国航空技术进出口公司(CATIC)曾是附属于中国航天工业部(现已撤销)的一家军工企业。1987年5月,该公司在洛杉矶成立了美国凯迪克工业公司。MAMCO公司是西雅图一家商用飞机金属部件制造商,具有多年制造飞机零部件的历史,主要为波音公司制造飞机零部件,包括装配尾翼、机翼和其他小配件。1989年11月6日,MAMCO公司向美国外国投资委员会(CFIUS)主动申报中国航空技术进出口公司对自己的收购。11月30日,中国航空技术进出口公司收购了MAMCO公司所有已发行股票,完成收购交易。12月4日,CFIUS通知中国航空技术进出口公司其决定对该收购交易提起调查。1990年1月19日,CFIUS的八名成员向总统布什建议,对此次已完成的收购进行强制性资产剥离售让。2月1日,布什发布行政命令,以"威胁国家安全"为由,要求中国航空技术进出口公司在当年5月1日前售让其在收购中所得的全部MAMCO公司的投资利益。"总统令"的发布理由是:

---

① 参见商务部:《中国对外投资合作发展报告(2014)》, http://fec.mofcom.gov.cn/article/tzhzcj/upload/duiwaitouzihezuofazhanbaogao2014.pdf, 2015年3月18日访问。

② 参见赵蓓文:《经济全球化新形势下中国企业对外直接投资的区位选择》,载《世界经济研究》2015年第6期。

MAMCO 公司的部分机械属于美国出口控制范围;中国航空技术进出口公司隶属于航空航天工业部(1988 年在航空工业部和航天工业部的基础上成立,现已撤销)不只是民用部门,还从事军用飞机、导弹的研究、研制和生产;总统有可靠的证据相信这项收购会损害和危及美国国家安全。美国财政部国际投资办公室向中国驻美国大使馆商务参赞递交了一份备忘录,主要内容是:(1)总统作出的决定认为,中国航空技术进出口公司收购 MAMCO 公司威胁美国国家安全,因此要求中国航空技术进出口公司必须在三个月内转卖。(2)秘密调查表明,中国航空技术进出口公司曾试图获得未经许可的敏感性航天技术。(3)根据中国航空技术进出口公司过去的行为,并且 MAMCO 公司是生产飞机零部件的企业,总统否决了该项交易。但是,该项交易之否决并不表示要否定未来中国在美国的投资。(4)总统是根据法律而非对外政策作出该项决定的。最终,中国航空技术进出口公司同意将 MAMCO 公司出售给另一家美国公司。中国航空技术进出口公司收购 MAMCO 公司以失败告终。该收购案是美国总统首次依据《国防生产法》第 721 节等相关规定予以否决的案例,也是罗尔斯公司(Ralls)诉美国外国投资委员会(CFIUS)案之前 CFIUS 正式受理的外资并购案中,进入调查程序,提交总统裁定后被禁止的唯一案例。①

(二)罗尔斯公司(Ralls)诉美国外国投资委员会(CFIUS)案

Ralls 是一家在特拉华州注册的美国公司,两个股东都是中国公民,分别是段大为和吴佳梁,其中段大为担任中国制造企业三一重工集团的财务总监;在进行该笔交易时,吴佳梁担任三一重工集团的副总裁和三一电气有限公司的总经理。2012 年 3 月,Ralls 收购了四个美国风电项目公司,其目的是在俄勒冈州中北部兴建风电场。据称,该风电场位于俄勒冈州博德曼市海军武器系统训练设施附近,这个基地驻扎着一个专门从事"电子战"的无人机机群。该交易很快受到美国 CFIUS 的详细审查。CFIUS 认为,Ralls 收购风电项目公司威胁国家安全,因此发布暂时性的限制命令:限制 Ralls 进入该风电场,并禁止继续建设风电场。在提交给总统奥巴马后,奥巴马同样认为这笔

---

① 参见何可:《中航技收购事件的由来及影响》,载《对外经贸实务》2008 年第 8 期;孙礼鹏:《被中止的交易》,载《航空档案》2009 年第 4 期。

交易会对国家安全造成威胁。奥巴马签发了一个永久性的行政命令（总统令）：禁止这笔交易，并要求 Ralls 撤走对风电项目公司的投资。① Ralls 针对 CFIUS 和奥巴马共同签发的行政命令向地方法院提起诉讼，其诉求之一是 CFIUS 和奥巴马均未给予自己机会对签发行政命令的依据进行审查和辩驳，因此主张这项行政命令违反了美国宪法第五修正案规定的正当程序条款。地方法院驳回了 Ralls 的诉求，认为该诉求无审判价值，总统令违反程序正义的主张不构成一项诉讼请求。Ralls 提出上诉，上诉法院裁决撤销原判。② 2015 年 11 月 5 日，Ralls 宣布，与美国政府正式就收购四个风电项目公司的法律纠纷达成全面和解。Ralls 据此撤销了对奥巴马的诉讼，美国政府也相应撤销了对 Ralls 强制执行总统令的诉讼。该案是 CFIUS 成立以来，历史上第一次有相关的公司或者是被审查一方通过美国法院对 CFIUS 和总统的国家安全审查决定提出诉讼以维护自身权益的案件。

一些中国企业在东道国的国家安全审查遭遇引发了国内对美国、澳大利亚等国的国家安全审查制度的质疑与批评，有人甚至以"政治动机"和"阴谋论"评价和界定这些国家对中国企业所采取的国家安全审查。虽然不能排除这些国家的国家安全审查受到不当政治因素的干扰，但是除了质疑与批评，更重要的是，我们必须认识到国家安全审查制度的本质属性和运行机理，通过完善治理结构、增加透明度、提高国际化水平等方式，让东道国更加了解和信任中国企业，消除其国家安全担忧。

---

① 详细内容参见本书附录二。
② 详细内容参见本书附录一。

第二章
外国投资与国家安全审查

根据商务部 2015 年 1 月 21 日发布的数据,2014 年中国实际使用外资 1195.6 亿美元,同比增长 1.7%,连续 23 年居发展中国家首位。[1] 2015 年 1 月 29 日,总部设在瑞士日内瓦的联合国贸易和发展会议公布《全球投资趋势报告》,其中的数据显示,2014 年中国成为全球外国投资的第一大目的地国,自 2003 年以来首次超越美国跃居世界第一。[2] 我国在吸引和利用外资方面取得了卓越的成绩,并且还在不断推进改革以优化外商投资环境。上海、广东、天津、福建等地设立自由贸易试验区,将极大拓展我国对外开放的广度与深度,推动外商投资管理体制的科学化、国际化、法制化改革。随着外资开放程度的不断加深,国家安全问题逐渐凸显并受到高度重视,在外资开放与国家安全之间找到平衡点成为一项重要且艰巨的任务。针对外资的国家安全审查制度是承担这一任务的首要工具。我国的国家安全审查立法虽已起步,

---

[1] 参见秦陆峰:《中国吸引外资连续 23 年保持发展中国家第一位》,http://world.people.com.cn/n/2015/0121/c157278-26424078.html,2015 年 7 月 11 日访问。

[2] 参见冷万欣:《2014 年中国吸引外资规模跃居世界第一》,载《中国产经新闻》2015 年 2 月 2 日。

但立法层级较低,规则简陋。① 商务部 2015 年公布的《外国投资法(草案征求意见稿)》就国家安全审查设专章规定,如果该法顺利通过,将是国家安全审查立法的重要飞跃。该草案征求意见稿中的国家安全审查制度主要吸收借鉴了西方国家尤其是美国的国家安全审查规则,借鉴其"形"虽较为容易,但只有领会其"意"才能真正发挥审查制度之效能。

在吸引外资来华投资的同时,我国企业也加快了"走出去"的步伐。但是,我国企业的海外发展之路除了商业风险,有时还会遭到威胁东道国国家安全的质疑,导致其海外并购投资屡屡受挫。因国家安全问题而遭遇阻碍的海外并购可以追溯到前文所述中国航空技术进出口公司收购美国 MAMCO 公司案。2005 年,中国海洋石油有限公司以高出竞争对手美国雪佛龙公司 10 亿美元的价格竞购美国第九大石油公司优尼科,却因被指涉及美国国家安全问题而遭到来自美国国会部分议员、众议院能源和贸易委员会的强烈反对和百般阻挠,最终无奈宣布撤回报价。同样在美国受挫的还有三一重工集团对美国四个风电项目公司的收购。我国的两家电信设备制造商华为和中兴以其产品和技术优势,在海外的市场份额不断增加,但是它们在美、澳等国的并购投资也因国家安全问题而屡屡受挫。华为和中兴不得不在美国国会的听证会上极力申明自己在美国的并购投资对美国国家安全不会造成任何威胁。

无论"引进来"还是"走出去",我们都面临国家安全审查问题。为了维护国家安全,我国必须建立有效的国家安全审查制度。为了使我国企业在海外顺利发展,我们必须客观、准确地认识东道国的国家安全审查制度。这就要求我们对国家安全审查的立法、执法与司法本质有清晰的认识。近年来,国内学者对国家安全审查制度作了大量的比较研究和规范研究,但是对国家安全审查的本质缺乏深入的研究和清晰的认识,甚至认为中国跨国公司的对美

---

① 2011 年 2 月 3 日,国务院办公厅发布了《国务院办公厅关于建立外国投资者并购境内企业安全审查制度的通知》。8 月 25 日,商务部发布了《商务部实施外国投资者并购境内企业安全审查制度的规定》。此前,我国虽然没有正式的针对外国投资的国家安全审查制度,但是涉及外商投资的国家安全问题并没有被忽视。《外商投资产业指导目录》限制或禁止某些领域的外商投资,其中就包括可能威胁国家安全的领域。在相关法律、法规和规范性文件中,可以看到类似对"有损中国主权或者社会公共利益的""危及中国国家安全的"外商投资不予批准的规定,只是这些规定缺乏相应的执行和保障机制。具体参见王东光:《产业安全的法律保障》,载何敏等编著:《文化产业政策激励与法治保障》,法律出版社 2011 年版,第 224—228 页。

投资受到政治因素的影响。美国国内一些政治保守势力出于遏制中国崛起的政治意图,在经济民族主义的驱使之下,对中国跨国公司在美直接投资活动进行不同程度的限制,使得多项中国跨国公司对美直接投资活动因遭遇"政治壁垒"而受阻。① 批评意见认为,国家安全审查制度被滥用,法律问题被政治化操作,东道国出于政治原因而阻止并购交易。但是,国家安全审查真的是一个法律问题吗?! 国家安全审查虽处于法律的语境之下,但其内核是一个政治问题。法律化的外在表现形式并不会改变国家安全审查制度的内在政治特质,这一认识是准确理解、合理设立和有效运用国家安全审查制度的根本基础。

第一节 国家安全审查的政治内核

针对外国投资进行的国家安全审查涉及两个核心概念,即"外国投资"与"国家安全"。通过分析可以发现,无论"外国投资"还是"国家安全",都充满浓厚的政治性。由此,可以作出这样一个判断,即如上文所述,外国投资之国家安全审查虽处于法律的语境之下,但其内核是一个政治问题。

一、国家安全概念之特质

国家安全是一个似乎不言自明却又充满争议的概念,关于它的内涵与外延,学者们并未达成一致。这种状况是由国家安全这一概念本身的特质所决定的。有学者从"安全"的定义引申出"国家安全"的定义,即国家安全就是指一个国家相对稳定、完整,没有威胁、恐惧的状态,以及维持这种状态的能力。国家安全具有历史性、多维性或综合性(包括政治、经济、军事、外交等方面)、相对性(因时间、地点、对象、条件而异)、二元性(含有主观、客观两方面)、层次性(国际关系中一系列安全概念的关键环节)等特征。② 这些特征决定了国家安全是一个不确定的概念。不确定的概念有时也被称为"可作不同解释的

---

① 参见黄一玲:《求解跨国公司应对东道国政治壁垒之博弈策略》,载《东南学术》2014年第4期。

② 参见孙晋平:《国际关系理论中的国家安全理论》,载《国际关系学院学报》2000年第4期。

第二章　外国投资与国家安全审查

概念""一般性概念""涵括很广的概念""弹性概念"。汉斯·J.沃尔夫把这些概念称为"具有流动性,而不具有固定性特征的类概念"①。为了充分理解国家安全概念之特质,以下从三个方面作具体阐释:

首先,国家安全具有历史性和相对性。国家安全的内在价值是国家利益,而国家利益历来是国际政治问题中的一个基本概念,同权力、意识形态、民族、国家、和平等其他重要政治概念一样,具有多重含义,并极为抽象。② 维护国家安全在本质上是维护国家利益,不同的国家通常有不同范围的国家安全利益。③ 西方国际关系学者在界定一个国家的国家利益时,以历史研究为出发点,研究这个国家制定的外交政策,寻找反复出现的行事方式,从中推断出这个国家的国家利益。④ 美国学者小霍姆斯认为,安全是一种活生生的外皮(skin),它所应用的时间和环境不同,它的色彩和内容就截然不同。⑤ 巴里·布赞、丹尼尔·费雷、罗伯特·杰维斯等学者认为,安全不过是一个模糊的象征,不同的行为体,在不同的场合,身处不同的时代,面对不同的问题,会对安全作出不同的解释。任何一个概念的界定,都难免以偏概全,所以阐释安全的含义只能联系具体的情况。⑥

有学者认为"国家安全"是一个法律概念,必须对其进行明确的界定,并指出"国家安全"的法学定义应当是:"国家安全,是指一国宪法制度和法制秩序的正常状态及其所标示的国家主权、国家利益和国家尊严的有机完整和统一性,不被国内外各种敌对势力和非法活动所干扰、侵害、妨害和破坏。"⑦ "国家安全"虽然屡现于有关国家安全的立法之中,但是并非严格的法律概念。

---

①　转引自〔德〕埃贝哈德·施密特-阿斯曼等:《德国行政法读本》,于安等译,高等教育出版社2006年版,第318页。
②　参见戴超武:《国家利益概念的变化及其对国家安全和外交决策的影响》,载《世界经济与政治》2000年第12期。
③　参见李少军:《国家安全理论初探》,载《世界经济与政治》1995年第12期。
④　参见戴超武:《国家利益概念的变化及其对国家安全和外交决策的影响》,载《世界经济与政治》2000年第12期。
⑤　See Gregory D. Foster, In Search of a Post-Cold War Security Structure, *McNair Paper*, 1994, p.24.
⑥　See Peter Mangold, *National Security and International Relations*, Routledge, 1990, pp.2-3.
⑦　梁忠前:《"国家安全"概念法理分析》,载《江苏社会科学》1995年第4期。

学者们对国家安全进行的法学界定同样是模糊的、抽象的,远未达到其所希望的"明确"界定。法律上的国家安全同样要结合法之性质、立法目的等因素,确定具体法律框架下国家安全的内涵与外延。法律上的国家安全与非法律上的国家安全并没有严格界限,在法律程序中所确定的国家安全就是法律上的国家安全,其关键并不在于确定国家安全的内涵,而在于确定国家安全的程序属性。

其次,国家安全的范围和考量因素呈现扩展趋势。这种扩展既可以理解为国家安全范围的横向扩展,也可以理解为部分领域安全层级的纵向提升,即一些领域的安全问题上升到国家安全层面。非传统国家安全观、新国家安全观是当下有关国家安全问题讨论的热点与焦点。新国家安全观认为,国家安全应当包括传统安全和非传统安全,范围应从领土、政权、军事等方面的传统安全扩展到政治、经济、社会、信息、能源、环境、人口、公共卫生等方面的安全。但是,质疑者认为,这是一种永远无法穷尽安全外延的安全观,使国家安全问题变成了无处不在、无所不包的超级大问题,[①]国家安全概念的含糊性变得更加明显,因为各种各样往往是互不一致的"卷入"都以国家安全为借口。[②]这种质疑不能说毫无道理,但是不得不承认,人类社会生存、发展的总环境发生了巨大的变化,科技的飞跃、制度的创新并不意味着我们所处的环境更加安全,相反,因高速发展而带来的脆弱变得更加明显。所以,国家安全范围的扩展是客观环境所致,是国家机器的链条日益精密和绞合联动之必然。国家安全范围的扩展,尤其是在非传统安全领域的扩展,使得是否危害国家安全的判断过程更加复杂、专业和间接,通常也就无法简单、直接地得出是否威胁国家安全的结论。

最后,国家安全具有主观性。国家安全的主客观二元性表现为国家安全的客观状态与主观认识,即国家安全是由客观存在的生存状态和利益关系与反映这种客观存在的主观感受的有机统一体所形成的结构,是国家间、国家与国际社会为谋求自身生存、免受威胁而形成的互动关系,其本质是对国家

---

① 参见何贻纶:《国家安全观刍议》,载《政治学研究》2004年第3期。
② 参见〔美〕罗伯特·基欧汉、约瑟夫·奈:《权力与相互依赖——转变中的世界政治》,林茂辉、段胜武、张星萍译,中国人民公安大学出版社1992年版,第6页。

生存利益的调适。它是一个特定的国际政治范畴,是国际政治的最高形态。①在这一范畴上,国家安全是指作为利益集合体的国家由于自己的力量而不存在威胁,不存在恐惧感的状态。② 无论从哪个角度看问题,安全与人的感觉和心理状态都是分不开的。③ 在国家安全审查中,审查机构以客观的案件事实为基础,形成外国投资是否威胁国家安全的认识。这一过程并非逻辑的推演和运算,而是在综合信息之下包含主体感受在内的主客观综合判断。

外国投资国家安全审查虽然处于法律的语境下,但是不能因此从法律或法学的视角去界定国家安全。国家安全审查的对象仅限于"外国"投资,以本国与外国的区分作为基本前提,投资者的国别特征至关重要。所以,应从国际政治的角度审视国家安全审查中的国家安全。确切而言,国家安全应该被称为"国家的国际安全",即国家安全主要在于国家对于国际环境中威胁的认识。④ 从国际关系理论的角度看,"国家安全"是指一个国家在国际社会环境和国内社会关系中求得自身的政治稳定、政治独立和社会之有序发展。⑤

二、外国投资及其危害的政治性

资本本身是中性的,但是资本与控制者结合起来就有了政治属性。资本的政治属性与国家安全的关系可以分为四个层级:本国政府控制的资本对于国家安全具有积极维护功能,本国民间资本对于国家安全具有消极维护功能,外国民间资本对于国家安全具有消极威胁,外国政府控制的资本对于国家安全具有积极威胁。⑥ 外国政府控制的资本具有明显的政治性,笔者对此不作过多的阐述,我们所要关心的是属于民间资本的外国投资及其危害的政治性问题。在具体阐述之前,必须明确的是,绝非所有的外国投资都具有政治性和危害性,这里所要阐述的是对少数现象的机理分析。

---

① 参见何贻纶:《国家安全观刍议》,载《政治学研究》2004 年第 3 期。
② 参见汪育俊:《全面理解"国家安全"概念》,载《江南社会学院学报》2000 年第 1 期。
③ 参见李少军:《国家安全理论初探》,载《世界经济与政治》1995 年第 12 期。
④ 参见宋伟:《国家安全:范畴与内涵——一种现实主义的视角》,载《东南亚纵横》2009 年第 3 期。
⑤ 参见梁忠前:《"国家安全"概念法理分析》,载《江苏社会科学》1995 年第 4 期。
⑥ 参见王东光:《外资审查的政治维度》,载顾功耘主编:《政府与市场关系的重构——全面深化改革背景下的经济法治》,北京大学出版社 2015 年版,第 346—356 页。

一些跨国公司不仅仅是资本雄厚、组织庞大、跨越国界的商业经营机构，其所蕴含的政治性相比其商业性更具特征性。跨国公司的政治行为大体上可以分为三种：跨国公司母公司对母国政府的政治行为、跨国公司国外子公司对东道国政府的政治行为以及跨国公司对整个国际社会的政治行为。[①] 企业国际化作为一种商业活动，要受到国际政治经济秩序的制约，还必须遵守东道国的法律规定。企业为了争取到有利于自身发展的政策或规则，必须参与到规则的制定中。企业国际化其实也是一种独立的外交活动，尤其是对外投资企业往往具有民族国家的部分特征，跨国公司已经成为国际政治体系的重要组成部分。[②]"跨国公司是国际政治经济中仅次于民族国家的第二位的重要行为体。"[③]

在探讨跨国公司对母国政治的影响之前，有必要对跨国公司是否存在母国的问题作出回应。对于这个问题，有两种不同的认识。主张跨国公司具有国别独立性的观点认为，跨国公司发展的一个新趋势就是当地化。无论是来自欧美还是日本的跨国公司，都在努力比自己的竞争对手更加当地化。这种趋势发展的结果，必然是产生大量弱母国型甚至无母国型的跨国公司，[④]公司利润与母国逐渐脱钩。[⑤] 跨国公司与国家之间不再是"唯马首是瞻"的关系，它们是一群没有祖国的庞然大物，已经摆脱甚至超越了民族国家的传统桎梏，成为真正的"世界公民"。[⑥] 相反的观点则认为，在国际市场中竞争的跨国公司都是其所在国政府创造的经济、政治环境和政策背景下的产物，不存在完全脱离国别特征、脱离政策作用的独立的跨国公司。[⑦] 现实中，的确出现了极少数国别特征模糊的跨国公司，并且此类公司具有明显的行业特征，即多属于零售业企业。绝大部分跨国公司仍然具有明显的母国特征。一些跨国

[①] 参见唐勇：《跨国公司行为的政治维度》，立信会计出版社1999年版，第219页。

[②] 参见钞鹏：《企业国际化与母国国际影响力》，载《经济问题探索》2011年第4期。

[③] 〔美〕弗雷德里克·皮尔逊、西蒙·巴亚斯里安：《国际政治经济学：全球体系中的冲突与合作》，杨毅、钟飞腾、苗苗译，北京大学出版社2006年版，第332—333页。

[④] 参见康荣平、杜玉平：《无母国型跨国公司——跨国公司发展的新现象》，载《国际经济评论》2005年第3期。

[⑤] 参见肖莹莹：《公司盈利渐与母国经济脱钩》，载《经济参考报》2006年3月3日第003版。

[⑥] 参见范春辉：《跨国公司的政治逻辑》，载《文化纵横》2011年第6期。

[⑦] 参见朱鸿伟：《跨国公司政治行为的经济学分析》，载《暨南学报（哲学社会科学版）》2006年第1期。

公司为了营造亲东道国市场的气氛,可能会有一些淡化母国色彩的表象,但是其母国属性的本质几无变化。母国属性不仅是物质的,更是精神的。跨国公司依赖于母国,极力寻求于己有利的母国政策、法律,并为此目的对母国政治施加影响。资本无国界,商人有国别。跨国公司的基本价值是由它的创始人以及其后重要领导者的国籍和人格决定的,母国文化的价值信念被理所当然地作为总部决策的参考框架。在进行国际经营时,跨国公司的首要目标是追求经济利益。在这个过程中,跨国公司不可避免地会推广其价值观、思想、伦理和行为规范。①

这里以美国为例,看看跨国公司是如何影响母国政治的。跨国公司不仅是经济上的强者,还是世界经济中强大的政治"表演者",拥有巨大的政治影响力。在美国2000年总统选举中,82个最大的公司通过政治行动委员会提供了总额达3300万美元的政治捐款。除了政治捐款外,游说也是跨国公司议程的主要部分。美国200强公司花费了巨额的金钱用于游说活动,其中94个公司在华盛顿为了游说的目的而维持与政府的关系。② 美国跨国公司政治权力运作的对象主要有美国政府的行政单位、立法机构以及针对特定议题的美国民意。所有的权力运作的目的都是促成对美国跨国公司有利议题的权威性配置。在具体方式上,跨国公司一是运用其经济资源以支持美国政党选举,建立与政府官员和国会议员的密切关系,影响政策制定的方向。二是通过国会立法程序,制定对跨国公司有利的法案,形成对其合法运作的保障。为一些特定的议题、事项,跨国公司往往形成特定集团,对一项议案的通过与否施加影响。三是善用媒体的力量,形成美国民意对特定议题的看法与观点。跨国公司通过各种手段影响公众意见,以达到间接影响国会决策的目的。③ 虽然美国跨国公司之政治行为的目的是接近并影响权力以获取经济上的利益,但是这对美国政治亦有积极影响,主要表现为:(1) 有助于促进国会

---

① 参见陶金元、杨德锋、张存玉:《跨国公司传承母国文化的路径分析》,载《商业研究》2011年第11期。

② 参见袁文全:《论跨国公司社会责任的母国规制》,载《西南民族大学学报(人文社会科学版)》2010年第1期。

③ 参见王娜:《美国跨国公司的政治权力及对中美关系的影响》,载《国际关系学院学报》2004年第4期;冼国明、张岸元:《跨国公司与美国国会对华政治》,载《世界经济》2004年第4期。

制度的运转;(2)有助于弥补选举中政党功能的局限性;(3)有助于政企互动;(4)有助于政府在国际、国内两个层面达成施政目标;(5)有助于政府缓和双边关系。①

跨国公司对东道国政治的影响是其又一重要的政治特征。为了规避政治风险和实施全球经营战略,跨国公司在东道国广泛地参与政治活动,通过政治行为规避风险和谋求各种利益。因此,跨国公司本身就是政治性机构,其政治行为对东道国产生全面深入的影响。② 在全球化的进程中,西方发达国家大力推进"民主政治"全球化攻势。出于母国政治的考虑,同时也受到利益动机的驱使,跨国公司扮演着重要的角色。它们通过兼并、收购等方式,控制东道国支柱企业,并通过母国政府对东道国施加政治压力,甚至直接参与东道国政治活动,通过政治贿赂等方式影响东道国的政治决策,谋取巨大的政治利益和经济利益。③ 对东道国而言,跨国公司的进入,意味着新技术手段、生产方式、经营管理模式以及与此相关的全新"游戏规则"和文化形态的引入,也意味着对东道国政治、经济、社会生活全方位影响的开始。这在给东道国带来巨大利益的同时,也必然要连带影响部分国家主权。跨国公司给东道国造成的损害最集中地表现在两个方面:一是损害东道国的经济安全,二是损害东道国的政治安全。④ 跨国公司对国家政治主权的侵蚀包括政治干预、腐蚀行径和院外活动。跨国公司凭借其强大的经济实力,通过贿选、资助反政府活动和政变、制造经济混乱等手段,左右东道国的政治进程;利用母国政府的经济和政治压力乃至军事压力,干涉东道国内政,甚至颠覆东道国合法政府。跨国公司为牟取不正当利益,通过贿赂东道国政府官员以及组织庞大的院外活动集团,影响所在国政府的决策。⑤ 例如,1965年,秘鲁政府希望调整其电话工业,美国国际电话电报公司(ITT)通过当时的美国国务卿迪安·腊斯克要求美国政府为该公司利益作最高层次的干预。1970年至1971

---

① 参见刘镜:《论美国跨国公司政治行为对美国政治的积极作用》,载《和田师范专科学校学报(汉文综合版)》2008年第3期。
② 参见赵平:《跨国公司的政治行为及对策研究》,载《商业研究》2012年第2期。
③ 参见罗志松:《外资并购的东道国风险研究》,人民出版社2007年版,第110页。
④ 参见车丕照、董毅:《东道国对跨国公司活动的法律规制》,载《甘肃政法学院学报》2002年第6期。
⑤ 参见迟德强:《浅析跨国公司对国家政治主权的影响》,载《江汉论坛》2007年第7期。

年,该公司为维护其在智利电话系统中的利益,建议美国政府干预智利的政治事务,并与中央情报局一起行动,结果导致智利的左派阿连德政府倒台。[①] 在跨国公司对母国政治产生影响的同时,母国政府往往也将一些重要的使命赋予跨国公司,如承担寻找能源、资源的功能,完成重要战略任务等,这使得东道国与跨国公司间的矛盾可能会上升到国家主权之争层面。[②]

三、国家安全审查逻辑的本质

国家安全审查是投资者的政治性、投资项目的威胁能力以及国家安全的界限三者构成的评估体系,审查机构通过系统的评估,判断外国投资者所控制的投资是否会产生安全威胁,以及这种威胁是否会触及国家安全利益而不被容忍。

第一,投资者的政治性决定了是否存在威胁激励。外国投资国家安全审查是针对外国投资者的特定投资项目是否威胁东道国国家安全进行分析、判断。即国家安全审查以外资项目为审查对象,而不是以外国投资者为审查对象,但是投资者的背景尤其是国别特征至关重要。一些非跨国公司同样具有政治性,它们也竭力通过影响决策者获得于己有利的政策或规则。不同的是,跨国公司背后有一个母国存在,跨国公司对东道国的影响与危害在手段上可能通过母国的能力予以实现,在目的上可能是为了母国利益而为之。在国家安全审查中,外国投资者来自哪一个国家至关重要,如果跨国投资发生在英美这样的同盟国之间、中美或俄美这样的大国竞争对手之间、美朝这样的存在一定对立关系的国家之间,引发的安全关注和担忧完全不同。2006年2月,阿联酋迪拜世界港口公司拟以68亿美元并购英国半岛及东方轮船公司的全球业务,获得纽约、新泽西、巴尔的摩、新奥尔良、迈阿密、费城等六个美国重要港口的运营管理权。美国国会共和、民主两党众多议员认为,如果让阿联酋这个与"9·11"恐怖袭击嫌犯有关联的国家运营美国港口,将对美国国家安全构成威胁。因此,他们要求白宫出面阻止这些港口落入阿联酋之手。尽管时任总统小布什认为该项收购并不会威胁美国国家安全,并称如果国会

---

① 参见唐勇:《跨国公司行为的政治维度》,立信会计出版社1999年版,第197页。
② 参见罗志松:《外资并购的东道国风险研究》,人民出版社2007年版,第102页。

通过法案阻止该项收购,他将行使总统否决权,但是最终该项收购仍以失败告终。迪拜世界港口公司和半岛及东方轮船公司都是外国公司,不同的是,一个来自被认为与"9·11"恐怖袭击有关的国家阿联酋,一个来自美国的盟友英国,两家公司的母国差异所导致的安全担忧完全不同。公司与母国的关系,甚至是公司主要人员的政治背景,都是非常重要的安全考量因素。跨国公司与其母国之间往往具有千丝万缕的联系,这种联系不仅仅是以经济利益为纽带的联系,更有关于国家认同与归属的超经济利益的情感联系。以全球最大的搜索引擎公司——美国谷歌公司为例,据美国"环球政客"网站报道,谷歌公司曾是奥巴马竞选阵营的第四大赞助者,曾有四名谷歌公司高管服务于美国政府,其中包括曾任美国国防部副助理的谷歌公司前无线产品管理主管阿加瓦尔,而五角大楼还有一些安全专家来自谷歌公司也早已是公开的秘密。① 据《华盛顿邮报》报道,谷歌公司与美国国家安全局签订了一项协议,后者将帮助谷歌公司调查可能源自外国的网络间谍攻击。这一"联姻"意味着,美国的情报机构可能独享由谷歌公司搜集的来自全球的海量信息,这给其他国家的国家安全和商业安全带来严重威胁。② 披露谷歌公司与美国政府关系的一家美国网站评论道:"当想到谷歌公司的管理层正在不断跑往白宫的路上,人们有理由担心谷歌公司送来的东西加上了多少美国政治的私货。"③

第二,投资项目的威胁能力决定了是否会造成安全危害。跨国公司的政治性危害是一般性危害,即通过政治参与的形式直接实现,对于这种危害的预防与消除以东道国的反间谍法、反贿赂法、政治捐赠法等相关法律为依托。跨国公司的政治性危害可能上升到国家安全层面,这种危害并不借助于其所从事的投资项目或业务,而是表现为主体性参与。在国家安全审查中,跨国公司的威胁是基于控制"敏感企业"的威胁,通过对能源、通信、尖端技术等具体业务的掌控威胁东道国国家安全。两种危害的路径和方式有所不同,应采

---

① 参见李云路、王建华、颜昊:《中国拒绝"政治的谷歌"与"谷歌的政治"》,http://politics.people.com.cn/GB/1026/11183330.html,2017年3月19日访问。
② 参见张小军、李学梅、钱铮、毛磊:《谷歌联姻美情报机构,用户心惊》,载《新华每日电讯》2010年2月25日第5版。
③ 转引自李云路、王建华、颜昊:《中国拒绝"政治的谷歌"与"谷歌的政治"》,http://politics.people.com.cn/GB/1026/11183330.html,2017年3月19日访问。

取的规制方式亦不同,但是也存在一定的联系。虽然不是国家安全审查的直接原因,但是如果抛弃跨国公司的政治性,国家安全审查的必要性将无从谈起。跨国公司的政治性是国家安全审查的大前提,而投资项目对国家安全造成危害的可能性是小前提。在具体的审查案件中,投资主体的政治性与投资项目的特质是不可分割的两个方面,投资项目在客观上具有的对国家安全的威胁能力不一定转化为现实的危害,除非投资项目的控制者受到产生危害的激励,而政治性恰是这一激励的源头。

第三,国家安全的界限决定了危害容忍的边界。无论是国家的法律文本,还是审查机构的规范,都无法对国家安全作出准确的一般性界定,也无法指明什么样的外国投资威胁本国国家安全,只能在具体的审查案件中,结合外国投资者的情况、投资项目的具体信息、当时的国家安全环境等因素,判断该项外国投资是否危害国家安全。国家安全审查的判断逻辑是,明确特定的外国投资是否会产生某种安全危害,如果这种安全危害可以上升或延伸到国家安全的层面,则构成国家安全威胁。这一判断并非先确定国家安全的范围,再看特定的投资是否触及这一范围。

在国家安全审查中,投资者、投资项目与国家安全共同构成评估体系,投资者的政治性决定了其威胁国家安全的主观性,投资项目的特质决定了其威胁国家安全的工具和媒介能力,而国家安全的内涵与外延决定了评估的尺度。三者在特定历史条件下的动态关系决定了国家安全审查的结论。一些学者指出,要摈除国家安全审查中的"政治因素",也就是要除去"投资者因素"和"国家安全因素",而只考虑投资项目的国家安全威胁能力,单纯进行技术层面的评估。这样"就事论事"似乎可以更加客观,但是实际上已经偏离国家安全审查的根本目的和实际用意。

第二节 国家安全审查的法律化路径

国家安全审查的内核是政治范畴,对其进行法律化时,路径显得格外重要。给政治内核披上法律的外衣,使得政治问题在一定程度上转化成法律问题,同时又不能不当侵入政治内核。国家安全审查程序应当充分法律化,确保审查过程的公开性、明确性和效率性。国家安全审查标准应当有限法律化,其抽象性、模糊性是由国家安全的政治内核所决定的。国家安全审查标准要保持开放性和软约束性,但是不能因此就断言该标准出现泛政治化现象或趋势。

一、国家安全审查的立法原则

国家安全审查的目的在于,在不改变外资开放政策的情况下,维护国家安全利益。所以,如何在国家安全审查中实现投资开放政策与国家安全利益恰当而有效的平衡,建立开放经济环境下有效维护国家安全利益的法律保障机制,是世界各国共同面临的难题。为此,经济合作与发展组织(OECD)于2009年5月发布了《投资接受国与国家安全相关的投资政策指南》。该指南对其成员方在投资领域采取国家安全审查措施所应遵循的四项原则——非歧视原则、透明度或可预见性原则、监管平衡性原则和责任约束原则——作了具体规定。这四项原则的实施,有助于各国确保秉持善意而非保护主义,采取与国家安全相关的投资措施。①

(一)非歧视原则

非歧视原则要求政府在通常情况下采取以相同方式对待地位相同的投资者的一般性措施。当一般性措施确实不足以维护国家安全,而需要针对个别投资者采取特殊措施时,针对该投资者能够产生国家安全威胁的特殊之处,正确理解"地位相同的投资者"尤为关键。这里的"地位相同"不是指法律地位的相同,也不是指投资领域、投资规模、投资方式等投资事实的相同,而是指投资者对于东道国国家安全产生的影响程度相同。东道国对地位相同的投资者不应采取差别待遇。但是,在同一类型的投资项目中,针对不同国家的投资者采取不同的投资限制措施并不一定构成歧视,投资者的母国差异很可能造成地位的不同。

(二)透明度或可预见性原则

OECD从五个方面具体阐述了透明度或可预见性原则:第一,汇编相关法

---

① 参见王小琼:《德国外资并购国家安全审查新立法述评及其启示》,载《国外社会科学》2011年第6期。

律并公开。对国家安全审查的基本法律和附属的细则规范,应进行汇编并以适当的方式公开,尤其是审查中的判断标准应向社会公开。第二,事先通知。如欲改变投资政策,政府应当采取措施通知利益相关者。第三,意见征询。政府打算改变投资政策时,应征询利益相关者的意见。第四,程序的公正和可预测性。外资审查程序应设定严格的时间限制,要考虑逾期视为同意的法律规则,即如果在规定的期限内没有采取限制或调整交易的措施,应视为同意交易。第五,披露投资政策措施。政府应确保充分披露其投资政策,如通过媒体发布信息、向国会提交报告等方式。从该项原则的具体内容来看,OECD强调的是法律文件的公开、信息的交互、行动的披露以及程序的公正和可预见性,并没有强调审查标准的确定性,也没有要求实质审查结论的可预见性,这与学者们对国家安全审查立法的主要诟病形成鲜明的对比。

  在透明度或可预见性原则方面,法律规范的具体、细化、明确无疑是最重要的。美、德、澳等国都采取了在法律之外另行制定实施细则的立法方式。美国2007年《外国投资与国家安全法》颁布后,财政部于次年4月在《联邦纪事》上公布了该法的实施细则,即《关于外国法人收购、兼并和接管的条例》,旨在落实该法的有关规定。例如,该条例对"控制""重要基础设施""重要技术""外国法人""外国政府控制的交易"等重要概念进行了界定,并举例作了很多说明,对管辖范围、审查程序也作了非常详尽的规定。德国规范外国投资的主要法律是《对外经济法》,该法最初制定于1961年,1986年出台了实施细则《对外经济条例》。2004年,德国通过《对外经济法》的修正案,增加了国家安全审查条款,对损害国家根本安全利益、国际社会和平、国家外交关系的外资进行限制。之后,《对外经济条例》也进行了相应的修改,具体实施该例外条款,规定在国防及与国防相关的敏感部门实施安全审查,要求外国投资者进行申报并接受审查。2009年,德国对《对外经济法》和《对外经济条例》进行了第13次修订,要求外资并购特定产业的德国企业股份超过25%时必须报请政府批准,成为德国进行外资并购安全审查的主要法律依据。2013年,德国联邦议会通过了新的《对外经济法》[①]。德国联邦政府根据该法之授权,

---

① Außenwirtschaftsgesetz vom 6. Juni 2013 (BGBl. I S. 1482).

于同年制定了新的《对外经济条例》①。澳大利亚国家安全审查的依据包括1975年《外资并购与接管法》、1989年《外资并购与接管条例》以及澳大利亚财政部发布的外资政策。其中,1975年《外资并购与接管法》是外资并购的基本法律;1989年《外资并购与接管条例》是1975年《外资并购与接管法》的实施细则,它对并购活动的规定更加具体、细化,修订也更加频繁,以便对澳大利亚的投资政策及时作出反应,成为落实国家投资政策的有效法律工具。②

（三）监管平衡性原则

监管平衡性原则对投资之限制或对交易之调整应以维护国家安全所需为限,如果已有的措施适合于并足以解决国家安全问题,则应避免采取前述限制或调整措施。OECD认可各国有权确定什么对维护其国家安全是必要的,但是在确定时应使用严密的风险评估方法,并使投资限制与国家安全威胁之间具有清晰的关系。投资限制应紧紧集中在与国家安全相关的问题上,限制投资措施应根据特定投资计划所产生的特定风险进行调整,包括提供既能解决国家安全问题又不至于阻碍投资的政策措施,只有在其他政策不能解决国家安全问题时,才能将限制投资措施作为最后的安全屏障。美国2007年《外国投资与国家安全法》就被称为"一部微妙平衡法"。③

国家安全审查的目的仅在于维护国家安全利益,不会从根本上改变各国对待外资的开放态度以及积极吸引外资的政策。所以,国家安全审查立法以维护国家安全的必要性为限度。德国《对外经济法》第1条就阐明了贸易与投资的自由原则,即与外国之间的商品、服务、资本、支付以及其他经济往来原则上是自由的。为了维护德国重要的国家安全利益,可以对对外经济交易中的行为和活动进行限制或者设置义务,限制或者设置义务的方式和范围以实现授权目的所必需为限度,应尽可能少地影响经济活动之自由,只有在严重危害授权目的的情况下,才可以介入已经签订的合同;一旦限制或者设置义

---

① Außenwirtschaftsverordnung vom 2. August 2013（BGBl. I S. 2865）, die zuletzt durch Artikel 1 der Verordnung vom 13. Juli 2015 (BAnz. 2015 AT 17.07.2015 V1) geändert worden ist.

② 参见张庆麟、刘艳:《澳大利亚外资并购国家安全审查制度的新发展》,载《法学评论》2012年第4期。

③ See Kristy E. Young, The Committee on Foreign Investment in the United States and the Foreign Investment and National Securities Act of 2007: A Delicate Balancing Act that Needs Revision, *U.C. Davis Journal of International Law and Policy*, 2008, Vol. 15, No.1, pp. 43-70.

务的原因消失,即应予以取消。① 1988年8月23日,美国总统里根签署了《综合贸易与竞争法》。美国参众两院在就该法提交给总统的一份报告中道出了制定该法的目的:"新的法律不能企图对外国投资设置障碍,并不适用于'国家安全'范围以外的交易,也不能授权对不会导致外国控制的外国投资进行调查。"②

(四)责任约束原则

责任约束原则是指在立法中应考虑政府内部监督程序、国会监督程序、司法审查、定期的规制效果评估等机制以及重要的决定应由较高层级的政府作出的要求,以保证对执行权的责任约束。国家利用政治和司法的混合监督机制,以维护投资审查程序的中立性和客观性,同时对审查程序进行政治责任约束,如采取通过执行权向国会承担责任的措施。投资者通过行政程序或司法程序对限制外国投资的决定进行审查的救济权可以强化责任约束。限制外国投资的重要决定可能限制作为市场经济重要基石的财产权的自由表达,并涉及众多政府职能的协调,因此需要高层级政府的介入。

二、审查程序的充分法律化

审查程序的充分法律化既是相对于审查标准法律化程度的客观描述,也是国家安全审查程序立法应当遵循的准则。从目的来讲,审查程序的充分法律化既是尊重外国投资者权益的需要,也是吸引投资以发展经济之本国利益需要,更是提高审查程序透明度和可预见性的根本路径。从条件来讲,审查程序不触及国家安全审查的政治内核,并不存在法律化的障碍。

除了法律程序具有的普遍价值外,国家安全审查程序的特殊价值体现在以下三个方面:

第一,程序有时表现出超出本身的价值,在实体问题无法通过法律明确认定的情况下,以依照法定程序得出的结论替代实体认定。国家安全审查的内核是政治问题,审查标准具有模糊性,在此情况下,严格的法律程序有助于塑造审查结论的正当性,通过依法律程序作出的判断推定其合法性、正当性。

---

① Außenwirtschaftsgesetz vom 6. Juni 2013 (BGBl. I S. 1482).
② 转引自黄进、张爱明:《在美国的收买投资与国家安全审查》,载《法学评论》1991年第5期。

第二,审查程序不仅仅是投资者的保护程序,审查机构的约束程序也是审查工作的运行程序。国家安全审查具有高度复杂性,审查主体具有复合性,严格的法律程序可以确保审查工作顺利进行。

第三,审查程序的充分法律化可以促使审查结果的生成,避免以程序的故意拖沓替代审查结论,进而回避棘手的对是否威胁国家安全的实体判断。例如,在没有实质性理由的情况下,审查机构不得要求申请人撤回并重新提交申请,因为这意味着审查期限的重新计算,申请人将失去对审查期限的合理预期,可能被迫中止交易。

从前述各国的国家安全审查制度可以看出,审查程序已较好地实现法律化,审查主体、权限划分、审查范围、审查步骤、审查期限、救济途径等内容皆由法律或实施细则明确规定。审查机构的组织构成及权限由法律明确规定,可能的设置包括受理机构(如我国商务部)、牵头机构[①]、建议机构(如澳大利亚外国投资审查委员会)、协助机构(如澳大利亚国家安全机构)、决定机构(如德国联邦政府)、监督机构(如美国国会)等。国家安全具有综合性的特征,是否威胁国家安全的判断过程日趋复杂和专业,审查机构客观上要具备审查的能力和条件,形式上也要具备权威性。任何一个政府部门都无法单独胜任审查工作,单一的部门可以作为初审机构、审查受理或发起机构,而最终的审查结论应当由涉及国家安全的联合机构或中央政府作出。另外,审查机构的合理构成也可以在一定程度上防止"专断"的发生,因为国家安全审查本身具有较为浓厚的主观判断色彩,单一的构成可能导致对国家安全威胁的漏判或误判。

三、审查标准的有限法律化

有些国家并未规定审查标准,仅以"威胁国家安全"作为原则性、目的性的最高标准。国家安全审查是"包裹"政治内核的法律问题,审查程序需要并且可以充分法律化,但是审查标准仅能有限法律化或称"形式法律化"。其原

---

① 美国财政部在《关于外国法人收购、兼并和接管的条例》中将"牵头机构"界定为:由委员会主席指定、代表委员会对特定目标活动行使主要职权的部门。其活动包括审查的全部或部分、调查、谈判、对缓和协议或条款的监督等。

因在于，审查标准与国家安全审查的实体判断直接相关，实体判断是对政治内核的展开，而政治内核无法完全法律化。审查标准的有限法律化表现在以下几个方面：

第一，审查标准的模糊性。如前所述，"国家安全"是一个不确定的概念，这决定了对于何为危害国家安全无法确定一个准确、具体的衡量、判断标准，只能采用相对模糊、抽象的标准。"以美国为例，自从实施国家安全审查制度以后，CFIUS曾多次公开拒绝有关对'国家安全'的含义作出界定的请求。CFIUS拒绝的目的主要是为了维护经济政策的灵活性和审查机关广泛的裁量空间。"①美国《关于外国法人收购、兼并和接管的条例》第二章对"重要技术""外国实体""外国法人""美国企业""控制""外国政府控制的交易"等术语作出了详细的定义，而"国家安全"这个更加关键的概念却仍交由CFIUS自由裁量。审查标准越模糊、越抽象，审查主体的解释空间确实就越大。但是，这并不是为了让审查机构获得广泛的裁量权而有意为之，实属由国家安全审查之特质所决定。1988年8月，美国参众两院在提交给总统的一份报告中清楚地表明："国家安全的审查标准可以广泛地给予解释，而且在特定的行业，其解释是没有限制的。"这样，可使总统灵活地处理任何其认为会对国家安全造成威胁的外国控制。②澳大利亚国家安全审查制度以"是否与澳大利亚国家利益相悖"作为原则性标准，但是1975年《外资并购与接管法》、1989年《外资并购与接管条例》和财政部历年来发布的外资政策均未明确规定"国家利益"的含义。财政部每年发布外资政策是澳大利亚国家安全审查法律体制的显著特征，外资政策也是指引外国投资活动、政府进行投资管理的重要依据。③这必然使得法律所规定的审查标准是模糊的，否则变动中的外资政策就失去了适用的空间。德国《对外经济法》和《对外经济条例》也没有对"国家安全"和"国家安全审查标准"作出界定，而是适用欧洲法院判决中有关"国家安全"的界定。

---

① 朱识义：《外资参与经营者集中国家安全审查制度研究》，浙江大学出版社2014年版，第102页。
② 参见黄进、张爱明：《在美国的收买投资与国家安全审查》，载《法学评论》1991年第5期。
③ 参见张庆麟、刘艳：《澳大利亚外资并购国家安全审查制度的新发展》，载《法学评论》2012年第4期。

第二,审查标准的间接性。法律通常仅列举需要考虑的审查因素,而不直接说明哪些属于危害国家安全的外国投资。即法律所规定的并非结论性标准,而是过程性标准,或者说是方向性标准,指明在审查是否危害国家安全时可以考虑的方向。甚至可以说,法律所规定的不是标准,而是可以展开思考的范畴。我国《外国投资法(草案征求意见稿)》称之为"安审因素",即对外国投资进行国家安全审查"应当考虑的因素"。[①]美国2007年《外国投资与国家安全法》对1950年《国防生产法》中总统或总统指定的人在国家安全审查中"可以考虑的因素"进行了修改和补充,由11个因素[②]构成了审查标准。有美国学者认为,1988年通过的《埃克森-弗罗里奥修正案》(Exon-Florio Amendment)没有对国家安全进行界定,而是在其中设定了较为宽泛的考虑

---

① 我国《外国投资法(草案征求意见稿)》规定的安审因素包括:"(一)对国防安全,包括对国防需要的国内产品生产能力、国内服务提供能力和有关设备设施的影响,对重点、敏感国防设施安全的影响;(二)对涉及国家安全关键技术研发能力的影响;(三)对涉及国家安全领域的我国技术领先地位的影响;(四)对受进出口管制的两用物项和技术扩散的影响;(五)对我国关键基础设施和关键技术的影响;(六)对我国信息和网络安全的影响;(七)对我国在能源、粮食和其他关键资源方面长期需求的影响;(八)外国投资事项是否受外国政府控制;(九)对国家经济稳定运行的影响;(十)对社会公共利益和公共秩序的影响;(十一)联席会议认为应当考虑的其他因素。"

② 这11个因素是:"(1)为满足预计的国防需求所需的国内生产。(2)为满足国防需求所需的国内工业产能,包括人力资源、产品、技术、原材料以及其他供应和服务的可靠性。(3)国内工商业活动受控于外国公民对满足国家安全要求的产能构成的影响。(4)提出的或待定的有关军事产品、设备或技术出售给如下国家的交易构成的潜在影响;(A)由国务卿认定的:(i)根据1979年《出口管理法》第6(j)节[附录第2405(j)节],被认定为支持恐怖主义的国家;(ii)根据1979年《出口管理法》第6(l)节[附录第2405(i)节],被认定为导弹扩散的国家;或(iii)根据1979年《出口管理法》第6(m)节[附录第2405(m)节],被认定为生物武器扩散的国家;(B)国防部部长认定的对美国利益构成潜在的区域性军事威胁的国家;或(C)1978年《核不扩散法》第309(c)节[《美国法典》第42卷,第2139a(c)条]所列举的核扩散特别国家名单(《美国联邦法规汇编》第15卷,第778节,附录4)或任何后续名单中的国家。(5)提出的或待定的交易对国家安全领域美国科技的国际领先地位构成的潜在影响。(6)对美国关键基础设施,包括重要的能源资产构成的与国家安全有关的潜在影响。(7)对美国关键技术构成的与国家安全有关的潜在影响。(8)涵盖交易是否为以上所指的被外国政府控制的交易。(9)视情况,特别是根据以上的要求须进行调查的那些交易,应对如下情况进行评估:(A)目标国遵守防扩散控制机制,包括遵守条约和多边供应指南的情况,应参考但不限于2004年《军备控制和裁军法》第403节所要求的有关军备控制、防扩散和裁军协议及承诺的遵守和执行情况的年度报告;(B)目标国与美国的关系,特别是在打击恐怖主义方面的合作记录,应参考但不限于总统根据2004年《情报改革和防范恐怖主义法》第7120节的规定提交国会的报告内容;(C)可能导致军事用途技术的转运或转移的潜在风险,包括对国家出口管制法律、法规的分析。(10)美国对能源和其他关键性资源和原材料需求的长期预测。(11)总统或委员会在进行特定的审查或调查时认为应予以适当考虑的其他因素。"

因素,目的在于使得该法可以适用于极为多样化的国际并购交易。① "同国家安全概念一样,上述很多'考虑的因素'也有意保持开放性,由执行机构进行解释,如'关键基础设施''关键技术''控制'等概念仍由外国投资委员会作进一步界定。"② 2010 年 6 月,澳大利亚政府公布其外资政策,规定审查外国投资时将从六个方面衡量投资是否符合澳大利亚国家利益,即国家安全、对竞争环境的影响、与澳大利亚政府其他相关政策的关系、对经济和社会的影响、外国投资者特征、外国政府及其相关实体。

第三,审查标准的软约束性。法律所确定的国家安全审查标准通常是"考虑的因素",这就决定了该标准是一种软约束,没有强制性的效力。或者说,根据该标准无法必然得出确定的唯一结论。审查标准的软约束性表现在两个方面:首先,处于"考虑的因素"范围之内的外国投资不一定实际构成国家安全威胁,同样有可能通过国家安全审查;其次,处于"考虑的因素"范围之外的外国投资也可能威胁国家安全,不一定通过国家安全审查。审查标准虽在国家安全审查中发挥着重要作用,但并不意味着仅以该标准即可得出确定的审查结论。

第四,审查标准的适变性。审查标准应当根据相关条件的变化适时调整,以满足维护国家安全之需。所以,很多国家都采取了法律加更加灵活的实施细则的立法方式。国家安全以及国家安全威胁具有不确定性和历史性,审查规则应既能适应发展的需要,又能覆盖所有的威胁国家安全的情形,而国家安全审查法律是立法机关经过特定的立法程序确定的规范,对稳定性、周延性有较高的要求;实施细则在国家安全审查法律的原则和框架下,可以根据各种因素的变化,灵活因应国家安全审查的需要。在澳大利亚,除了 1975 年《外资并购与接管法》和 1989 年《外资并购与接管条例》,由财政部部长负责制定的外资政策是国家安全审查中的重要依据和标准。虽然不是法律规范,但是由于财政部部长拥有国家安全审查的决定权,所以外资政策在

---

① See James F. F. Carroll, Back to the Future: Redefining the Foreign Investment and National Security Act's Conception of National Security, *Emory International Law Review*, 2009, Vol. 23, No. 1, pp. 167-200.

② Christopher M. Weimer, Foreign Direct Investment and National Security Post-FINSA 2007, *Texas Law Review*, 2009, Vol. 87, No. 3, pp. 663-684.

国家安全审查中发挥实质作用。澳大利亚立法者之所以采取这种刻意模糊的立法方式,避免明确定义国家利益,是为了保持审查制度最大限度的灵活性,以便于审查机构根据国家不同发展阶段的需要,运用自由裁量权,调整审查标准。① 从法律到实施细则,再到外资政策,法律化程度逐渐降低,适变性能力逐渐提高。审查标准因国家安全审查之特质而要求具有相对较高的适变性,也就决定了法律化程度相对较低。

国家安全的宽泛与模糊性可能带来四个方面的问题:(1) 国家安全的开放性解释可能导致该概念被外国投资的反对者不当利用;(2) 审查机构对于经济的强势介入将造成商业上的不确定性,并阻碍有益的外国投资;(3) 持续将外资审查作为贸易保护的工具可能招致其他国家的报复性对待;(4) 如果安全审查被认为是基于政治敌意,则可能影响与其他国家的国际合作和外交政策目标。②

国家安全审查标准的有限法律化自然会招致国家安全审查的透明度低、可预见性差的指责。但是,这是由国家安全审查的本质所决定的,不是立法者刻意采用的立法手段,也不是某一国家存在的问题,而是国家安全审查立法中的普遍现象。如果刻意追求国家安全审查标准的进一步法律化,使之实现所谓的具体、明确,尽管可能更加符合立法之形式要求,但是可能背离立法之实质目的。各国都会不遗余力地维护国家安全利益,因为这是一国的根本利益,属于最优先的选项。③ 如果过于强调审查标准的法律化程度,并以此提高可预见性,经过细化的僵化规则可能导致"宁可错杀一千,不可漏掉一个"的局面,对外国投资者不见得有利。澳大利亚政府就认为,在维护国家安全利益的同时,应对僵化的规则采取灵活的方法,因为僵化的规则可能阻止有益的投资流入,而这并不是国家安全审查制度的初衷所在。④

---

① 参见张薇:《澳大利亚外资审查法律制度及应对建议》,载《国际经济合作》2011 年第 S2 期。
② See James F. F. Carroll, Back to the Future: Redefining the Foreign Investment and National Security Act's Conception of National Security, *Emory International Law Review*, 2009, Vol. 23, No. 1, pp. 167-200.
③ See Joanna Rubin Travalini, Foreign Direct Investment in the United States: Achieving a Balance Between National Economy Benefits and National Security Interests, *Northwestern Journal of International Law & Business*, 2009, Vol. 29, No. 3, pp. 779-799.
④ See Australia's Foreign Investment Policy, January 2012, p. 1.

有学者认为,经营者集中国家安全审查标准存在泛政治化现象,这种现象是受审查机构在构成上较强的政治性、意识形态偏见以及对国有企业的过分关注等多种因素综合影响的结果。① 若国家安全的概念在立法中未予以明确,则必然会在实践中产生歧义,从而使得国家安全的界限和范围模糊。国家安全审查界限和范围的模糊所带来的消极后果便是经营者集中国家安全审查标准的泛政治化趋势。这为经营者集中国家安全审查机构滥用自由裁量权、侵犯经营者合法权益提供了可能,必然会危及法治的统一性和严肃性。② "国家安全"具有不确定性、历史性、相对性等特征,对其作出具有实践价值的界定似是"不可能完成的任务";即使在法律中作出一个界定,也只能是抽象的、模糊的界定,对于实际的国家安全审查没有应用价值。例如,《外国投资者对保障俄罗斯国防和国家安全具有战略意义的商业公司投资程序法》将"国防和国家安全"界定为"给个人、社会和国家利益造成危害的总和",同样非常抽象。

"泛政治化"是学者们批评国家安全审查制度的主要靶标之一,但是我们必须弄清楚国家安全审查标准以及国家安全审查过程所表现出来的政治性是法律问题的泛政治化,还是政治问题的有限法律化。这不是咬文嚼字和吹毛求疵,而是逻辑的起点是否正确的问题,也是如何看待国家安全审查本质的问题。"泛政治化"的观点以国家安全审查的法律性为逻辑起点和评判标准,从静态的法学角度审视已经呈现出来的法律,而没有从动态的角度观察法律化过程。国家安全审查是政治内核的法律化,因其本身之特质无法实现标准的法律化程度,所以我们只能说国家安全审查标准的法律化程度不够充分和完全,是一种形式上的法律化现象,而非泛政治化现象。

有学者认为,国家安全审查可能形成新的贸易保护主义。例如,美国作为东道国,对外国直接投资实施严格的国家安全审查制度。这种安全审查制度虽然可能会使美国政府增加心理上的安全感,却有违经济自由主义之精神,而且过度的安全审查容易演变为经济保护主义行为,形成跨国投资中的

---

① 参见朱识义:《外资参与经营者集中国家安全审查制度研究》,浙江大学出版社2014年版,第102页。
② 同上书,第110页。

政治壁垒,最终阻碍资本的跨国自由流动与资源的合理配置。① 这种观点不能成立,因为最终因国家安全审查因素而未能实现的并购交易属极少数,这种做法本身对投资和贸易保护起不到多大的作用,很少有通过个案审查而非一般政策的方式限制贸易和投资的。2009—2013 年,美国共有 480 件国家安全审查申报,最终由总统作出决定的仅有 1 件。② 在 2011—2013 年审查的案件中,中国投资者占 17%(54 件),英国投资者以 15%(49 件)的比例紧随其后,来自加拿大和日本的投资者均为 11%(34 件)。③ 在国家安全审查过程中,并购方所属国与东道国之间的关系是不可忽略的一个因素,正是这个因素使得外资并购国家安全审查的政治性意味比反垄断审查要强得多。政治性因素是一个完全不可控的因素。各国在外资并购国家安全审查过程中,都应该注意避免政治性因素对国家安全审查的过多干预,以免国家安全审查制度被国内的并购方竞争对手利用,增加政治投机的可能,使国家安全审查制度成为保护主义的工具。④ 国家安全审查的内在政治性与政治性利用是不同的,一个是内在的本质属性,另一个是作为工具使用的目的性,二者不能混为一谈。

第三节　国家安全审查法律执行与适用的政治回归

国家安全审查是审查机构判断特定外国投资是否危害国家安全的过程,是国家安全审查法律执行的过程,是"包裹"政治内核的法律问题,因此在法律执行上表现出特殊性。执行法律的审查机构必须遵守法律规定的程序要求,而在是否危害国家安全的实体判断上则享有充分的裁量权。审查行为虽属具体行政行为,但因涉及国家安全,司法权仅可就国家安全审查程序的合法性进行司法审查,而不宜就国家安全审查结论进行实质司法审查。

---

①　参见黄一玲:《求解跨国公司应对东道国政治壁垒之博弈策略》,载《东南学术》2014 年第 4 期。
②　See CFIUS, Annual Report to Congress (CY 2013), p. 3.
③　Id., p. 16.
④　参见丁丁、潘方方:《对我国的外资并购国家安全审查制度的分析及建议》,载《当代法学》2012 年第 3 期。

一、审查结论:行政主体根据法律进行的政治判断

国家安全审查是审查机构根据法律的授权执行法律的过程,是法定机构根据法定权限,按照法定程序做出具有法律效力的行为的过程。在国家安全审查中,法律对审查标准的规定较为原则、模糊,通常只规定判断时"应当考虑的因素",基于法律的规定和事实无法直接得出确定的结论,而要以法律和事实为基础,经由主体的认知加工得出判断结论,并且这种判断是依循法律程序进行的政治判断。有学者认为,相对模糊的"国家安全"界定导致在国家安全审查中不可避免地夹杂政治因素的考量。近年来,美国针对中国企业并购所进行的国家安全审查中就含有政治因素。① 这种判断的逻辑是,国家安全审查应该是一个法律问题,不应掺杂政治因素,但是由于"国家安全"界定的模糊性而掺杂了政治因素。实质上,国家安全审查本身就是一个"包裹"政治内核的法律问题,政治因素是核心的、当然的内容,绝不是不当掺杂的因素。无论是政府、投资者,还是评介者、媒体,都应当认识到国家安全审查的这一本质,不能因国家安全审查的法律形式而认为这完全是一个法律问题。

法治化是现代国家治理的目标与方式,是绝对主流的价值观念。尤其在涉及国际因素时,各国更是努力树立法治化国家的形象。在经济全球化背景下,各国都努力创造法治化的投资环境,争取吸引更多的外资以发展本国经济。国家安全审查的这种特质很容易让人产生违背法治原则的错觉,尤其在审查机构认定一项外国投资危害国家安全时,常受到名曰"政治干扰"的负面评价。通常,法律化程度与法治化评价正相关,法律化程度越高,越能体现法治原则。但是,并非所有的问题都适合充分法律化,对国家安全审查这样的问题进行有限法律化是符合认识规律和立法原则的,并不违背法治原则。

国家安全审查的本质在于判断外国投资是否危害国家安全,而审查的标准具有模糊性、软约束性和间接性。因此,基于法律和案件事实不能自然地、机械地得出审查结论,审查主体需要作出具有主观感受的是否存在安全威胁的判断。国家安全审查是一个复杂的过程,包含对国家安全的认识、对安全

---

① 参见贺丹:《企业海外并购的国家安全审查风险及其法律对策》,载《法学论坛》2012年第2期。

威胁的识别以及对危害程度的认定。与法律判断相比,这种判断的特点在于:

第一,不确定性。"法律面前人人平等"的法律思想在国家安全审查中仅意味着在国家安全审查程序面前人人平等,而在是否威胁国家安全的实体判断上,不同国家的投资者,甚至同一国家具有不同所有权背景的投资者,在同一个投资项目中可能受到不同对待。或者说,"看人下菜碟"正是国家安全审查制度个案审查特点之体现。在罗尔斯公司(Ralls)诉美国外国投资委员会(CFIUS)案中,该委员会认为中国企业三一重工集团所控制的美国公司收购风电项目公司以在美国海军控制的空中禁区内兴建风电场威胁到美国国家安全。但是,Ralls指出,在空中禁区内或其附近有几十甚至上百个外国制造并由外国投资者拥有的风力发电机。CFIUS 也承认空中禁区附近存在外国投资者拥有的其他风力发电机。同样是空中禁区内或附近的风电项目,其他外国投资者并未遭遇国家安全审查的质疑,中国投资者的投资却被认定构成国家安全威胁。① 国际风云变幻莫测,国际政治错综复杂,同一投资者在不同的时空环境下可能会得到不同的国家安全审查结论。母国与东道国的关系发生了变化,母国的政权或政治氛围发生了变化,母国被列为"特殊国家"(如"支持恐怖主义国家")等,都可能导致国家安全审查结论的变化。所以,主体差异性和时空差异性都体现了国家安全审查的不确定性,这种不确定性是由国家安全审查的政治内核所决定的。

第二,非公开性。在国家安全审查中,审查机构仅公布接受审查的外国投资是否危害国家安全,并不会说明为什么以及如何危害国家安全,被审查者也没有权利要求审查机构予以详细说明。但是,被审查者对于审查机构的判断理由恰恰是极为关心的。2010 年 5 月,华为斥资 200 万美元,拟收购美国服务器科技公司 3Leaf 的部分资产,并向 CFIUS 提出国家安全审查申请。但是,CFIUS 要求华为自愿放弃这一收购。屈于 CFIUS 的压力,华为最终放弃收购。② 华为高管就此发表了公开信,提出了一系列质疑:"我们对于安全的理解,是不是还不能达到美国政府的要求? 我们想知道:美国政府是不是

---

① See 2014 WL 3407665 (C. A. D. C.).
② 参见《华为撤销 3Leaf 并购案申请》,http://tech.163.com/11/0220/09/6TB0SIML000915BE.html,2017 年 2 月 20 日访问。

已经掌握了华为违反美国安全的事例？具体是什么，能否告诉我们？美国政府是对华为的过去担忧，还是对华为未来的发展担忧？担忧表现在哪些方面？具体是什么事情？我们能否一起找到解决问题的办法？我们愿意遵照美国政府在安全方面的任何要求，开放给美国的权威机构进行调查，我们将坦诚地予以配合。"①从中可以看出，申请人渴望知晓审查机构的判断理由。但是，因为审查决定是一种政治判断，而不是法律判断，所以无法像法律判断一样进行详细的说理与明释。其一，威胁国家安全之认定可能包含国家机密信息，说理与明释可能泄露国家机密，危害国家安全利益；其二，威胁国家安全之认定不一定是严密的推理过程，"国家安全"本身就是个主客观相结合的概念，国家安全审查过程难免会有一定的主观性色彩，而这种"色彩"并不适宜进行公开的阐述；其三，审查机构认定威胁国家安全之理由在被审查者看来可能是"牵强的"，甚至是"毫无道理的"，判断理由的详述多半会令东道国政府陷入质疑之中。在澳大利亚禁止华为竞标国家宽带网络项目案中，时任澳大利亚总理朱莉娅·吉拉德表示，出于网络安全的考虑，阻止华为澳大利亚子公司参与本国国家宽带网络项目竞标符合澳大利亚国家利益。② 澳大利亚政府并未详细说明为何华为会威胁网络安全。有媒体报道称，澳方禁止华为竞标的理由很牵强，主要是因为华为的总裁任正非曾是中国军人，并且他从不接受媒体采访。澳方同时认为华为与中国政府有关联。③ 时任华为对外关系主管普拉莫称，全球前50大电信服务提供商有45家在使用华为的产品，至今没有出现过任何的安全事故，这种所谓"安全的担忧"是模糊且毫无根据的。④ 所以，判断理由讲得越多，越容易陷入被动。与其如此，还不如闭口不谈或者言简意赅，只说结论，不讲理由。

尽管存在上述原因，但是增加透明度依然是审查机构应当努力的方向。在不涉及国家机密和国家安全信息的前提下，审查机构应当就判断的依据和

---

① 《华为高管发表公开信邀请美国当局对公司进行调查》，http://tech.163.com/11/0225/07/6TNJ1UBG000915BE.html，2017年3月25日访问。
② 参见《澳大利亚总理称禁止华为竞标符合国家利益》，http://www.mofcom.gov.cn/aarticle/i/jyjl/l/201203/20120308042378.html，2017年3月29日访问。
③ 参见李景卫：《澳大利亚政府禁止华为投标宽带网项目》，http://news.sina.com.cn/w/2012-03-24/114124167787.shtml，2017年3月29日访问。
④ 参见《华为驳澳政府阻止竞标：安全担忧毫无依据》，载《南方都市报》2012年3月27日。

理由作尽可能充分的说明。不说明理由虽可以让相关方面无法进行有针对性的批判,但毕竟是技术性策略,并不能从根本上消除各方对审查结论的质疑。当然,"尽可能充分的说明"并非逻辑论证,而是指出关键的担忧或威胁的来源。有美国学者认为,CFIUS 不能仅向国会报告国家安全审查信息,而应当向社会公开披露,以此增强国家安全审查的透明度,缓解公众对外国投资的担忧,并为潜在的并购投资者提供审查指引。[①]

二、国家安全审查决定的司法审查

国家安全审查结论在本质上是依据模糊的标准作出的政治判断,在形式上属于具体行政行为,因此国家安全审查的司法救济问题备受关注。关于国家安全审查决定的司法管辖有三种立法例,即以法国、日本为代表的法律明确规定可以申请司法审查,以德国、澳大利亚为代表的未排除司法审查,以美国为代表的法律明确规定排除司法审查。

国家安全审查应受司法审查的观点认为,各国承担国家安全审查职能的部门均为行政部门,而法治国家要求将行政机关的决策纳入司法审查的范围。因此,在东道国国家安全审查机构作出否决并购交易的决定后,投资者可以通过提起法律诉讼的方式,启动对安全审查程序的司法审查。司法审查的好处在于,通过法院的诉讼程序,可以减少在安全审查中概念与认定的模糊性,从而降低政治因素的干扰。[②] 但是,在理论上,并不是所有的行政行为都必须被纳入司法审查的范围,不能因为国家安全审查属于具体行政行为就推定其应受司法管辖,法律明确规定的特殊行政行为可以排除司法审查。我国《行政诉讼法》规定,国防、外交等国家行为以及法律规定由行政机关最终裁决的具体行政行为不受司法管辖。我国《外国投资法(草案征求意见稿)》规定,对于依据该法作出的国家安全审查决定,不得提起行政复议和行政诉讼。

---

① See Kristy E. Young, The Committee on Foreign Investment in the United States and the Foreign Investment and National Securities Act of 2007: A Delicate Balancing Act that Needs Revision, U. C. Davis Journal of International Law and Policy, 2008, Vol. 15, No. 1, pp. 43-70.

② 参见贺丹:《企业海外并购的国家安全审查风险及其法律对策》,载《法学论坛》2012 年第 2 期。

根据法国《货币与金融法》之规定，投资者可以就经济部部长所作之禁止交易、调整交易或恢复到交易前状态等决定寻求司法救济。① 如果投资者认为不批准交易的决定违反了《欧洲联盟条约》，也可以向欧盟法院提起诉讼。但是，自国家安全审查法令实施以来，还没有投资者提起过行政诉讼或者向欧盟法院提起过诉讼。②《外汇及外国贸易法》是日本进行外资国家安全审查的法律依据，大藏大臣可据此命令投资者变更或中止可能威胁国家安全的投资项目。大藏大臣受理有关对该法或基于该法作出命令的处分提交的异议申诉和审查请求时，对提出异议人、请求审查人或利害关系人，应公开听取其意见，同时必须给其就该案件提出证据和陈述意见的机会。在大藏大臣对异议申诉和审查请求作出决定或裁定前，提出异议人或请求审查人不得提起取消前述处分的诉讼。所以，日本的规定，其意不在于强调审查结论的司法管辖，而在于强调申诉与诉讼的关系。

一些学者在论述德国国家安全审查制度时认为："对于经济与技术部在安全审查中作出的所有决定都要经过德国行政法庭的司法审查。"③"英、法、德都允许并购方在对本国的行政机关就并购申请作出的裁决不服时，向本国有管辖权的法院提起诉讼，直至欧洲法院，只有加拿大未规定司法审查。"④"在德国，投资者对联邦经济与技术部的所有决定均可向柏林行政法庭起诉。"⑤根据上述学者的论述，德国法律对于司法管辖似乎有明确的规定，并且所有的国家安全审查决定都必须经过行政法院的审查。但是，实际上，规范德国外资国家安全审查的《对外经济法》⑥和《对外经济条例》⑦都未涉及司法审查问题，只能作出德国法律并未排除国家安全审查之司法管辖的推论。当事人可以根据行政诉讼法律的规定提起行政诉讼。所以，"都要经过德国行

---

① See Article L. 151-3, Monetary and Financial Code—Legislative Section.
② 参见贺丹：《企业海外并购的国家安全审查风险及其法律对策》，载《法学论坛》2012年第2期。
③ 同上。
④ 陈玉祥、孙强：《非美发达国家外资并购安全审查制度风险的隐喻及对策》，载《理论月刊》2010年第12期。
⑤ 常蕊：《外资并购的安全审查：前置条件与监督机制》，载《改革》2014年第9期。
⑥ Aussenwirtschaftsgesetz vom 6. Juni 2013(BGBl. IS. 1482).
⑦ Aussenwirtschaftsverordnung vom 2. August 2013 (BGBl. IS. 2685), die zuletzt durch Artikel 1 der Verordnung vom 13. Juli 2015 (BAnz 2015 AT 17.07.2015 V1) geaendert worden ist.

政法庭的司法审查"之说无从谈起。在德国之外的其他国家,针对国家安全审查之外的其他行政行为,也未见必须经过司法审查之立法例。此外,必须经过司法审查的观点在理论上更是难以成立,完全背离了司法的谦抑性、被动性以及解决纷争的功能。

澳大利亚也未排除国家安全审查决定的司法审查,不同的是,其国库部部长对外国投资进行审查的行政行为并不受1977年《行政决定(司法审查)法案》和1975年《行政上诉法庭法案》管辖。澳大利亚普通法院可根据普通法对国库部部长作出的外资审查决定进行司法审查。事实上,澳大利亚法院一贯尊重国库部部长对外国投资进行国家利益审查的权力,轻易不启动司法审查程序,只基于以下原因开展审查:(1)国库部部长作出决定时未满足法定要求;(2)考虑的因素超出国家利益范围;(3)决定不符合一般理性标准。① 由此可见,尽管法院可以对国家安全审查决定进行司法审查,但是法院的审查实际上接近于形式审查,并非进行实质审查。

一些人对美国联邦最高法院在小布什与戈尔的总统选举中的管辖津津乐道,似乎美国法院可以决定谁当总统。但是,实际上,法院审查的不是谁适合当总统这一实体问题,而是选民选了谁当总统这一程序问题,即针对选举情况进行司法审查。同样,法院不能裁决国家安全审查决定的正当性,即不能裁决某项外国投资是否危害国家安全。但是,这并不意味着整个国家安全审查过程都不受司法干预,法院对审查机构是否遵循了正当程序原则具有管辖权。

在美国国家安全审查历史上,针对总统的国家安全审查决定提起诉讼的仅有一例,即罗尔斯公司(Ralls)诉美国外国投资委员会(CFIUS)案②。上诉法院认为,2007年《外国投资与国家安全法》之法条文本和该法案的立法史均未提供清楚而有说服力的证据以证明国会意图排除对总统令的违宪司法审查。首先,条文禁止对总统所有基于1950年《国防生产法》第721(d)(1)节做出的行为进行司法审查,并没有禁止对Ralls提出的法律适用方面的违宪进

---

① 参见张薇:《澳大利亚外资审查法律制度及应对建议》,载《国际经济合作》2011年第S2期。
② 该案判决书译文参见王东光、王萍、刘珍:《罗尔斯公司诉美国外国投资委员会案》,载顾功耘、罗培新主编:《经济法前沿问题研究(2014)》,北京大学出版社2015年版,第268—293页。具体案情见本书第一章第三节。

行司法审查。法院认为,对这部分最自然的解读是,禁止法院对总统作出的"暂停或禁止受管辖交易的'决定'进行司法审查,这里的交易特指存在损害美国国家安全危险的交易"。然而,相关法律条文没有提到对前述总统行为进行违宪审查的可审查性。①

上诉法院在判决中对可裁判的法律问题与不可裁判的政治问题进行了详尽的论述。"政治问题原则是权力分立的一个基本作用,它将应当在国会或行政部门处理范围内的以政策选择和价值判断为主的争议排除在司法审查之外。"②法院对政治决定没有管辖权,依政治决定的性质,应当由行政部门而非司法部门管辖。

在 Baker 案③中,法院详述了一个诉讼是否为不具有可裁判性的政治问题的判断标准。如果依据案件的基本情况可以明显地发现存在如下几种情形,则所谓的"政治问题"将阻碍法院认定一项诉讼请求:(1) 一个由同等的行政部门管理的显而易见的宪法性问题;(2) 欠缺司法性的调查和处理标准予以解决;(3) 若没有一个在先的、不具有司法裁量性的政策方针,就不能判决;(4) 若没有对同等的行政部门表示尊重,一个法院不可能独立解决问题;(5) 无异议地遵守一个已作出的政治决定的特别需要;(6) 存在因一个问题多个部门发出多种声明而导致陷入僵局的可能性。因为"Baker 案列出的六大因素相互无关联,不需要结合起来考虑",法院适用政治问题原则,"只需要推定一个因素存在即可,不需要满足所有因素"。

上诉法院进一步认为,虽然与外交政策和国家安全密切相关的问题很少成为司法干预的对象,但是"认为每一个涉及外交关系的案件或争议都在司法管辖权之外的看法是错误的"④。实际上,"司法机关是宪法的最终解释者,

---

① 2007 年《外国投资与国家安全法》的立法史证实了笔者的解读。尤其是参议院报告 No.109-264 的记录,其中记载的禁止司法审查条款禁止审查总统行使其被赋予的权力作出的决定。See REP. No. 109-264, at 11. 这段叙述证实了该条款对总统的最终决定适用。

② El-Shifa Pharm. Indus. Co. v. United States, 607 F. 3d at 836, 840 (D. C. Cir. 2010) (en banc) (quotation marks and citation omitted). See also Schneider v. Kissinger, 412 F. 3d at 190, 193 (D. C. Cir. 2005).

③ Baker v. Carr, 369 U. S. 186, 82 S. Ct. 691, 7 L. Ed. 2d at 663 (1962).

④ Baker, 369 U. S. at 211.

大多数情况下,法院针对违宪的主张将会进行公正的审理"①。因此,如果法律问题可能涉及外交政策或国家安全,不能不假思索地拒绝裁决相关法律问题。相反,"在法院决定政治问题原则是否阻止对一项诉讼请求进行审判之前,我们应当对特定案件中出现的特定问题进行区别分析。"例如,上诉法院在审理由国务卿认定的国外恐怖组织的决定中,说明了与威胁国家安全相关的具有可裁判性的法律问题和不具有可裁判性的政治问题之区别。② 在发现符合下列条件时,国务卿可以认定一个外国团体为"外国恐怖组织":(1) 该组织为外国组织;(2) 该组织所参与的活动符合 1996 年《反恐和有效死刑法案》对恐怖活动的定义;(3) 该组织的恐怖活动威胁到国家或国民的安全。尽管"外国恐怖组织"的认定牵涉到外交政策和国家安全利益,但是在这个案件中,法院认为,就国务卿需要遵守的上述法定要求的前两个标准,即该组织是否为外国组织和是否参与恐怖活动,可以进行司法上的审查。但是,就国务卿认定该组织威胁国家或国民安全的事实而言,这在法院司法审查范围之外,法院不能胜任审查这一事实的工作。因为这个结论是一个政治问题,它涉及"司法部门没有资质条件以及责任作出而行政部门才有权作出外交决策的问题"。

上诉法院支持了 Ralls 的正当程序诉求,认为总统令未经正当程序剥夺了 Ralls 受保护的宪法性财产权,Ralls 有权获得必要的程序,其中应该包括获取总统所依据的非机密证据和对其进行反驳的权利。但是,法院同时明确指出,Ralls 所主张的正当程序的诉求并不能染指政治机构的特权,Ralls 对正当程序的诉求并没有挑战总统认为 Ralls 对风电项目公司的收购威胁到了美国国家安全,以及为了减轻对国家安全的威胁而禁止该种交易的决定。

国家安全审查结论不应受到司法审查,而审查程序应当受到司法审查。首先,国家安全审查在本质上是政治问题的有限法律化,是"包裹"政治内核的法律问题,如果司法对审查结论进行实质审查,实际上等于司法介入不具

---

① El-Shifa, 607 F. 3d at 841-42 (quotation marks and citation omitted). See also id. at 841.
② See People's Mojahedin Organization of Iran v. Department of State (PMOI I), 182 F. 3d at 17 (D. C. Cir. 1999).

有可裁判性的政治问题;而国家安全审查程序已经充分法律化,程序的合法性与正当性属于纯粹的法律问题,完全可以也应当接受司法的检视。其次,国家安全审查是极为复杂的过程,具有高度的复杂性和专业性,涉及外交、国防、科技等多领域、多层次的问题,司法机关客观上无法胜任这样的实质审查工作;尽管国家安全审查具有特殊性,但是审查程序遵循法律程序的普遍性价值,即程序正义和正当,司法机关对此具有天然的判断能力和优势。最后,如果对国家安全审查结论进行司法审查可能涉及对国家安全审查全过程的检视,极可能涉及审查机构不愿说、不能说而在法庭上又不得不说的信息,审查机构因此面临维护国家机密与进行法庭辩论的两难处境;而针对程序进行的司法审查不涉及实体内容,审查机构自然不会陷入前述困境。虽然有的国家并未排除甚至明确规定了对国家安全审查结论的司法管辖,但是这并不意味着法院在诉讼程序中实质检视审查结论的正确性,而是从法律、权利的角度检视国家安全审查行为是否存在法律上的瑕疵,即法院不能就是否危及国家安全以及审查决定是否正确作出判断。从现有的实践来看,法院一般都会充分尊重审查机构的决定。

国家安全审查虽不受司法审查,但并不会导致肆意而为。国家安全审查具有充分法律化的程序,并且该程序接受司法审查,在很大程度上约束了审查机构的行为。国家安全审查机构具有较高层级和权威性,不是普通的行政主体,无论在主观态度还是客观能力方面都不容易导致肆意而为。如果一定要在尊重国家安全审查的政治本质与行政行为应受司法审查之间进行权衡和取舍,那么前者优于后者。因为前者属于运行机制,后者属于监督机制,在二者存在冲突的情况下,应调整监督机制以匹配运行机制。

三、议会或国会监督的异化:超越法律程序的事实影响力

在绝大多数国家的国家安全审查中,都没有设置议会或国会的专门监督权,美国则是个例外。《伯德修正案》增加了"报告义务"(notification requirement)，即"总统马上向国会书面报告是否采取行动以及考虑的因素"①。国会享有的是近乎知情权的监督权，而没有采取进一步行动的权力，即法律并没有规定国会在收到报告后可以采取具体行动介入案件审查。

在很多国家的安全审查案件中，我们都可以听到议会或国会及议员的声音，甚至对并购的成败起到关键作用。在中海油并购优尼科案中，美国41位国会议员联名致信，要求CFIUS对该交易进行全面的审查，认为"能源安全对于美国具有显著的并日渐增长的重要性"②。迪拜世界港口公司案使人们更加关注CFIUS审查程序的实质意义和生存能力，也提出了需要加强立法以明确CFIUS的角色和权力的问题。③ 根据法律规定，总统对于国家安全审查拥有最终决定权，并且该决定在实体上不受司法审查。

在美国国家政治架构中，国会享有立法权和监督权。在国家安全审查法律中，CFIUS每年要向国会提交年度报告，以便国会了解相关情况。但是，在个案审查中，国会并没有法律规定的介入权，议员总是基于对国家安全利益的关注以及议员身份利益，以公开发表倾向性意见甚至通过法案的方式，在审查程序之外发挥影响力。在法律程序之外，议员的意见并不以可靠的证据和严密的论证为基础，更多的是一种本能的直觉反应。这种判断的政治性更加明显，所受的约束也极为微弱。但是，正如前述迪拜世界港口公司案中所呈现的，议员及舆论的意见并不能左右政府的审查决定。所以，国会在法律程序之外的介入表现出极强的政治化色彩。也正因为国会是在法律程序之外采取行动，所以其政治化不属于国家安全审查立法、执法、司法的政治化，尽管国会的行动可能会对审查机构和外国投资者产生影响。

---

① Jason Cox, Regulation of Foreign Direct Investment After the Dubai Ports Controversy: Has the U.S. Government Finally Figured Out How to Balance Foreign Threats to National Security Without Alienating Foreign Companies? *The Journal of Corporation Law*, 2008, Vol. 34, No. 1, pp. 293-315.

② Joanna Rubin Travalini, Foreign Direct Investment in the United States: Achieving a Balance Between National Economy Benefits and National Security Interests, *Northwestern Journal of International Law & Business*, 2009, Vol. 29, No. 3, pp. 779-799.

③ Id.

四、结语:政治本质不得侵犯投资者的财产权益

外国投资国家安全审查是"包裹"政治内核的法律问题,其政治本质决定了审查标准的模糊性、审查过程的裁量性以及审查决定的司法管辖豁免。但是,这并不意味着可以轻视投资者的财产权益。政治本质虽然可以赋予审查机构一定的特权,但是这种特权不得侵犯投资者的财产权益。行政特权的范围以维护国家安全的必要为边界,主要体现在作出审查决定的裁量空间和终局性上,并不及于对投资者财产权益的征收、处分或不当限制。申言之,如果存在多种缓和措施,审查机构应当选择对投资者的财产权益影响最小的措施;如果出于国家安全的考虑,确有必要禁止特定投资,应允许投资者以适当的方式出让已经获得的股份或营业事实,不得直接或变相剥夺、减损投资者的财产权益。即使在投资者应当申请安全审查而未申请的情况下,也不能因"责任自负"而不顾投资者的财产权益。这里的"财产权益",指的是现有的权益,不包括预期权益。在并购计划未能通过国家安全审查的情况下,被收购方不能以因此丧失较高的收购对价为由主张权益受损。

第四节 对外国政府所控制投资进行国家安全审查的特殊性

与一般的外国投资者相比,外国政府及其控制的实体所进行的投资更可能对东道国国家安全造成威胁。外国政府对实体的控制并不局限于以股权为基础的组织控制,以实质影响力为标准的行为控制才是审查的重点。我国所处的国际环境要求我们必须对外国政府及其控制的实体所进行的投资实施更为严格的国家安全审查。

安全乃立国之本,发展乃强国之道,利用外国投资与保障国家安全皆属必要。我们在充分利用外资发展本国经济的同时,绝不能忽视外资对国家安全可能造成的威胁。尽管我国国家安全审查立法已经起步并获初步成果,但是在很多方面仍欠周详,其中就包括如何对待外国政府这一特殊主体所控制的投资。与一般的外国投资者相比,外国政府及其控制的实体具有何种特殊

性,以及如何判断外国政府与投资实体的关系,并在此基础上对此类投资进行国家安全审查,将是本节关注的重点。

一、外国政府投资之立法考察

(一) 美国 2007 年《外国投资与国家安全法》及其实施细则

2007 年,美国众议院和参议院联合通过了《外国投资与国家安全法》。次年 4 月,美国财政部公布了该法的实施细则《关于外国法人收购、兼并和接管的条例》。2007 年《外国投资与国家安全法》规定,如果在国家安全初审中,外国投资委员会认定将进行的并购交易存在以下情况:(1) 该交易构成对美国国家安全的威胁,并且该威胁在初审之前或初审期间并未得到减轻;(2) 该交易为受外国政府控制的交易;(3) 若委员会认定该交易侵害国家安全,该交易将导致美国或者美国境内的重要设施被外国人或者代表外国人的主体控制,并且该交易并未于初审期间在委员会的批准下做出,或者重新签署减损协议以保证消除该交易所造成的侵害,委员会应当立即调查该交易对美国国家安全的影响,并且采取必要措施以保护美国国家安全。《关于外国法人收购、兼并和接管的条例》对相关概念进行了界定:"外国政府",是指除美国联邦政府、州政府或联邦/州政府分支机构之外的任何政府或行使政府职能的机构,包括但不限于中央及地方政府(包括其各自的部门、机构和单位)以及非经选举产生而成为国家首脑且拥有政府职权的个人。"外国政府控制的交易",是指任何可能导致美国企业被外国政府、受外国政府控制或代表外国政府的个人控制的交易。

2011 年 5 月 27 日,美国《防务新闻》周刊网站登载了题为《议员禁止更多中国企业参与国防部项目竞标》的文章,称 5 月 25 日经口头表决通过的新修正案规定,一切归中国政府所有或隶属于中国政府的企业,都被禁止向美国提供国防用品,美国国防部部长必须在放弃这一禁令前 15 天内向国会提交报告。受该修正案影响的公司包括"任何中国人民解放军或中华人民共和国政府所有、控股、领导、授权运营或下属的商业公司,或者中华人民共和国国防工业基地下属的实体所有或控股的商业公司"。

(二) 澳大利亚 1975 年《外资收购与接管法案》及外资政策

根据澳大利亚 1975 年《外资收购与接管法案》,当一外国投资者开始在澳大利亚公司中持有重大权益或累计重大权益时,以及如该外国投资者已在澳大利亚公司中持有重大权益或累计重大权益,则在其增持重大权益或累计重大权益之时,其投资都要接受澳大利亚政府的审查。①

除了1975年《外资收购与接管法案》,《澳大利亚的外国投资政策》(Australia's Foreign Investment Policy,以下简称《外国投资政策》)也是规范外国投资的重要文件,不仅有助于外国投资者理解政府实施并购法案的方式,还确定了并购法案未规定但须申报的情形。《外国投资政策》是澳大利亚国库部部长发布的一份公开的政策性文件,对于外国投资者同样具有约束力。因为国库部部长依据1975年《外资收购与接管法案》,有权决定收购是否违背澳大利亚国家利益。根据《外国投资政策》的规定,所有外国政府及其相关实体在澳大利亚的任何直接投资(无论投资额的大小)都必须事先向政府申报并得到批准,开展新业务或进行土地方面的投资亦是如此。澳大利亚外国投资审查委员会(Foreign Investment Review Board,FIRB)在其网站上指出,如果外国政府机构持有某一实体15%以上的股票,则该实体与外国政府及其机构适用同样严格的外资审查政策。FIRB会审查外国政府对实体的控制程度,包括政府代表在董事会中的人数和政府所拥有的股票数目,以及与外国政府有联系的投资者是否单独运作,是否只考虑正常商业因素,还是可能追求范围更广的政治或战略目的,从而引起国家利益的问题。2008年2月,澳大利亚政府宣布更新其审查外国政府机构投资的指导方针。该指导方针的重点在于区分投资者的商业目的和国家的政策目的,二者的差别越大,投资触犯国家利益的可能性越小。该指导方针的内容具体包括:投资者的运作相对于有关外国政府而言是独立的,澳大利亚政府会考虑外国投资者与有关政府之间无关联业务交易的程度;预期投资者的治理安排是否能够促进实

---

① "重大权益",是指一个外国人或外国公司(及其关联方)控制了不低于15%的公司表决权或持有不少于15%的该公司已发行股份中的权益;"累计重大权益",是指两个或两个以上外国人或外国公司(及其关联方)共同持有不低于40%的公司表决权或已发行股份。根据1975年《外资收购与接管法案》2010年的修正案,"重大权益"的外延更加宽泛,包括"潜在的表决权力"以及"如行使,可导致持有已发行股份权益的权利"。所谓"潜在的表决权力",是指在澳大利亚公司中将来可能存在的以及可能在股东大会上予以行使的任何表决权;而"如行使,可导致持有已发行股份权益的权利",是指在确定一个外国投资者是否持有一澳大利亚公司的重大权益时需予以计算的对该澳大利亚公司任何股份权益所享有的权利(无论该等权利目前或将来是否可行使或是否设有条件)。

际上的或是潜在的政府控制(包括投资者的融资安排);如果投资者已经被部分私有化,澳大利亚政府会考虑非政府股份的多少和组成,包括对治理权的约束。澳大利亚政府认为,如果外国政府出于政治或战略意图,对本国企业进行投资,则是违反澳大利亚国家利益的行为。尽管澳大利亚法律未禁止外国政府及其实体对澳大利亚进行投资,但是商业目的不明确的投资将受到FIRB的严格审查,且通过审查的概率很低。①

(三)《俄罗斯战略外资法》

2008年4月,《俄罗斯战略外资法》②颁布。该法的制定目的在于,为保证国防和国家安全,对外国投资者入股对国防和国家安全具有战略意义的商业公司(战略性公司)的法定资本,或进行足以控制上述公司的交易进行限制性规定。该法规范的对象有三个方面:第一,能够导致外国投资者控制战略性公司,以获得战略性公司股份为主要形式的投资行为或交易行为;第二,外国政府、国际组织及其在俄罗斯联邦境内设置的机构无权进行对战略性公司具有控制性质的交易;第三,若外国政府、国际组织及其控制下的机构所进行的交易导致它们能够直接或间接处置战略性公司超过25%的股份,或可能冻结上述战略性公司管理层的决议,或能够直接、间接处置在联邦级矿产地从事地质资源研究、矿藏勘探和开采的战略性公司5%以上的股份,则该交易应按该法规定的程序获得预先批准。

该法明确规定了外国投资者控制俄罗斯战略性公司的认定标准,即具备以下条件之一时,俄罗斯战略性公司被视为处于外国投资者的控制之下:(1)控制人有权直接或间接处置(包括通过财产委托管理合同、普通合伙合同、委托代理合同或其他交易以及根据其他理由)被控制人50%以上(对于有权利用联邦级矿产资源的战略性公司,该比例为10%及以上,下同)的股份;(2)如果控制人有权直接或间接处置(包括通过财产委托管理合同、普通合伙合同、委托代理合同或其他交易以及根据其他理由)被控制人50%以下的股份,但是控制人可以处置的股份数量与属于其他股东的股份数量相比占有绝

---

① 参见张薇:《澳大利亚外资审查法律制度及应对建议》,载《国际经济合作》2011年第S2期。
② 全称为《外国投资者对保障俄罗斯国防和国家安全具有战略意义的商业公司投资程序法》,本书采王逊译本,载《俄罗斯中亚东欧市场》2008年第11期。

对优势,足够让控制人作出被控制人必须接受的决定;(3)控制人根据合同或其他理由有权作出被控制人必须接受的决定,包括确定被控制人进行企业经营活动的条件;(4)控制人有权任命被控制人一人执行机构或集体执行机构50%以上的成员,有权无条件选派被控制人董事会、监事会或其他集体执行机构50%以上的成员;(5)控制人有权管理被控制人。

(四)国际协定

在《服务贸易总协定》(GATS)的框架下,各国所作的准入承诺都具有法律约束力。有些国家在具体承诺中明确排除外国政府所有权对部分服务部门的介入。例如,在美国的具体承诺表中,对于保险业而言,将政府所有或政府控制的保险公司排除在外;在基础电信服务部门,对于公用无线移动服务,美国的承诺是:可能不被授权给予外国政府或其代表控制,也不允许外国政府或其代表获得美国公司超过20%的股份;在广播电视行业,不会颁发给外国政府或其代表执照,也不允许其直接或间接持有这类美国公司超过25%的股份。西班牙在其"水平承诺"中规定,敏感行业的投资(如博彩、电视、广播、空运、国防等)以及外国政府、外国公共实体、直接或间接由外国政府控制的公司或实体在西班牙开展投资,要由政府预先审查。墨西哥等国也有类似规定。①

二、外国政府投资的特殊性

(一)政府投资的政治性

资本本身是中性的,但是资本与控制者结合起来就有了政治属性。资本的政治属性与国家安全的关系可以分为四个层级:(1)本国政府控制的资本对于国家安全具有积极维护功能;(2)本国民间资本对于国家安全具有消极维护功能;(3)外国民间资本对于国家安全具有消极威胁;(4)外国政府控制的资本对于国家安全具有积极威胁。

外国政府作为投资控制者有其特殊性:(1)危险性优势。与普通的外国投资者相比,外国政府在资金、技术、人员、信息、政策、外交等方面具有先天

---

① 参见漆彤:《论主权财富基金之若干法律纷争》,载《武大国际法评论》2010年第1期。

优势,这种优势远远超出一般商人的商业能力,对于东道国来说是极大的威胁。(2)政府投资的非商业目的。普通投资者以追求经济利益为目的,具有较为单纯的投资动机。但是,外国政府投资通常包含国家战略目的,热衷于能源、矿产、交通等关键领域的投资。(3)非商业化运营。出于特殊的目的或原因,外国政府控制的公司可能在公司决策、运营、管理等方面偏离正常的商业考量,做出违反商业规律的行为。

以主权财富基金为例,这是由政府控制的投资基金,正是由于其"政府控制"的特征而备受质疑。英国《金融时报》商业编辑约翰·威尔曼在其题为《西方为何害怕中国主权基金》的文章中指出:"外资试图收购处于一个国家商业最前沿的大型企业时,通常会引发强烈的保护主义情绪。如果收购者是一个外国政府,尤其是收购目标具有重大战略意义时,抵制情绪可能更为强烈。"2007年7月29日,美国前财长、哈佛大学教授劳伦斯·萨默斯在英国《金融时报》上发表了《动摇资本主义逻辑的基金》一文。文章称,外国主权财富基金将从两个方面动摇资本主义运营逻辑:一是主权财富基金在成为所投资的东道国公司股东后,并不完全追求盈利,而是有着政治动机及其他动机;二是由外国政府控制的主权财富基金将利用自身特殊地位危害到东道国政府的主权。① 2008年4月,OECD投资委员会公布了《主权财富基金与被投资国政策》的报告,认为各国有权采取行动保护本国的国家安全,对于主权财富基金的投资动机需要给予更多的关注,这些动机有可能来自商业利益,也有可能受政治、国防或外交政策考虑的驱动。② 有学者提出,应"避免将主权财富基金政治化,反对一切将主权财富基金与政治挂钩的企图,使主权财富基金处于一个与其他投资基金平等的地位"③;国家可以被视为追求国家效用最大化的"经济人",主权财富基金完全是商业化的投资主体,其投资行为与商业机构并没有实质性区别。追求商业回报是主权财富基金唯一的目标,它不

---

① 参见黎兵:《"主权财富基金威胁论"析论》,载《上海市社会科学界第五届学术年会论文集(2007年度)(世界经济·国际政治·国际关系学科卷)》,第189—192页。
② 参见苗迎春:《主权财富基金的对外投资与中国海外利益的维护》,载《中国发展观察》2009年第2期。
③ 史树林:《论主权财富基金的法律问题》,载《中央财经大学学报》2008年第5期。

应当也不可能承担国家的政治目标。① 但是,"主权财富基金的所有权性质(国有)决定主权财富基金必须拥有和其他完全以营利为目的的金融机构不同的目的,在实现国家经济战略性发展方面、支持货币稳定方面都应发挥一定的作用。"② 主权财富基金是由其母国直接或间接控制的,其运作方式和投资目的具有不同程度的政治性和战略性。主权财富基金的母国很可能通过其投资攫取东道国经济制高点的控制权,或者直接或间接地控制东道国的货币市场和资本市场,为母国的政治利益和经济利益服务。③ 由于主权财富基金归国家所有,受国家控制,"它的出现和发展事实上代表着设立国经济自主能力和经济自我控制能力的提升。即使各国主权财富基金更愿意以一种全新的专业化、市场化的积极投资机构出现,它们天生具有支持国家发展战略、更好地在全球范围内优化配置资源的作用,其中并不排除要对全球战略性资产获得一定的控制权,以保障本国经济的安全和持续发展。"④ 还有学者从新型"国家资本主义"的角度指出,主权国家根据国家战略或国家利益的需要,组建若干个足以影响全球竞争的大型跨国公司,参与相关行业的国际竞争。新型"国家资本主义"往往在主权国家政府的支持和指导下进行投资,因而毋庸讳言,带有一定程度的政治气息。这些国有跨国公司不仅仅是政府设立的,还能得到政府在经济、政治和外交等方面的支持。⑤

我们说外国政府控制的投资具有特殊性,并非指所有外国政府投资都具有政治性和非商业目的,不是说政治性和非商业目的是外国政府投资的唯一目标和全部意义,也不是说外国政府控制的投资必然危害东道国国家安全,而是说有一种可能性、高度盖然性,是一种合理的怀疑,即外国政府控制的投资很可能暗含政府的非商业目的,很可能对东道国国家安全造成威胁。

---

① 参见谢平、陈超:《论主权财富基金的理论逻辑》,载《经济研究》2009年第2期。
② 同上。
③ 参见刘郁:《主权财富基金的法律规制问题研究》,载《甘肃联合大学学报(社会科学版)》2009年第4期。
④ 王遥、刘笑萍:《经济安全与主权财富基金投资动向研究》,载《广东金融学院学报》2008年第6期。
⑤ 参见宋玉华、李锋:《主权财富基金的新型"国家资本主义"性质探析》,载《世界经济研究》2009年第4期。

(二) 组织控制与行为控制

以外国政府控制的投资为审查对象时,涉及两个层面的"控制"问题。以美国为例,"外国政府控制的交易"是指任何可能导致美国企业被外国政府、受外国政府控制或代表外国政府的个人控制的交易。其中,第一个层面的控制是美国企业因发生的并购而被控制,第二个层面的控制是外国政府控制的实体实施了并购行为。① 但是,美国《关于外国法人收购、兼并和接管的条例》仅对第一个层面的控制进行了解释,对何为"外国政府控制的实体"并未作出进一步阐释。

有学者认为,公司控制权是公司内部相关利益主体享有的对公司运营的决策权和支配权,来源于所有权,所有权是公司控制权的基础。公司控制权既不能脱离资本所有权,也不能脱离以资本所有权为根基而生成的公司所有权独立存在。② 另有学者对这一观点提出了修正,认为单纯以最大股东的持股比例为标准,忽略了其余股东的持股差异,即持股结构的影响。所有权并不是取得公司控制权的唯一途径,还受持股结构、决议机制、股东出席会议和投票状况的影响。③ 但是,这种修正仍然以股东所有权为基础,只是注意到了从所有权到控制权可能存在的影响因素。共同控制权理论将公司所有权扩展到利益相关者,即利益相关者共同拥有公司所有权而成为公司所有者,共同行使公司控制权,拥有公司剩余索取权。共同的公司控制权的理论基础是利益相关者理论。银行作为债权人将资金借给公司,使借款成为公司的法人财产。银行凭借债权拥有公司所有权,因此公司控制权突出了债权人的地位。④ 这种理论虽将股东之外的利益相关者引入控制权体系,但其路径仍然是将利益相关者纳入公司所有者的范畴。问题是,除了公司所有者,公司就不存在其他控制人了?我国《公司法》第 216 条第 3 项规定:"实际控制人,是指虽不是公司的股东,但通过投资关系、协议或者其他安排,能够实际支配公司行为的人。"在典型的大型公司中,控制权并非单纯基于控制者的法律地

---

① "代表外国政府"实际上也是外国政府控制的表现形式,因此对二者不作区分。
② 参见梁洪学:《公司控制权的演进及其本质》,载《江汉论坛》2008 年第 10 期。
③ 参见张小茜、汪炜:《持股结构、决议机制与上市公司控制权》,载《经济研究》2008 年第 11 期。
④ 参见林军:《利益相关者与公司控制权安排》,载《暨南学报(人文科学与社会科学版)》2004 年第 4 期。

位，而往往是一种实际的权力，它依赖于通过一定比例的所有权参与公司的经营，或者通过对公司的行为产生重大影响的外部环境等所获得的战略地位。拥有垄断地位或市场支配地位或者在交易中处于优势的企业，往往对处于同一市场的其他公司以及作为交易相对人的公司形成事实上的控制和支配。例如，拥有特许经营权或专利权的公司对被许可的公司往往构成支配性控制。此外，根据合同安排亦可获得公司的实际控制权。订立管理性契约的公司通过协商对公司的权力进行重新配置，形成公司之间的控制与服从关系，控制公司对从属公司拥有实际控制权。① 由此可见，所有权并非取得公司控制权的唯一路径，事实关系、法律安排都可能导致公司被股东之外的其他主体控制。在"美国企业因外资并购而被控制"的语境下，控制的形成是由于表现为股权变动的并购行为。这里的"控制"是基于所有权的控制。但是，"政府对实体的控制"绝不仅限于所有权控制，基于政府地位的特殊性以及手段的多样性，可能存在权力控制、认同（思想、宗教）控制、利益控制等多种控制方式。如果仅以所有权为标准判断某一实体是否为外国政府所控制，将使实际上由外国政府控制的实体逃脱安全审查，对国家安全形成潜在威胁。

政府对企业基于所有权的控制就是政府对国有企业的控制。许多学者都探讨过政府对国有企业的控制方式及效率问题，提出"战略控制、人事控制、财务控制"②以及"董事会控制、业务控制、法律控制"③等模式。无论哪种模式，政府控制企业的正当性都在于政府对企业的所有权。但是，东道国对外国投资者的审查并非完全依据公司法理论的组织控制，而更加看重政府背景和政府实际影响力；即使将持股比例作为判断是否由政府控制的标准，该比例通常也低于一般法理上的控制权标准。

外国政府控制的实体进行投资或交易时受到等同于外国政府的限制，确定外国政府与实体之间的控制关系显得尤为重要。通过前文对相关立法例的解读可以发现，外国政府与实体之间的控制关系以所有权为基础，又不局

---

① 参见郭富青：《论公司实际控制权：性质·渊源·法律导向》，载《甘肃政法学院学报》2011年第1期。
② 参见顾宝炎：《外国国有企业管理中的企业责任和政府控制》，载《经济与管理研究》2000年第6期。
③ 参见李孔岳、罗必良：《政府控制国有企业的方式与效率分析》，载《南方经济》2004年第2期。

限于所有权。对公司的控制可以分为组织控制和行为控制。其中,组织控制可以被称为"内部控制",通过公司法律范围内的权力分配和机构设置实现对公司的控制。没有外资力量介入时,组织控制可以外化为行为控制。行为控制是对公司对外行为的控制,这种控制并非基于公司法上的权力分配,而是以其他方面的权力介入为基础的。此时,公司作为主体的意志受到外在力量的影响,公司内部控制力量形成的意志可能屈从于外部力量。组织控制通常以所有权为基础,可以通过所有权关系判断控制关系。但是,行为控制具有复杂性、隐蔽性,控制关系的认定比较困难。在外资审查中,东道国关心的恰恰是行为控制,而非组织控制。东道国政府要审查的是投资或交易是否受外国政府控制,这种控制不以所有权关系为必要,实际上是政府背景或政府影响力。企业可能在所有权关系上与政府毫无关系,但是其行为却听命于政府。

三、我国应严格审查外国政府控制的投资

我国在采取优惠措施吸引外资的同时,也对外资的投资领域、投资方向进行引导、限制,以保证外资利用符合本国国家利益。现有的外资规范基本上都是通过确定限制投资领域和禁止投资领域对外资进行限制的,而对投资主体的关注则甚少,对于外国国家所有或政府控制的投资没有明确的规定,这对于安全利用外资、维护本国国家利益非常不利。

(一)对外国政府控制下的资本进行特殊审查

一些国家对外国国家所有或政府控制的投资采取了非常谨慎的态度,无论投资领域还是投资规模都要事先获得批准,明显严格于非政府背景的投资。我国《指导外资投资方向规定》《外商投资产业指导目录》《关于外国投资者并购境内企业的规定》《外国投资者对上市公司战略投资管理办法》等规范外资准入的规则都没有涉及外国投资者的性质和背景。2011年2月发布的《国务院办公厅关于建立外国投资者并购境内企业安全审查制度的通知》、商务部随后制定的《商务部实施外国投资者并购境内企业安全审查制度有关事项的暂行规定》以及在该规定的基础上修改而成的《商务部实施外国投资者并购境内企业安全审查制度的规定》,都要求申请人在向商务部提出国家安全审查正式申请时说明其与相关国家政府的关系。这无疑说明申请人与相

关国家政府的关系将作为国家安全审查的考量因素,但是相关规定并没有明确指出这种关系对国家安全审查的实质影响。

冷战结束后,国家间的关系,尤其是大国间的关系在性质上发生了变化,不再是敌对和对抗的总体态势,①中国的安全环境已经得到前所未有的改善,但是并非所有的西方国家都认可中国的政治模式。一些西方势力在对中国所取得的成就表示怀疑和困惑的同时,不失时机地对中国施加一些压力,借所谓的"人权问题""宗教问题"支持那些反华或反对中国政府的势力,从而成为中国国家安全的外部威胁,而且再次使中国的某些内忧与外患有结合起来的可能。② 外部世界认知中国的集体心理仍然是:"承认中国崛起的事实,但是难以认同和真正接受作为独特异质的中国行为模式;期待中国承担更多的国际责任,又对中国的影响拓展和力量使用充满疑虑;相信中国是理解未来世界的关键,却始终不愿放弃自我中心的固有观念。"③虽然中国与西方国家的关系逐步改善,尤其在经济、贸易领域,中国经济的高速增长成为世界经济增长的原动力,中国巨大的市场给西方国家带来了前所未有的机会,世界对中国稳定、快速发展的依赖与需求空前强烈,但是不可否认,中国依然是西方国家眼中有些"另类"的国家,中国的体制依然未能完全被西方国家接受。在经济上,虽然取得了腾飞式的发展,但是粗放式的发展方式使中国对于能源、重要资源的消耗非常大,产业发展还很初级,产业竞争力比较弱,产业安全状态不容乐观。我们必须清醒地认识到,当下中国的国家安全问题仍是一个重大问题,在改革开放、吸收外资的同时,必须谨防掺杂在外资之中的安全威胁,采取有效措施防止外国政府利用外资渠道危害中国国家安全。

(二) 外国政府的"实质影响力"标准

主权财富基金主要来自发展中国家,投向发达国家。发达国家的国有企业数量较少,对外投资也不多见。但是,在这些国家,受政府影响、与政府具有紧密联系的企业在他国有广泛投资,中国就是重要的投资接受国。这些企业虽然在产权上与政府并无关联,在组织上不受政府控制,但是在行为上受

---

① 参见楚树龙:《世界的变化和中国国家安全》,载《国际政治研究》2009年第4期。
② 参见张清敏:《国家安全:中国对外安全战略的核心》,载《国际政治研究》2009年第4期。
③ 金灿荣、刘世强:《未来十年的世界与中国:国际政治视角》,载《现代国际关系》2010年第S1期。

政府的实质影响,我国应当对它们的在华投资活动进行特别审查。我国应当采取实质控制标准,即以实质影响力为基础的标准,补充以所有权为基础的形式控制标准。这里的"实质影响力"就是对其他主体的思想或行为产生实际影响的能力,包括强制性影响力和非强制性影响力。虽然政府具有施加强制性影响力的条件优势,但是政府对实体的影响却主要体现为非强制性影响力。

以美国谷歌公司为例,美国政府对其虽没有基于产权的控制关系,但却有实质影响力。2010年,谷歌公司在华上演"退出门",抛弃作为一个"商业公司"的独立性,露出一张"政治面孔"。当年1月7日,时任美国国务卿希拉里·克林顿邀请包括谷歌公司CEO在内的信息与网络经营者参加小型晚宴,讨论如何利用高科技推动美国在世界各地的干预行动,鼓励民间运动等,称21世纪的工具诸如社交网站Twitter、谷歌以及视频网站YouTube将是关键。[①] 谷歌公司已经偏离了在华经营的商业目的,充当了借助互联网输出思想,进行文化渗透、价值观渗透的工具。

判断政府对某一实体是否具有实质影响力时,应当注意以下几个方面的问题:首先,实质影响力判断以全面、可靠的信息收集为基础,只有获得翔实、准确的情报才有可能梳理出政府与实体之间的关系;其次,实质影响力判断应综合多方面的因素予以考虑,如实体与政党的关系、实体与政府的合作关系、政府领导与企业人士的私人关系等;最后,实质影响力判断是一种整体衡量,是以客观信息为基础的主观裁量,不能要求结构完整的逻辑论证。

---

① 参见李云路、王建华、颜昊:《中国拒绝"政治的谷歌"与"谷歌的政治"》,http://politics.people.com.cn/GB/1026/11183330.html,2018年3月19日访问。

第三章
国家安全审查制度比较研究

"国家安全"是一个抽象的、模糊的概念,也是一个具有历史性和主观性的概念。外国投资国家安全审查制度受国家安全概念、制度本性及目的的影响,不是一个纯粹的法律问题。但是,这些个性化的特征并不影响外国投资国家安全审查制度在诸如立法方式、考量因素、程序设定等方面所表现出的共性,国家安全审查制度的国别比较研究具有研究的基础和价值。研究其他国家的外国投资国家安全审查制度,一方面有助于我们在客观上了解和认识这些国家的国家安全审查制度,另一方面也可为完善我国的国家安全审查制度提供参考和借鉴。

在外国投资国家安全审查制度的立法模式上,各国存在差别,法律的表现形式也有所不同,具体可以区分为专门立法模式和混合立法模式。专门立法模式,是指由立法机关进行单独立法,专门规定外国投资国家安全审查问题。这种模式主要为美国、加拿大、澳大利亚、俄罗斯等国所采用。我国也采用这种模式。2011年2月发布的《国务院办公厅关于建立外国投资者并购境内企业安全审查制度的通知》标志着我国外资并购国家安全审查制度的正式建立,该通知对外资并购国家安全审查的范围、内容、工作机制及程序等作了详细规定。混合立法模式,是指国家没有针对外国投资国家安全审查制度进行专门立法,有关该制度的规定分散在反垄断法、外贸法、外汇法等相关法律法规中，通过适用国家安全法、反垄断法等相关法律法规，对影响国家安全的外国投资进行审查，也被称为"宽泛意义上的国家安全审查制度"。德国、日本等国采用这种模式。①

第一节 美国国家安全审查制度

随着全球经济一体化的逐步发展以及各国对外开放程度的不断扩大，东道国在引进外资时要面临由此引发的一系列风险。美国作为资本主义高度发达的超级大国，在诸多领域都领先全球，是世界上最早建立国家安全审查制度的国家之一，其建立的国家安全审查制度及相关的法律法规比较完善，是其他国家的重要参照范本。

一、美国国家安全审查法律制度立法沿革

(一) 立法发展史

1. 1950 年《国防生产法》

1950 年《国防生产法》也称《经济管制法》，是美国国家安全审查制度的起源。该法是美国国会于 1950 年通过的关于国防生产的基本法律，目的在于通过授权总统控制物价、工资和消费信贷，以增加国防生产。该法最初共 7 章 717 节，1952 年至今已进行多次修订。目前，除了第一、三、七章之外，其余各章已停止使用。该法为美国进行有关国家安全审查制度的立法奠定了基础。

2. 《埃克森-弗罗里奥修正案》

20 世纪 80 年代，世界经济格局发生了重大变化，日本经济实力迅猛增长，积极进行海外投资并购。1987 年，日本最大的计算机和芯片生产商富士通公司(Fujitsu)意图通过收购美国主要芯片厂商仙童公司(Fairchild)80％的股份获得控股权。美国担忧本国军用计算机芯片的秘密被他国窃取，当时保障国家安全所依据的是《国际紧急经济权力法》(International Emergency Economic Power Act，IEEPA)。此法案旨在应付紧急情况，保障国家安全，

---

① 参见李群:《外资并购国家安全审查法律制度研究》，西南政法大学 2012 年博士学位论文，第 31—41 页。

授权总统在美国面临危急情况或受到非常威胁时实施出口管制或贸易禁运等措施。如果总统要根据此法案禁止此次并购,必须宣布国家进入紧急状态,并且证明此次并购对国家安全构成了"特殊的、重大的威胁"。① 但是,这无异于向日本政府表示敌意。② 此次并购愈演愈烈,最终演变成政治事件。为防止事态继续恶化,日方自愿放弃了并购计划。此次并购事件让美方意识到,现有法律制度不能充分地保护本国敏感产业不受来自军事、经济方面竞争者的威胁。③

经过历时三年的行政与立法之间的博弈,美国国会于 1988 年通过了《埃克森-弗罗里奥修正案》,也被称为《1988 年法》。这是对 1950 年《国防生产法》第 721 节的修正,标志着美国外资并购国家安全审查制度的建立,同时成为 CFIUS 进行国家安全审查的法律依据。④ 另外,为保障《埃克森-弗罗里奥修正案》的有效实施,CFIUS 于 1991 年颁布了《关于外国法人收购、兼并和接管的条例》(以下简称《1991 年条例》),作为其实施细则。

3.《伯德修正案》

法国 Thomson-CSF 公司对美国 LTV 公司导弹业务的收购计划同样遭到了美国国会的反对。一方面,由于法国政府拥有 Thomson-CSF 母公司法国 Thomson S. A. 公司 59.2% 的股权,美国国会认为该收购行为可能受到法国政府操纵。另一方面,目标公司 LTV 握有美国国防部门的多份合同,同时握有一些机密武器的开发和运用技术。如果收购计划顺利进行,LTV 公司将成为美国历史上首个被外资并购的美国国防部门主要承包商,法国政府也会相应地获得 LTV 公司拥有的敏感技术。为达成有关适当控制敏感技术外流的缓和协议(mitigation agreement),CFIUS 同 Thomson-CSF 公司进行了商谈,但是谈判未取得成功。随后,CFIUS 便向美国总统建议拒绝该项收购。因此,Thomson-CSF 公司被迫撤回申报,并对原先的收购协议作了实质性变

---

① See International Emergency Economic Power Act,§ 1701.
② See Jose E. Alvarez, Political Protectionism and United States International Investment Obligations in Conflict: The Hazards of Exon-Florio, *Virginia Journal of International Law*, 1989, Vol. 30, No. 1, p. 69.
③ Id., p. 56.
④ 参见程云杰:《中国企业进军美国为何总要先过政治关》,载新华网,2018 年 3 月 4 日访问。

更,同意与美国的 Loral 公司共同收购 LTV 公司的导弹业务,并且最终将收购的股权比例控制在 6%。Thomson-CSF 公司作出这一让步之后,该项收购才获得美国政府批准。但是,美国国会仍认为此次收购表明政府对涉及国防和代表国家竞争力的美国公司保护不力。① 在某种程度上,Thomson-CSF 公司并购案也激起了美国国会对外国国有企业的争论,为《伯德修正案》的出台创造了舆论前提。

2000 年年初,美国民主党参议员罗伯特·伯德就美国 2001 年度的拨款问题向国会提交了一份议案,其正式名称是《持续倾销与补贴抵消法案》(CDSOA)。该议案修改了美国 1930 年《关税法》第四篇,新增了名为"补偿持续倾销及补贴"的第 1675(c)节,并适用于所有 2000 年 10 月 1 日后征收的反倾销税和反补贴税。该议案也被称为《伯德修正案》(Byrd Amendment)。2000 年 10 月 28 日,该议案在美国国会获得通过,成为正式法案。②

4. 2007 年《外国投资与国家安全法》

"9·11"事件发生后,美国越来越重视外资的国家安全审查。中海油并购美国优尼科和迪拜世界港口公司并购半岛及东方轮船公司这两起案件就在美国各界引起了轩然大波。在后一起并购案中,CFIUS 根据《埃克森-弗罗里奥修正案》的相关规定,认为迪拜世界港口公司的并购对美国国家安全不构成威胁,同意该项并购。但是,因美国国会坚决反对,最终迪拜世界港口公司迫于政治压力,撤回此次并购。此次并购引发了国会对现有安全审查制度的质疑,成为制定 2007 年《外国投资与国家安全法》(FINSA)的诱因。为加强对外资投资和并购的审查与限制,国会于 2007 年对《埃克森-弗罗里奥修正案》所确定的外资安全审查制度进行了一系列修订,并最终通过了 FINSA。③

2007 年 FINSA 对 1950 年《国防生产法》第 721 节再次进行修订,进一步完善了美国外资并购的国家安全审查制度。为落实 FINSA 的有关规定,2008 年 4 月 28 日,美国财政部在《联邦纪事》上公布了《关于外国法人收购、兼并和接管的条例》(以下简称《2008 年条例》),将其作为 FINSA 的实施细

---

① 参见陈婵婷:《从华为案看美国国会对外资国家安全审查的政治监督》,载《时代金融》2012 年第 12 期。
② 参见陶林:《美国〈伯德修正案〉评析》,载《山东大学学报(哲学社会科学版)》2006 年第 2 期。
③ 参见方之寅:《析美国对外资并购的审查和限制》,载《东方法学》2011 年第 2 期。

则,并给予45天的公众评论期。美国财政部根据1950年《国防生产法》第721(b)(2)(E)节的规定,颁布了《美国外国投资委员会国家安全审查指南》。[①] 该指南从国家安全因素、CFIUS审查过并引起国家安全考虑的交易类型以及可能引起国家安全考虑的交易信息三个方面概述了CFIUS审查程序的目的和性质,为涉及安全审查的并购当事人正确理解和顺利实施法律提供指导。

(二)立法模式

目前,世界各国在国家安全审查方面的立法主要采取专门立法模式和混合立法模式。专门立法模式,是指以专门的成文立法为基础,辅之以配套次级立法和相关规则指引的模式。[②] 由上文对美国国家安全审查立法发展史的回顾可知,美国采取的是专门立法模式。作为世界上最早采取专门立法模式的国家,美国的做法后被澳大利亚、加拿大、俄罗斯、中国等国效仿。[③] 具体而言,美国的专门立法模式以FINSA为基础,辅之以《2008年条例》作为其具体实施细则,并将《美国外国投资委员会国家安全审查指南》作为实际审查过程中的指引。此种立法模式所形成的体系完整、清晰并具有规范性,在运用时灵活简便,能够使并购当事人清楚地预见安全审查的交易范围及程序等,是目前世界上关于外资并购国家安全审查立法模式的较好选择。

二、美国国家安全审查的相关机构

美国国家安全审查的相关机构主要包括CFIUS、总统和国会,分别负责审查、决定和监督。

(一)国家安全审查的主管机构

CFIUS于1975年正式成立,是美国主要的国家安全审查机构,隶属于财政部。1988年,根据里根总统发布的第12661号行政命令,CFIUS担任《埃克森-弗罗里奥修正案》的执行机构,负责外资并购的安全审查。

随着美国经济的发展以及对外开放程度的加大,CFIUS的成员也在不断增加。成立之初,该机构的成员有国务卿、财政部部长、国防部部长、商务部

---

① 参见《美国外国投资委员会国家安全审查指南》第一节"指南的立法要求"。
② 参见李群:《外资并购国家安全审查法律制度研究》,西南政法大学2012年博士学位论文,第43页。
③ 同上。

部长、总统经济事务助理、国际经济政策委员会执行主任。1980年,美国贸易代表、经济顾问委员会主席被增加为其成员。1993年,其成员进一步扩大,包括科技政策办公室主任、总统国家安全事务助理和总统经济政策助理。2003年,又增加了国土安全部成员。截至2008年,CFIUS的成员增加至16个,来自8个行政部门(包括国务卿、财政部部长、国防部部长、商务部部长、司法部部长、国土安全部部长、能源部部长和劳工部部长)和8个白宫机构(包括美国贸易代表办公室主任、科技政策办公室主任、总统国家安全事务助理、经济顾问委员会主席、管理和预算办公室主任、总统国土安全和反恐助理、总统经济政策助理和中央情报局局长)。

FINSA以专节规定了CFIUS的组成及职责。CFIUS是一个跨部门的委员会,委员会主席由财政部部长担任。财政部部长依据具体案件的性质,指定委员会的一个或多个成员成立牵头机构,由牵头机构负责所有与缓和协议或其他必要限制性条件有关的谈判,并对所有已完成的交易进行监督,以维护国家安全。① 另外,牵头机构要定期向委员会报告其职责履行及调整情况,并将报告中的重大修改情况告知国家情报总监、司法部部长以及与报告修改有重大利害关系的联邦部门或机构。除此之外,牵头机构还要向国会提交年度报告并接受监察长的调查。FINSA对CFIUS的这一套制度设计既保证了政府部门之间的权力制衡,也保证了国家安全审查的全面性和系统性,②还有效地联系起各主要行政部门以及各专业机构,使其各司其职,相互配合,并且缓解了各部门之间的矛盾,提高了审查效率,是CFIUS履行国家安全审查职责必不可少的依据。

(二)国家安全审查的决定机构

1988年颁布的《埃克森-弗罗里奥修正案》将安全审查的决定权授予总统。它规定,只有总统才有权中止或禁止任何外资并购交易,但是总统应该有可信的证据表明外国企业的控制可能导致其采取威胁美国国家安全的行动,并且除《国际紧急经济权力法》以外的法律法规无法为保护国家安全提供充分和适当的授权。CFIUS只有建议总统阻止某项外资并购的权力。总统

---

① 参见2007年《外国投资与国家安全法》。
② See Raymond A. Gauge, etc., US National Economic Security in a Global Market; Ft. Belvoir, Defense Technical Information Center, 1990, p. x.

在收到 CFIUS 提交的调查报告后,应在 15 天内作出最终决定并予以宣布。

2007 年,FINSA 赋予总统强制执行权,即为履行和执行法律的规定,总统可指示司法部部长在联邦地方法院寻求适当的救济措施,包括撤资救济。① 除此之外,总统还享有在采取特定行动以及作出特定决定时的司法审查豁免权。

截至目前,美国总统发布总统令阻止的外资并购案有两个:其一是罗尔斯公司(Ralls)诉美国外国投资委员会(CFIUS)案(具体案情见第二章第三节),其二是中国航空技术进出口公司收购 MAMCO 公司案(具体案情见第一章第三节)。这两个案例都清晰地反映出美国总统对国家安全审查的决定权。三一重工集团状告时任美国总统奥巴马的过程虽艰辛,但最终峰回路转,双方达成全面和解。该案给我们的启示是:总统令对国家安全审查作出的决定虽不受司法管辖,但并不等于作出决定的过程不受司法管辖,即美国总统作出决定的过程必须符合美国宪法保护的程序正义。

(三) 国家安全审查的监督机构

迪拜世界港口公司案是在美国国会的阻挠和干预下失败的并购案例。在此次并购事件的冲击下,美国国会将国家安全审查法律的修订提上议事日程。

美国外资并购国家安全审查的立法发展也是国会不断扩大其监督权的过程。② 相比之前的《埃克森-弗罗里奥修正案》及其实施细则,2007 年制定的 FINSA 提高了国会在安全审查中的地位,加强了国会的监督职责。首先,FINSA 规定,委员会主席和牵头机构的负责人在审查和调查完成后,应及时将认证的通知送达指定的国会议员。这不仅扩大了国会参与案件审查监督的范围,也增加了参与审查监督的国会议员的职能。另外,FINSA 还设专节规定国会要接受委员会主席所提交的年度报告,由此可见美国对国会监督的重视。国会的监督不仅仅是对具体某个案件的某一审查程序的监督,而且是贯穿审查始终的监督;不仅仅是审查程序中的某一环节,而且是一项独立的制度;不仅包括审查中的监督,也包括审查后的监督。其事后监督主要体现

---

① 参见 2007 年《外国投资与国家安全法》。
② 参见李群:《外资并购国家安全审查法律制度研究》,西南政法大学 2012 年博士学位论文,第 46 页。

为,委员会主席应在每年 7 月 31 日前,将 12 个月报告期内完成审查的相关交易的年度报告发送给参众两院有管辖权的委员会主席和高级成员。

三、美国国家安全审查标准

只有当外资并购活动有损害一国国家安全的潜在可能时,才需要启动安全审查制度。① 其中,审查标准是启动安全审查制度的直接依据,而要认定审查标准,首先必须认定"国家安全"的范围。

《埃克森-弗罗里奥修正案》及其实施细则都没有给"国家安全"下一个确切的定义,仅规定了委员会在进行安全审查时需要考虑的因素:(1) 并购活动是否影响美国国内国防生产;(2) 并购活动是否影响美国国内与国防相关行业的生产经营活动;(3) 并购活动是否影响美国国防需要的满足度。

在制定《埃克森-弗罗里奥修正案》及其实施细则时,对国家安全进行审查主要考虑的是国防安全,随着生产经营领域的扩展,一些新的影响因素逐渐浮现出来。因此,FINSA 在《埃克森-弗罗里奥修正案》的基础上,扩大了需要考虑的相关因素的范围:(1) 并购活动对美国重要基础设施,包括重要能源设施所构成的与国家安全有关的潜在影响;(2) 并购活动对美国重要技术所构成的与国家安全有关的潜在影响;(3) 并购活动是否为外国政府所控制;(4) 酌情对相关交易进行审查与评估;(5) 并购活动是否影响美国对能源和其他重要资源及原材料需求的长期预测。最后一项是兜底条款,即总统或委员会在进行特定的安全审查或调查时认为应当适当考虑的其他因素。

四、美国国家安全审查对象

一项法律制度要调整什么范围内的关系,要达到怎样的立法目的,是研究该项法律制度必须弄清楚的问题。每项法律制度都有其明确的调整范围,外资并购国家安全审查法律制度也不例外。明确外资并购国家安全审查法律制度的调整范围是对外资并购国家安全审查制度进行立法的基础。② 在美

---

① 参见韩龙、沈革新:《美国外资并购国家安全审查制度的新发展》,载《时代法学》2010 年第 5 期。

② 参见史建三、钱诗宇等:《企业并购反垄断审查比较研究》,法律出版社 2010 年版,第 42 页。

国,最先对安全审查对象进行界定的是 1988 年《埃克森-弗罗里奥修正案》的实施细则——《1991 年条例》,2007 年 FINSA 的实施细则——《2008 年条例》又进一步对此予以细化。明确外资并购国家安全审查对象的关键是认定外资并购中的相关概念。具体而言,首先需要界定"外国投资者""控制"的概念。

(一) 外国投资者

外国投资者主要包括外国自然人和外国法人。美国将外国自然人认定为"外国国民",即"任何非美国国民的个人"。① 对"美国国民"的认定采用公民标准或"忠诚"标准,即便不是美国公民,对美国永远忠诚的个人也被认定为美国国民。②

《2008 年条例》规定,"外国法人"指的是:"(a) 任何外国国民、外国政府或外国企业;或(b) 任何受或可受外国国民、外国政府或外国实体控制的企业"③,并通过六个具体事例对外国法人予以认定。④ 在认定外国法人时,起决定作用的因素是控制权掌握者,而企业的设立地以及设立时依据的法律并不影响对外国法人的认定。只有当企业的决策受到所在国政府的干预时,该企业才被视为外国法人。另一个影响因素是单个投资者所持有的股权份额及其所属企业持有的总份额,此时采取双重标准。

---

① See 31C. E. R. § 800.215(2008).
② See 31C. E. R. § 800.226(2008).
③ 31C. E. R. § 800.216(2008).
④ Id. 例一:A 公司依照外国法律组建并只在美国之外开展业务。X 公司持有 A 公司全部股份,因而控制着 A 公司。X 公司在美国组建,由美国国民完全所有与控制。在假定无相关事实的情况下,尽管 A 公司在美国之外组建并只在国外运营,但是它并非外国法人。例二:例一第一句叙述的事实不变。A 公司依照外国法律组建,但是该外国政府通过政府干预对 A 公司实施控制,则 A 公司被视为外国法人。例三:A 公司在美国组建并在美国开展跨州商业活动。A 公司由 X 公司控制。X 公司依照外国法律组建,其股份一半由外国国民持有,另一半由美国国民持有。A 公司和 X 公司均为外国法人。A 公司同时也是美国企业。例四:A 公司依照外国法律组建并由某外国国民所有与控制。A 公司通过其分支机构在美国开展跨州商业活动。A 公司(包括其分支机构)为外国法人,其分支机构同时也是美国企业。例五:A 公司依照外国法律组建。A 公司 45%的投票权由多个无关联的外国投资者平均持有,任何单个外国投资者都不具有控制权。外国投资者之间并无针对 A 公司与其他具有投票权的股东采取一致行动的正式或非正式安排。A 公司其余投票权由美国投资者持有。在假定无其他相关事实的情况下,A 公司并非外国法人。例六:除外国投资者拥有 A 公司 55%的投票权外,情况同例五。假定没有其他相关事实,A 公司是一个外国实体,即外国法人。

(二) 控制

《1991年条例》最早对"控制"进行界定，①即通过一定的方式取得决定公司重大事项的权力。《2008年条例》给"控制"下了较为规范的定义，即通过拥有一个企业的多数股或占支配地位的少数股、在董事会中占有席位、代理投票、特殊股份、合同安排、正式或非正式的协同行动安排或以其他方式拥有的直接或间接决定有关公司的重要事项的权力，无论该权力是被直接行使还是被间接行使，又或者是否被行使，尤其包括但不限于决定下述或其他重要事项的权力：(1) 出卖、出租、抵押、质押或以其他方式转让企业主要有形或无形资产；(2) 企业的重组、并购或解散；(3) 企业的关闭、迁址、转产；(4) 主要开销或投资、发行股票和债券、支付红利、批准预算；(5) 选择新的行业或业务；(6) 订立、终止或不履行重要合同；(7) 有关处理非公共技术、金融或其他专有信息的政策或程序；(8) 高级管理人员的任用和解雇；(9) 接触敏感技术或美国政府机密信息的雇员的任用和解雇；(10) 公司章程、成分协议或其他组织文件的修改。②《2008年条例》通过概括式和列举式的方式为"控制"下了一个较为详细、清晰的定义。但是，这一定义也并非穷尽性的定义。当出现多个外国企业在同一个企业拥有权益的情况时，判断是否存在控制就应当看这几个外国企业之间是否存在联系，是否通过正式或非正式的协议进行联合行动，或者是否为同一外国政府的下属机构或被其控制等。③ 同时，《2008年条例》从另一个角度规定了不构成控制的五种情形：(1) 拥有阻止出卖或质押企业全部或大部分资产的权力；(2) 拥有阻止企业与大股东或其关联企业订立合同的权力；(3) 拥有阻止企业为大股东或其关联企业提供担保的权力；(4) 拥有在企业增发时购买额外股份以避免其权益按比例被稀释的权力；(5) 拥有阻止修改企业章程、成分协议或其他组织文件的权力。对于条例中没有列明的属于少数股东保护的措施，委员会将进行个案审查以确定其是否构成控制。

美国对"控制"进行界定的最大特点是没有数额或比例的限制。即使是

---

① 参见李晶：《中美外资并购国家安全审查制度比较研究》，吉林大学2015年硕士学位论文，第16页。
② See 31 C.E.R. § 800.204(a)(2008).
③ See 31 C.E.R. § 800.204(b)(2008).

并购一个企业的少数股,如果有可能直接或间接对企业的战略方向或日常营运有影响力或主导力,那么无论该外资企业是否行使这一影响力或主导力,都将被视为构成对美国公司的"控制"。对那些以间接投资为目的的企业而言,它们虽不参加企业的经营管理,但也会因持有美国企业较多股份而被认定为"控制"。这样的修订突破了对公司"控制"的传统解释,虽赋予CFIUS极大的自由裁量权,但也增加了执法的不确定性。[①] 另外,这在扩大安全审查对象范围的同时,也导致了执法效率低下等问题。由此可见,在安全审查与效率之间,美国国会偏向于安全审查,重在保护国家安全。

五、美国国家安全审查的程序

(一) 投资者自愿申报和 CFIUS 机构通知

《埃克森-弗罗里奥修正案》及其实施细则《1991年条例》最早对安全审查规定了两种启动程序,即投资者自愿申报和CFIUS机构通知。在原有的启动程序框架下,FINSA及《2008年条例》最终确立了以投资者自愿申报为主、CFIUS机构通知为辅的启动程序。基本框架为:拟议或已完成的交易的一方或几方可以自愿通知委员会交易情况。申报是投资者的权利,但是为了防止投资者滥用权利,危害美国国家安全,《2008年条例》又规定了另一种补充程序:如果委员会认为投资者未按上述规定自愿申报的交易可能是受管辖的交易并引起国家安全方面的关切,主席可按照委员会的建议要求交易各方向委员会提交必要信息,以判断该交易是否确实受管辖。[②]

在投资者自愿申报后,委员会或总统作出结论前,如果委员会认为交易各方提交的通知所涉及的交易有实质性变更,或有关信息与通知中的实质性信息不符,可以随时书面驳回申报。另外,为得到完备的信息,委员会可以延缓接收该通知,并规定30天的复审期间;当需要获得这类信息时,委员会也可以要求当事方在7天内提供。[③] 这些规定体现了美国在吸引外资与维护国家安全之间的利益衡量。但是,应当注意,启动安全审查程序需要非常谨慎,应

---

① 参见李群:《外资并购国家安全审查法律制度研究》,西南政法大学2012年博士学位论文,第63页。
② See 31 C.F.R. § 800.401(a)(b)(2008).
③ See 31 C.F.R. § 800.403(b)(2008).

给外资来美一定的机会。

(二)审查前的非正式磋商

审查前的非正式磋商程序是 FINSA 及《2008 年条例》的创新之处,既充分体现了美国外资政策的自由开放性,又体现了美国外资并购审查程序的灵活性。

非正式磋商的具体内容是,委员会鼓励交易各方在提交通知前咨询委员会,并在适当情况下提交草稿或其他相关的文件,以帮助委员会理解交易内容并有机会要求通知中涵盖额外的信息。这种通知前的咨询或通知草稿的拟定应在自愿提交通知前至少 5 个工作日内完成。此处需要向委员会提交的所有信息和文档应被视为按 1950 年《国防生产法》第 721(c)节及相关条款的规定提交给总统或其指派人的信息文档,同时也应被视为按第 721(b)节的规定提交通知的一部分。①

审查前的非正式磋商给 CFIUS 提供了了解被审对象基本情况的契机,之后 CFIUS 可要求被审对象补足其他相关的申报信息。这一程序提高了委员会的办事效率,缓解了司法压力,可以有效避免不必要的审查。此项制度对我国国家安全审查程序的建立和完善有一定的借鉴意义。

(三)委员会的初步审查和调查

委员会的初步审查和调查的具体程序体现在以下两个方面:

第一,委员会如果觉得有必要,可在 30 天的审查期间或调查期间内对下列事项进行适当审查:(1) 交易是由或与任何外国法人进行,并将导致外国对美国企业的控制;(2) 有可靠的证据表明控制该美国企业的外国法人可能采取威胁美国国家安全的行动;(3) 除了《埃克森-弗罗里奥修正案》的相关条款和《国际紧急经济权力法》的部分规定之外的法律规定提供了足够和适当的权力以保护美国国家安全。② 经过 30 天的初审程序,如果委员会决定不进行调查,则整个国家安全审查程序宣告结束,无须再提交总统决定。③

第二,对一个受管辖交易进行审查之后,如果出现以下情况,委员会要对

---

① See 31 C. F. R. § 800.401(f)(2008).
② See 31 C. F. R. § 800.501(a)(b)(2008).
③ See 31 C. F. R. § 800.502(2008).

该受管辖交易进行调查:(1)委员会的一个成员认为该交易威胁到美国的国家安全,并且这种威胁没有得到缓解,因此向主席提出调查建议;(2)牵头机构建议且委员会同意进行调查。调查期间为45天,并且必须在规定的30天审查期结束前开始调查。[①]

与其他国家单阶段的审查方式不同,美国采取的是双阶段审查模式,这种模式既协调了各个部门之间的职权,缓解了它们之间的矛盾,又确保对威胁国家安全的并购进行全面审查。我国在建立国家安全审查制度时可考虑借鉴这一模式的优势。

(四)缓和措施、跟踪、后续监督

缓和措施制度在2007年FINSA中得到了立法确认。其主要内容是,委员会或代表委员会的牵头机构可以与并购交易的任何当事方谈判,签订缓和协议或对相关交易设定限制性条件,并对这些协议或条件予以强制执行,以减轻并购交易对美国国家安全构成的任何威胁。缓和措施以进行风险分析为基础,其执行部门为非情报部门。

在委员会完成审查或调查之前,交易的当事方撤回并购交易书面通知的,委员会可视情况设定临时保护措施,以便在重新提交有关交易的通知时以及总统采取进一步行动之前,解决在该交易的审查或调查过程中所发现的具体国家安全隐患;或建立一套跟踪程序,以便在重新提交通知之前,针对交易任何一方就该交易可能采取的任何行动进行跟踪。跟踪调查和临时保护措施是根据具体情形不同所设定的保护国家安全的两项程序。

牵头机构在就并购交易签订缓和协议或设定限制性条件后,须定期向委员会提交有关缓和协议或限制性条件方面的任何重大修改报告,并向美国国家情报总监、司法部部长以及与此类修改可能有重大利害关系的其他联邦部门或机构进行报告。另外,委员会也应对并购交易所涉及的任何缓和协议或限制性条件指定合规性的评估方法,以确保委员会的充分合规性。这两种后续监督的方法体现了美国在国家安全审查制度设计上的完善性。

(五)法律责任条款

《2008年条例》将民事处罚作为安全审查的事后救济程序。任何人出现

[①] See 31 C.F.R. § 800.503(a)、505(a)、506(a)(2008).

以下两种情况,将受到民事罚款:"(a)故意或重大过失,提交虚假陈述,作出虚假证明;(b)故意或重大过失,违反根据法律与美国达成的实质性协议,或违反与美国达成的一致性条款。"但是,应当明确,美国仅针对实质性违法行为进行民事处罚。

作出处罚决定的机构是委员会,它依据缓和协议中确定的清算损失和实际损失确定罚款。其中,清算损失由委员会根据违反协议给国家安全带来损害的合理估计进行计算。被处罚方在收到处罚通知后一定时期内,可以向常务主席提交书面上诉,进行辩护、论证和解释。

六、美国国家安全审查制度之评价

(一)维护国家安全与吸引外资之间的平衡

从上文对美国国家安全审查制度实体和程序的具体阐述可知,美国在不断地扩大国家安全审查范围的同时,也使得审查对象具有不确定性;CFIUS在认定某个并购行为是否威胁国家安全时,被赋予自由裁量权。这正如美国智库彼得森国际经济研究所所长亚当·波森在一次讲话中所指出的:"美国应让国家安全审查制度更加透明,解决投资所面临的不确定性。由于威胁国家安全在跨国投资审查中是一个比较难界定和衡量的模糊地带,因此美国国会应当通过与外资监管相关的法律授予总统和外国投资委员会一定的自由裁量权。"

根据国际经济法中的国民待遇原则,投资者有权利要求平等待遇。美国在对待投资者时,不应采取国家保护主义,滥用自由裁量权;与此同时,应给予国外投资者与国内企业平等的竞争环境和法律保护。

(二)CFIUS的相对独立性

美国国家安全审查制度的一大特色是保留并限制总统的最终决定权。总统的最终决定权最先设定在《埃克森-弗罗里奥修正案》中,并延续到2007年FINSA中。但是,FINSA规定,CFIUS只有在调查后不能就审查结果达成一致意见与提请总统作最后决定这两种情形下才能向总统报告和提建议。在罗尔斯公司(Ralls)诉美国外国投资委员会(CFIUS)案中,奥巴马总统直接颁布总统令认定Ralls的并购行为威胁到美国的国家安全就是在行使总统的最终决定权。另外,国家安全审查制度本身带有严重的行政色彩。比如,CFIUS 的成员中很多是行政部门部长,这必然导致机构行使职权受到行政权力的阻拦。由此可见,行政权力是 CFIUS 独立行使职权的重大障碍。

(三)国会的政治监督

纵观美国的外资并购国家安全审查制度,不管是最初的《埃克森-弗罗里奥修正案》,还是之后的《伯德修正案》,或者是 2007 年 FINSA,都体现了国会对外资活动的政治监督。回顾美国国家安全审查史上的著名案例,中海油并购优尼科案首先在国会引起了非常不良的反响,此后国会中便出现了修改《埃克森-弗罗里奥修正案》的呼声。这些提议旨在扩大国会对 CFIUS 审查过程的监督,以及增加 CFIUS 在进行外资并购国家安全审查时应当考虑的因素。[①] 迪拜世界港口公司案再次巩固了美国国会在 CFIUS 审查中的地位,促使国会着手准备对《埃克森-弗罗里奥修正案》进行修改,并扩大对国家安全的解释。在美国外资并购国家安全审查制度中之所以会出现法律问题政治化,一个很重要的原因便是"国家安全"范围的不确定性。

七、美国国家安全审查案例

(一)Aixtron 收购案[②]

2016 年 12 月 2 日,美国财政部发布了《总统关于 Aixtron SE 美国业务的决定的声明》。该声明称:总统颁布了一项命令,禁止中国宏芯投资基金和某些直接股东、间接股东(购买者)收购 Aixtron SE(以下简称"Aixtron")的美国业务。该命令指示购买者和 Aixtron 采取所有必要的步骤,以充分和永久地放弃拟议收购 Aixtron 的美国业务。

美国财政部在声明中认定,德国有限责任公司 Grand Chip 是中国投资者拥有的、为这项交易设立的专用投资工具,其一部分股权由中国政府拥有。Aixtron 是一家公开上市的公司,总部设在德国,为全球半导体工业制造设备生产者,产品包括用于构建复合半导体材料的金属有机化学气相沉积

[①] See Richard Shelby, Foreign Investment and National Security Act of 2006, S. REP. No. 109-264(2nd Sess. 2006).

[②] See Statement on the President's Decision Regarding the U. S. Business of Aixtron SE, https://www.treasury.gov/press-center/press-releases/Pages/jl0679.aspx, visited on 2018-6-15.

(MOCVD)系统。Aixtron 的美国业务包括其全资子公司 Aixtron 公司的相关业务,总部设在加利福尼亚。此次收购是由中国 IC 产业投资基金资助的,这是为促进中国集成电路产业的发展而设立的、获中国政府支持的工业投资基金。

美国财政部指出,总统根据 2007 年《外国投资与国家安全法》对 1950 年《国防生产法》第 721 节的修正,发出收购禁令。第 721 节授权总统可暂停或禁止外国企业对美国企业的某些收购,如其确信有可靠的证据证明外国行使控制权可能威胁到美国国家安全。总统酌情考虑了第 721(f)节中描述的因素,以及 CFIUS 在与交易各方广泛接触后提出的建议,发出禁止这项交易的命令。CFIUS 和总统评估这项交易对美国国家安全构成威胁,不能通过缓和措施予以解决。这项交易所带来的国家安全风险涉及作为半导体制造设备、技术的生产者和创新者的 Aixtron 的总体技术知识和经验的军事应用,以及 Aixtron 的美国业务对技术知识和经验的贡献。

（二）Lattice 收购案[①]

2017 年 9 月 13 日,美国总统特朗普签署行政令,禁止私募基金管理公司 Canyon Bridge 以 13 亿美元的价格收购 Lattice 半导体公司的交易。Lattice 收购案是美国历史上总统第四次以国家安全原因禁止一项交易。特朗普下达指令,要求买卖双方在未来 30 天内,完成所有必要的步骤,以完全、永久性地放弃收购案。

目标公司 Lattice 半导体公司是一家位于俄勒冈州希尔斯伯勒市的芯片制造商,主要制造用于特定用途(如机动车、计算机和移动电话)的可编程逻辑芯片。Canyon Bridge 是一家总部位于加利福尼亚州帕罗奥多市、具有中国

[①] 参见张劲松、高玮、潘正怡:《从特朗普否决 Lattice 收购案看美国国家安全审查(CFIUS)的新趋势》,http://www.kwm.com/zh/cn/knowledge/insights/trump-blocks-his-first-cfius-deal-what-can-we-learn-from-it-20171011,2018 年 6 月 28 日访问;《美国叫停中国资本收购芯片制造商 Lattice》,载《21 世纪经济报道》2017 年 9 月 14 日。See also Statement on the President's Decision Regarding Lattice Semiconductor Corporation, https://www.treasury.gov/press-center/press-releases/Pages/sm0157.aspx, visited on 2018-6-29; Order Regarding the Proposed Acquisition of Lattice Semiconductor Corporation by China Venture Capital Fund Corporation Limited, https://www.whitehouse.gov/presidential-actions/order-regarding-proposed-acquisition-lattice-semiconductor-corporation-china-venture-capital-fund-corporation-limited/, visited on 2018-7-1.

背景的私募基金管理公司。鉴于CFIUS的审查日益严格，中国投资者为避免进行直接投资，在美国注册了这家公司，通过该公司进行交易。两位美国公民作为该公司的普通合伙人，管理公司的主要运营活动，中国投资者仅作为其有限合伙人。通过该交易结构，中国投资者希望表明买方Canyon Bridge是一家美国公司，由美国公民独立运营管理，中国投资者控制的子公司只作为Canyon Bridge管理的一支基金的有限合伙人，只是一个拥有财务管理权的"消极"投资者。

2016年11月3日，Lattice公告了这项交易。12月28日，双方共同向CFIUS提交了第一次申请。这项交易公布后一个月左右，22名众议院两党议员联合向当时的财政部部长雅各布·卢提交了一封信，反对这项交易，称它将扰乱美国军方供应链，并可能导致美国许多关键国防项目依赖外国科技供应商。2017年9月1日，Lattice在其向美国证券交易监督委员会（SEC）提交的文件中披露，交易双方未能消除CFIUS对这项交易的国家安全顾虑，尽管它们已经向CFIUS提出了一份迄今为止半导体行业涉外交易中最全面的缓解国家安全顾虑的提案，但是CFIUS仍旧未能与交易双方达成一致。CFIUS建议总统拒绝批准这项交易。特朗普接受了CFIUS的建议，签署命令禁止这项交易。在随后发布的白宫新闻稿中，发言人称这项交易的国家安全顾虑主要基于四个理由：将知识产权潜在转移给外国收购者、中国政府对此交易的支持、半导体供应链完整对于美国政府的重要性以及美国政府对Lattice产品的使用。

这个结果表明，无论收购方如何设计交易结构，CFIUS最终还是会追踪到实际控制人及其关联方，并据此决定目标公司在交易完成后是否会被外国人（或组织）控制。这意味着，无论是"有限合伙人"，还是美国公民管理的美国私募股权收购基金，都无法有效避开CFIUS的审查，CFIUS会仔细研究每个股东对收购的出资、对目标公司控制的权利和义务以及收购方最终控制人的身份和资金的来源。

(三) 高通收购案①

2018年3月12日,美国总统特朗普颁布总统令,以威胁国家安全为由,叫停新加坡半导体商博通公司收购美国高通公司。特朗普是在CFIUS的建议下签署此项命令的。这是他上任以来第二次阻挠外资收购美国公司的交易,是美国历史上第五次总统叫停外资收购案,也是美国政府历史上首次在交易未达成的阶段介入调查并阻挠收购。

2017年11月6日,新加坡博通公司以1300亿美元要约收购美国高通公司全部流通股。博通公司是全球排名第五的半导体公司,由新加坡安华高(Avago)和美国博通(Broadcom)于2016年并购整合组成,以生产有线网络、无线WiFi、存储等领域的芯片为主。高通公司为全球第三大半导体公司,以生产高端手机芯片知名。近年来,高通公司在5G通信领域取得了领先的技术水平。若交易达成,合并后的新公司将成为名列英特尔和三星之后的全球第三大半导体公司。

2017年11月13日,高通公司以价格低、反垄断审查面临不确定性为由拒绝了博通公司的收购。此后,博通公司发起敌意收购:一方面,作为高通公司小股东的博通公司,向高通公司和美国SEC提交文件,提名多名高通公司新董事会候选人,在原定于2018年3月6日举行的年度股东大会上审议,争夺高通公司控制权;另一方面,博通公司在2018年2月提价至1460亿美元,再次向高通公司发起收购要约,又遭拒绝。

2018年2月14日和23日,博通公司与高通公司举行了两次面谈。此间,高通公司抓住反垄断审查这一关键点,主动将尚未完成审查流程的、2016年年底高通公司收购荷兰恩智浦公司的交易总价从380美元提升至440亿美元,为收购的反垄断审查设阻。此举激起博通公司的不满,博通公司下调对高通公司的收购报价至1420亿美元。2月26日,高通公司的态度突然反转,表示愿意被博通公司收购,要求博通公司提价至1600亿美元。博通公司指责

---

① See Presidential Order Regarding the Proposed Takeover of Qualcomm Incorporated by Broadcom Limited, https://www.whitehouse.gov/presidential-actions/presidential-order-regarding-proposed-takeover-qualcomm-incorporated-broadcom-limited, visited on 2018-7-1.另参见孙文婧:《特朗普叫停购高通 上任以来第二次阻挠外资收购美国公司》,http://news.online.sh.cn/news/gb/content/2018-03/13/content_8812594.htm,2018年7月1日访问。

高通公司缺乏收购谈判的诚意。至3月5日即高通公司股东大会前一日,博通公司未再给出新的收购报价。

为了阻挡博通公司恶意收购,高通公司于2018年1月29日秘密向CFIUS提交了一份文件,请求CFIUS就博通公司收购案展开调查。3月5日,CFIUS颁布命令,要求高通公司将原定于3月6日举行的股东大会延期30天,以便CFIUS对这起新加坡公司收购美国芯片商的交易展开调查,判断其是否可能威胁美国国家安全。据英国《金融时报》报道,2018年3月初,美国国家安全委员会曾发布一封公开信,反对博通公司收购高通公司的交易,称该交易可能导致美国在关键的5G技术上落后于他国,而5G技术对于发展智慧城市和自动驾驶等基于物联网的目标至关重要。高通公司的长期技术竞争力和在标准制定方面的影响力下降,将显著影响美国国家安全。

博通公司原打算2018年5月将公司总部从新加坡搬到美国,以更好地规避美国政府对收购的审查。随后,CFIUS通知博通公司,不得随意采取行动将总部迁往美国,不管采取任何措施,都要提前5个工作日通知CFIUS。同时,CFIUS在一封信件中称,博通公司所采取的一系列措施违反了CFIUS一周前发出的临时命令。

CFIUS还称,已经对该交易进行调查,并确认博通公司收购高通公司存在与国家安全相关的威胁;"由于没有信息改变CFIUS对该交易会构成国家安全相关风险的评估,CFIUS将考虑采取进一步行动,包括但不限于将该交易提交给总统进行裁决"。

特朗普根据CFIUS的建议,发布了行政命令,禁止博通公司收购高通公司。他表示,有可信的证据让其相信,根据新加坡法律组建的博通公司通过对总部位于特拉华州的高通公司行使控制权,可能会采取损害美国国家安全的行动,因此将从国家安全的角度考虑,禁止博通公司收购高通公司的任何计划。这两家公司都被命令即刻放弃这一拟议中的交易。2018年2月20日,博通公司向美国SEC提交了15名董事候选人名单。特朗普发布的行政命令还取消了这些候选人作为高通公司董事的竞选资格,禁止高通公司接受任何候选人的提名或投票。

八、对完善我国国家安全审查制度的启示

我国对外资并购国家安全审查制度的构建比较缓慢。2011年2月3日发布的《国务院办公厅关于建立外国投资者并购境内企业安全审查制度的通知》,对外资并购安全审查范围、内容、工作机制及审查程序等作出详细的规定,标志着我国外资并购国家安全审查制度得以正式建立。但是,其规定过于模糊、僵化,可操作性不强。同时,该通知的立法层级较低,执行力也较弱。2015年《外国投资法(草案征求意见稿)》的公布,预示着国家安全审查制度将在立法上得到确认,有望填补一直以来存在的法律空缺。但是,在具体实践中,还是会遇到诸如何认定审查对象、确定审查机构组成、规范审查机关的具体职能和权限等一系列问题。为此,在构建我国的国家安全审查体系时,除了借鉴美国的相关制度之外,还必须提高立法层级,综合考虑立法、实践等多方面因素。

2007年9月,华为携手美国贝恩资本公司(Bain Capital,以下简称"贝恩资本"),计划斥资22亿美元全面收购美国因特网设备提供商美国数据通信公司(以下简称"3COM")。按照并购计划,贝恩资本将持股83.5%,华为将持股16.5%。上述并购消息一经公布便立即招来美国国内的一片反对之声。为保证交易的顺利进行,并购双方被迫作出调整,但是CFIUS依然顾虑重重。① 2008年2月20日,3COM、贝恩资本和华为迫于无奈,宣布撤回此前提交给CFIUS的并购交易审查申请,这笔历时近半年的交易最终以失败告终。② 2012年10月9日,美国众议院情报委员会在经过近一年的"调查"后公布了一份报告,认为华为与中兴两家中国公司对美国电信设备市场的影响会损害美国核心安全利益,因此建议禁止涉及华为和中兴的并购活动,并要求美国网络提供商或系统开发商在华为和中兴之外另寻供应商等。其后,该委

---

① 参见刘恩:《跨国并购中的国家安全审查》,http://www.splf.com.cn/news.asp?id=452&anclassid=1&nclassid=2,2018年3月16日访问。

② 参见于永刚:《美国外资并购国家安全审查法律制度探析——兼论我国相关法律制度的构建》,华东政法大学2009年硕士学位论文。

员会又于10月中旬正式启动了对华为和中兴两家公司的第二轮调查。①2004年年末,联想集团并购IBM个人电脑业务,3名共和党议员以"让中国获得先进技术危及美国国家安全""破坏产业基础"等理由,要求CFIUS对该并购案进行调查。IBM对政府作了多方解释和承诺,并把其中一个实验室剥离。最后,联想集团只得到IBM的生产、销售和服务网络,IBM在美国政府采购中也遭到越来越多的歧视。

华为和中兴在美投资并购受阻等案例警示我们,应当重新审视美国国家安全审查制度。的确,美国国家安全审查制度体系中的司法审查部分、典型案例中的程序审查行为等吸引了我们的注意力。但是,由于各个国家对"国家安全"一直没有作出明确的界定,容易导致国家安全审查范围的肆意扩大。比如,美国众议院情报委员会在对华为和中兴引发的美国国家安全问题的调查报告中,就把政治审查也纳入国家安全审查的范围。不难看出,美国国家安全审查制度的先进性固然是我国构建国家安全审查体系要借鉴的,但是两国有着不同的法律制度,各自经济发展的历史背景以及规则体系形成的进程也不同。因此,我国在对美国国家安全审查制度进行借鉴时,不能仅仅是对静态法条的移植,更要注重规则的可适用性。

(一)提高国家安全审查制度的立法层级

美国在1988年颁布的《埃克森-弗罗里奥修正案》中通过立法确定了国家安全审查制度。尽管之后对国家安全审查条款不断进行修改、完善,但是立法上的权威性给予美国在进行安全审查时的话语权。反观我国,国家安全审查制度建立较晚,立法层级较低。国务院办公厅在2015年印发的《自由贸易试验区外商投资国家安全审查试行办法》中,对自贸区范围内的外商投资行为作出约束性的规定。这一区内安全审查似乎是对我国外商投资国家安全审查制度的细化。但是,由于我国的外国投资法尚未通过,这些规定并不能从宏观角度对国家安全审查制度进行系统的规定。由此可见,没有立法的指导,行政规范性文件会如雨后春笋般出现,却也会造成法律资源的浪费,出现相关规定朝令夕改的现象。

---

① 参见孙海泳:《华为中兴在美遇挫的多重原因》,http://finance.sina.com.cn/review/jcgc/20130109/142314233257.shtml,2018年3月16日访问。

目前,我国在不断地扩大开放,吸引外资,制定一部有关外商投资国家安全审查的法律势在必行。在立法模式上,我国可以借鉴美国的专门立法模式,即有一套有关外资国家安全审查的法律,并辅之以具体的实施细则。此种立法模式是符合我国立法习惯的。可以说,如果外国投资法能够顺利通过,那么该法将填补一直以来国家安全审查制度在我国立法上的空白,形成统一规范的国家安全审查制度。

(二) 健全安全审查机构和决策机制

2011年《国务院办公厅关于建立外国投资者并购境内企业安全审查制度的通知》规定,投资者先向商务部提出请求,商务部在初步审定后再向部际联席会议(以下简称"联席会议")提出建议。联席会议具体承担我国的外资并购安全审查工作。但是,联席会议是一个非常设的机构,其行政色彩浓厚,组成人员不确定,职权模糊。2015年《外国投资法(草案征求意见稿)》也未对联席会议的性质、职权作出明确规定。另外,《国务院办公厅关于建立外国投资者并购境内企业安全审查制度的通知》将"意见基本一致的,由联席会议提出审查意见;存在重大分歧的,由联席会议报请国务院决定"作为决策依据,给予行政部门极大的自由裁量权,完全有可能导致联席会议把审查决策权转移给行政部门。由此可见,我国的安全审查机构和决策机制存在较多的问题,势必会影响国家安全审查制度的建立。

美国的国家安全审查机构主要为CFIUS,其审查人员来自几大常设机构和其他相关机构,在涉及具体案件时,可能又会加入其他部门。在处理具体案件时,有一个牵头机构,协调各个组成人员间的分工,提高审查效率。在决策机制上,委员会进行初步审查,向总统提出建议,由国会进行监督。我国在国家安全审查机构的构建上,可以仿效美国,明确审查机构的组成人员,在具体案件上规定一个牵头机构,防止部门之间的推诿;在决策机制上,也可以通过联席会议进行初步审查,规定具体的检查和审查标准,增加行政权力和人民权利的监督。

(三) 健全限制性条件和柔性缓和措施

附加限制性条件的制度广受世界上一些国家的欢迎,如美国、俄罗斯、澳大利亚、英国等都有相关和类似的立法。《外国投资法(草案征求意见稿)》增加了附加限制性条件的规定,将其作为避免危害国家安全风险的柔性缓和措施,这将是我国国家安全审查制度中的一大进步。但是,"坐而论道"式的立法似乎给国家安全审查程序留下了很多可以完善的空间。

美国建立了一系列相辅相成、相互配合的柔性缓和措施,如审查前的非正式磋商程序、缓和措施、跟踪状况、后续监督以及强制执行等;同时,又将柔性缓和措施贯穿于审查前、审查中、审查后的监督。这对我国有着极大的借鉴意义。但是,应当明确,我国在借鉴这些做法的同时,要结合本国的实际情况,不能全盘吸收,将某项制度单纯地"摘抄复制"。正如波斯纳所指出的,"财富最大化目标"应教导人如何透过法律制度的设计,对社会资源做最有效的运用,避免资源的浪费,并产出最大的财富。因此,我国可以在理顺审查程序的同时,适当增加相应的柔性缓和措施,以完善国家安全审查制度。

第二节　澳大利亚国家安全审查制度

澳大利亚拥有丰富、优质的能源、矿产和海洋资源,作为发达国家,其市场经济体制较为健全,市场总体开放,政策透明度高,法制健全,是全球重要的投资市场之一。2015 年,中澳两国正式签署了《中华人民共和国政府与澳大利亚政府自由贸易协定》,涵盖货物、服务、投资等十几个领域,实现了"全面、高质量和利益平衡"的目标。澳大利亚外资审查委员会发布的数据显示,2013—2014 年,中国首次成为澳大利亚第一大海外投资来源国,中国投资者对澳投资高达 277 亿澳元,超过美国投资者的 175 亿澳元,其中超过 40%(约 124 亿澳元)的投资进入澳大利亚房地产市场。[①] 据中国海关统计,2016 年,中澳双边货物贸易额为 1078 亿美元,中国已连续 8 年成为澳大利亚第一大贸易伙伴、出口市场和进口来源国。同时,澳大利亚已成为中国对外投资的主要目的地之一。据澳方统计,截至 2016 年年末,中国在澳大利亚直接投资存量达 418.8 亿澳元,比 2015 年年末增长 15.7%,为澳大利亚第五大直接投资

[①] 参见中华人民共和国商务部:《中国首次成为澳大利亚第一大海外直接投资来源国》,http://shangwutousu.mofcom.gov.cn/article/ddgk/zwminzu/c/201509/20150901104576.shtml,2017 年 10 月 22 日访问。

来源国。

2016年,澳大利亚GDP增长了2.4%,连续26年保持增长,是经济发展较快的主要发达国家之一。但是,澳大利亚存在经济结构性矛盾,加上"逆全球化"思潮和国内保守势力上升,导致其国内一度出现关于外资特别是中资企业的争议。澳大利亚政府收紧外资审批政策,多次以"国家安全"为由否决中资企业收购案。[①]

一、澳大利亚国家安全审查概述

(一)澳大利亚国家安全审查立法背景

20世纪50年代后期,第二次大规模的移民计划催生了对外国投资的吸引,澳大利亚联邦政府对移民和入境直接投资提供了极为便利的政策条件。但是,开放的外国直接投资政策逐渐引起许多人的反对,澳大利亚工党内外也逐渐出现不同的声音。从1949年到1966年,孟席斯政府基本上保持对外国投资的自由态度,但是问题也逐渐产生。例如,本国的制造业生产商开始担心外国投资和进口竞争对其产业发展产生阻碍的影响,外国投资在一定程度上加剧市场竞争,对其生存构成威胁。到了19世纪60年代末期,联邦政府开始明确表示,欢迎投资,但是需要并希望有助于澳大利亚经济发展、可以为澳大利亚经济带来长期效益的投资。

1967—1972年,澳大利亚联邦政府开始着手限制外国投资,但是陷入两难境地:一方面,采矿业需要外国投资的资金和技术;另一方面,制造业寻求政府保护,希望阻止敌意收购,减少行业竞争。1972年,澳大利亚民间逐步偏向于限制外资,开始联合政府构建相关外资准入的审查制度。澳大利亚1975年颁布了《外资收购与接管法案》(FATA),1989年颁布了《外资收购与接管条例》(FATR),外商投资并购审查制度逐渐构建和完善起来。在此之前,澳大利亚先后通过了1972年《公司(外资收购)法案》、1973年《公司(外资收购)法案》、1974年《公司(外资收购)法案》,作为外资基本法律出台的铺垫与基础。

[①] 参见中华人民共和国商务部:《对外投资合作国别(地区)指南——澳大利亚(2017年版)》,http://fec.mofcom.gov.cn/article/gbdqzn/upload/aodaliya.pdf,2018年4月17日访问。

(二) 澳大利亚国家安全审查法律框架

澳大利亚外资并购审查制度主要由1975年《外资收购与接管法案》、1989年《外资收购与接管条例》以及澳大利亚政府颁布的其他外资政策构成。

其中,《外资收购与接管法案》是最重要的一部基础性法律,包含澳大利亚外资并购审查制度的审查机构、审查对象、审查范围、审查标准和法律后果等核心内容,它的颁布标志着澳大利亚外资并购审查制度的建立,是澳大利亚从国家利益角度对外资并购活动进行审查的开端。其后,依据《外资收购与接管法案》的授权,澳大利亚政府于1989年颁布了作为其辅助与补充并与之配套的《外资收购与接管条例》。《外资收购与接管条例》实质上是《外资收购与接管法案》的实施细则,为外国投资审查委员会提供具体的法律指导。澳大利亚政府颁布的其他外资政策主要指澳大利亚国库部部长以及外国投资审查委员会等发布的政策文件与声明。其中,比较重要的是《澳大利亚的外国投资政策》(Australia's Foreign Investment Policy,以下简称《外国投资政策》)这一法律文件,由澳大利亚外国投资审查委员会颁布,主要是对外资法及外资条例内容的解释以及具体规定。另外,《外资收购与接管法案》与《外资收购与接管条例》自颁布至今已作多次修订,作为外资并购审查制度的基础性法律发挥了重要的作用。

(三) 澳大利亚国家安全审查制度修订

随着国内外政治、经济形势的变化,澳大利亚对其外资并购国家安全审查制度进行了多次修订。修订的主要目的是,改善外资投入的质量,吸引优质外资,有效利用外资,从根本上促进澳大利亚的经济增长。就拿1975年颁布实施的《外资收购与接管法案》来说,迄今已经修改了十余次,其中经历了三次大的变化:

第一次是在20世纪80年代,由于澳大利亚收紧了外资并购审查制度,大量外资不得进入,从而使澳大利亚遭受了历史上较大的一次经济衰退,加上还背负着国际公共债务,导致澳大利亚国内经济局势面临危机。在这种形势下,澳大利亚政府开始减少对外国直接投资的干预。1985年,澳大利亚政府废除了1975年《外资收购与接管法案》中关于外资并购审查中的机会审核。机会审核是指外国投资者要证明其在购买一项资产时,澳大利亚人拥有同样的购买机会。此次修改还将"大量收益"要求调整为"净收益"要求。1987年,澳大利亚政府进一步取消"净效益"要求,外资并购只要不违背"国家利益"的条件即可,这是外资并购审查制度实施以来最大的一项改革。外资并购政策的调整在经济上的作用立竿见影,1987年澳大利亚外商投资较上一年增长了一倍多。

第二、三次是2010年和2012年的两次修订。随着地区金融国际化的发展,更具复杂性和隐蔽性的金融工具在投资领域得以广泛应用,原有的法律很难对这些新的投资工具进行统一的规制。因此,澳大利亚政府围绕上述问题,对1975年《外资收购与接管法案》及其相关实施细则进行了两次大规模的修订,不断完善国家安全的考量因素和对政府及相关投资实体的规定,将新的投资工具纳入法律规制之中,从诸多方面提高了国家安全审查标准,增强了国家安全审查力度。① 修订的主要内容涉及安全审查权益范围的扩展,包括增加了"潜在表决权""未来权益""股份权益"等多个概念,以及对"重大权益"和"累计重大权益"的范围作了进一步的扩展。这些修订细化了申报制度的审查标准,使外资并购强制申报制度逐步趋于完善。

二、澳大利亚国家安全审查主体

澳大利亚国家安全审查主体主要由三个机构组成:澳大利亚联邦政府中负责经济和财政事务的国库部、国库部下属机构外国投资和贸易政策司以及非法定特设机构外国投资审查委员会。

澳大利亚国库部的主要职能是,制定具体、可操作的外国投资政策,对外国投资和贸易政策司呈递的待审查外资项目进行审批。另外,1975年《外资收购与接管法案》第18条规定,澳大利亚国库部部长或其代表(通常为副部长)负责审查外国投资。② 国库部部长享有外国投资项目的最终审批权,并最终判定外国投资项目是否违背澳大利亚的国家利益。如果国库部部长认为一项外国投资有损于澳大利亚的国家利益,可以禁止该项投资或附加修改条

---

① 参见张庆麟、刘艳:《澳大利亚外资并购国家安全审查制度的新发展》,载《法学评论》2012年第4期。
② 参见张薇:《澳大利亚外资审查法律制度及应对建议》,载《国际经济合作》2011年第2期。

件后批准。

外国投资和贸易政策司是国库部的一个下属机构,其主要职能是向国库部部长提供处理外国投资的建议,并作为外国投资审查委员会的秘书处开展日常工作。外国投资和贸易政策司的投资审查处还承担对外资并购计划的初步审查,内容主要涉及外国投资项目是否符合1975年《外资收购与接管法案》和国内相关投资政策的要求。

澳大利亚外国投资审查委员会(Foreign Investment Review Board, FIRB)成立于1976年,其职能主要有:对提交审查的外国投资计划,根据相关外国投资政策、1975年《外资收购与接管法案》及其辅助规范进行审查,在外国投资和贸易政策司对外资并购计划进行初步审查时,也会视被审查对象的情况决定是否参加审查,并向国库部部长提交审查意见;就政府的外国投资政策和相关法律的实施向国库部部长提供咨询;为外国投资者提供澳大利亚投资政策和1975年《外资收购与接管法案》的相关指导,并促进国内外对澳大利亚投资政策和1975年《外资收购与接管法案》的了解等;监督和确保外国投资政策和相关法律得到遵守;就外国投资政策和相关事务向国库部部长提供建议。① FIRB由三名兼职委员和一名执行委员组成,委员都由国库部部长直接任命。FIRB在整个外资并购审查中是一个比较核心的机构。虽然国库部部长享有外国投资项目的最终审批权,但是其对于外国投资项目的决定之主要依据来源于FIRB的建议和意见。因此,FIRB对外国投资项目审批的最终决定具有重要的影响作用。②

三、澳大利亚国家安全审查范围的界定

澳大利亚国家安全审查范围即审查要素的界定可以概括地分为以下两个方面:对投资主体的界定、对投资领域(部门清单)和控制规模的界定。

(一)对投资主体的界定

投资主体,是指需要向FIRB提交并购计划申请的投资者。根据2015年

---

① 参见澳大利亚外国投资委员会官网,https://firb.gov.au/about/,2018年4月19日访问。
② 参见吴汉洪、贾炳军:《澳大利亚外国投资国家安全审查制度及应对策略》,载《徐州工程学院学报(社会科学版)》2014年第4期。

《外国投资政策》,需要向 FIRB 提交并购计划申请的投资主体包括两大类,即外国政府投资者和私人外国投资者。其中,私人外国投资者所作投资又分为三大类,包括商业机构收购、农业(农村土地)投资、房地产投资。由于外国政府投资者所有者权益的特殊性,基于其投资的政治、战略目的等非商业考量,近年来,澳大利亚逐渐重视外国政府投资者这一主体,并把外国政府投资作为国家安全审查的主要考虑因素。

外国政府投资者由于有政府作为支撑,因此一般拥有雄厚的财力,一旦由其过度控制能源资源产业、土地产权,会影响国家经济安全及产业安全,破坏整个产业的竞争环境,甚至对整个国家的经济环境造成威胁。因此,澳大利亚政府特别关注与外国政府相关的外国投资项目。尽管《外资收购与接管法案》并未禁止外国政府及其实体进行投资,但是如果外国政府出于政治或战略意图进行投资,就是违反澳大利亚国家利益的行为。因此,澳大利亚对于外国政府投资者及其机构的投资项目,一般不看其投资权益规模的大小,而直接强制其申报,并对其实施严格的审查程序,从而判断其投资目的以及投资者是否独立于外国政府进行运营等。

《外资收购与接管法案》于 2004 年修订时,对外国政府投资者进行了明确的定义:(1) 外国国家政治实体;(2) 构成外国国家某部分的政治实体;(3) 以上两者中实体的一部分;(4) 以上提到的实体所控制的实体。

另外,FIRB 的外资政策对上述表述进行了更为详细的描述,即外国政府投资者具体包括四种情形:一是外国政府;二是来自一个外国的政府、机构或相关实体对其合计拥有 15% 或以上权益(包括直接和非直接的权益)的实体;三是来自多个外国的政府、机构或相关实体对其合计拥有 40% 或以上权益(包括直接和非直接的权益)的实体;四是由外国的政府、机构或相关实体即任何联合体控制的实体,或者被以上机构作为一个控制集团控制的实体。

2008 年 2 月 17 日,澳大利亚国库部部长韦恩·斯旺提出了增加外国投资审查管理体制透明度的两项原则,即对外国政府关联投资的审查原则和对外国政府投资申请的指导原则。这两项原则以个案为基础,提出了审查外国政府或其机构投资是否符合澳大利亚的国家利益时需要考虑的因素。

关于对外国政府投资申请的指导原则,相关文件又列举了六个方面的审查标准,以判断外国国有企业或主权财富基金的投资项目是否符合澳大利亚的国家利益:(1)投资者的运作是否独立于外国政府,考虑投资者是否受制于外国政府而无法独立运作;(2)投资者是否遵循法律原则和通行的商业行为准则,了解投资者的投资项目是否具有明确的商业目的,是否能够对其进行充分透明的规范和监督;(3)投资是否会抑制市场竞争或导致相关行业和领域产生不合理的集中或控制;(4)投资是否可能妨碍澳大利亚政府的税收和其他政策;(5)投资是否可能妨害国家安全;(6)投资是否可能妨碍澳大利亚商业运营和发展及其在经济社会中的作用。

  以上审查标准付诸实施后的影响是深远的,最直接的影响是对来自其他国家的政府实体投资进行更高标准的审查。由于国有投资与一般私人投资相比具有非透明化运作和非商业性特征,因此澳大利亚政府更关注并购计划的商业性目标和公司治理,以及对市场竞争、社会和经济带来的公共利益的影响。①

  在 2015 年由 FIRB 发布的《外国投资政策》中,不再使用上述六个方面的审查标准,而是采取一种更为概括和抽象的审查标准,即如果某一提案涉及外国政府投资者,澳大利亚政府还会考虑该投资是否具有商业性质,或者投资者是否可能寻求有违澳大利亚国家利益的更广泛的政治或战略目标。这就包括评估潜在投资者的治理结构是否有利于外国政府获得实际或潜在控制权。如果潜在投资者并非完全由外国政府控股,澳大利亚政府会考虑其中任何非政府权益的规模、性质和构成,包括对非政府股权持有者权利的任何限制规定。对于并非在完全公平的交易关系和商业基础上经营的外国政府投资者的提案,澳大利亚政府会进行仔细审查。另外,该政策文件还规定了一些缓和措施以对此类案件进行判断,其中包括:投资者中是否存在外部合作伙伴或股东、非关联所有权权益水平、有关投资的治理安排、保护澳大利亚国家利益不受非商业交易影响的长期安排以及投资目标是否将在或继续在澳大利亚证券交易所(Australian Securities Exchange, ASX)或其他得到认可的交易所上市等。在考虑该提案是否有违国家利益时,澳大利亚政府还要

---

① 参见张庆麟、刘艳:《澳大利亚外资并购国家安全审查制度的新发展》,载《法学评论》2012 年第 4 期。

考虑此类投资的规模、重要性和潜在影响。① 缓和措施最初是外国投资审查委员会在对中国矿业并购进行审查时使用的,对中国矿业并购进行附加一定条件的审核。澳大利亚政府这样做,是希望建立和保持与外国投资者的合作关系,在避免不适当地干预投资企业治理结构的同时,能够使投资者承担一些社会责任。②

(二)对投资领域(部门清单)和控制规模的界定

一般来说,外资并购国家安全审查主要依靠部门清单和控制规模两个指标进行识别。澳大利亚的国家安全审查制度按照《外资收购与接管法案》中规定的"重大商业利益标准"③,判断外资并购项目是否会影响国家利益。此标准要考虑并购所在领域是否为敏感领域以及并购权益的规模大小。

澳大利亚外资并购所采用的控制规模考虑了并购权益比例和投资项目数额价值两个标准。其中,并购权益比例这一标准通过"直接投资"和"重大权益"两种方式进行规制。直接投资,是指投资份额达到一家公司10%或以上权益的投资。特别值得注意的是,外国政府投资者在澳大利亚的直接投资必须申报,无论投资价值为多少。另外,如果外国政府投资者在目标企业中设置策略性股份,或者可以利用该项投资影响或控制目标企业,即使投资权益少于10%,也被视为直接投资,需要考虑的因素包括:享有优先的、特殊的或者否决的投票权,有任命董事或资产管理人的权力,存在借贷协议、提供服务、购销协议等,以及在目标实体中建立或维持一种策略性或长期关系。

公司层面的重大权益,是指外国投资者持有一家公司15%或以上或者多位外国投资者持有40%或以上的已发行股份,或者股份发生转变时持有相应比例的投票权或潜在投票权。信托层面的重大权益,是指外国投资者持有信托机构的收入或资金15%或以上,或者多位外国投资者持有40%或以上的收益权益。

---

① 参见2015年FIRB发布的《外国投资政策》中关于"外国政府投资者"的定义。
② See 11th Roundtable on Freedom of Investment, National Security and "Strategic" Industries, Paris, France, October 2009, http://www.oecd.org/dataoecd/22/32/44029101.pdf, visited on 2018-3-2.
③ 参见张庆麟、刘艳:《澳大利亚外资并购国家安全审查制度的新发展》,载《法学评论》2012年第4期。

关于投资项目数额价值的申报起点,每年都是不同的,具体还要参考每个年度发布的货币限额。例如,根据 2013 年的《外国投资政策》,外籍人员在收购价值超过 2.48 亿澳元的澳大利亚企业或公司的重大或者具有控制性的权益之前,必须通报澳大利亚政府并获得预先批准。若有意收购一境外公司的重大权益,而该境外公司在澳大利亚的分公司或总资产价值超过 2.48 亿澳元,则也需要向政府通报。根据 2015 年的《外国投资政策》,对于澳大利亚商业机构或者离岸公司的实质权益或者管理权的投资限额为 2.52 亿澳元。另外,根据澳大利亚的自由贸易协议,美国、新西兰等国家在澳大利亚进行投资时,享有较高的资金限额标准,2013 年为 10.78 亿澳元,2015 年为 10.94 亿澳元。[①] 但是,如果投资于指定的敏感产业,那么这些国家的此类投资将适用 2.52 亿澳元的限额。另外,对于计算机行业[②]、媒体行业[③]以及其他敏感产业,如果存在特别法单独进行规制的行业限制,则应当以特别法的规定为准。例如,银行业的外国所有权必须符合 1959 年《银行业条例》、1998 年《金融业(控股)条例》以及银行业政策。

FIRB《外国投资政策》中的指定敏感产业,是指媒体、电信、交通(包括机场、港口设施、铁路基础设施、国际及国内航空以及在澳大利亚境内提供或者来往澳大利亚的船运服务)、培训或人力资源的供应,供应给澳大利亚国防军或其他防卫部队的军用物品、设备或技术的生产或供应,可以用作军事目的的货物、设备或技术的生产或供应,与加密和安全技术以及通信系统相关的服务的开发、生产、供应或提供,以及铀或钚的提炼(或者有权提炼)或者操作核设备。[④]

另外,澳大利亚政府在私人外国投资领域划分出两类关键行业,对其控制规模进行了特殊的规制,分别是农业(农村土地)投资和房地产投资,涉及国土安全和土地产权问题。一方面,FIRB《外国投资政策》规定,当外国人(以

---

① 根据澳大利亚自由贸易协议的承诺,10.94 亿澳元的限额适用于指定投资者(智利、日本、韩国、新西兰以及美国投资者)。
② 2015 年 FIRB《外国投资政策》规定,以计算商业机构或公司的价值进行股份收购,需要考虑该公司全部已发行股份或者全部总资产的价值,以较高者为准。
③ 2015 年 FIRB《外国投资政策》规定,所有外国人,包括指定投资者,不论投资价值是多少,均需要呈报政府并获得事先批准,才能投资 5% 或更多于媒体产业。
④ 参见 2015 年 FIRB《外国投资政策》附录二。

及任何合伙人)已经持有的农村土地的累积价值超过或者拟进行的收购完成后可能超过 1500 万澳元时,必须就拟进行的农村土地的权益收购申请获得事先批准。① 另一方面,关于房地产投资,外国人应当呈报政府并获得事先批准,才能收购某些类型房地产的权益。外国人如想购买价值 5500 万澳元或以上的已开发商业类房地产的权益,也需要呈报政府以获得事先批准。②

四、澳大利亚国家安全审查标准

(一)国家安全与国家利益

国家安全是国家的基本利益,是指一个国家处于没有危险的客观状态,即国家既没有外部的威胁和侵害,也没有内部的混乱和疾患的客观状态。③ 国家安全是维持主权国家存在和保障其根本利益的各种要素的总和,它是国家生存和发展的基本前提。这里的国家的"根本利益"不仅仅是指传统意义上的国家政权的存在和领土完整,更多是指在新的国际形势下国家的经济利益、贸易条件保障、关键性资源的获取途径、主导意识形态的存在等。④ 广义上,"国家安全"的概念也可以扩展到国家利益层面。

澳大利亚外国投资审查的标准主要围绕"是否与国家利益相悖"这一命题展开,具体的审查领域主要是资源能源产业、房地产业、农业等。事实上,不管是 1975 年《外资收购与接管法案》还是 1989 年《外资收购与接管条例》,其中都未真正出现"国家安全"的表述,而是以"国家利益"作为判断的标准。同时,二者都没有对"国家利益"这一概念作出明确具体的解释。《外资收购与接管法案》只是规定国库部部长可以禁止那些可能"违背澳大利亚国家利益"的外国投资项目,基于个案决定外资项目是否会违背国家利益,并没有明确列举及界定哪些投资并购行为与国家利益相悖。通过将"国家利益"这个概念进行模糊处理,澳大利亚政府使"国家利益"成为一个灵活多变的范畴。澳大利亚政府逐例审查外国投资提案,并明确表示相比呆板、仓促的审批规

---

① 参见 2015 年 FIRB《外国投资政策》"私人外国投资者——农业/农村土地"条款。
② 参见 2015 年 FIRB《外国投资政策》"私人外国投资者——房地产"条款。
③ 参见刘跃进主编:《国家安全学》,中国政法大学出版社 2004 年版,第 15 页。
④ 参见李群:《外资并购国家安全审查法律制度研究》,西南政法大学 2012 年博士学位论文,第 12 页。

则,更喜欢这种灵活的方法。逐例审查的方法可以尽可能增大投资流量,同时保护澳大利亚的国家利益。①

（二）国家利益的考量因素

根据澳大利亚2015年对外颁布的《外国投资政策》,审查外国投资时,将从五个方面衡量该投资是否符合澳大利亚的国家利益,包括：是否会影响国家安全,是否会导致不正当竞争以及行业垄断,是否会影响澳大利亚其他政策（包括税务、环境等）,是否会对整个国家经济的运行造成影响,以及外国投资者的商业透明度、公司治理状况等。

除此之外,《外国投资政策》还强调,这些因素的相对重要性会因目标企业性质的差异而不同。与对小型企业的投资相比,对拥有大批雇员或占有重大市场份额的企业的投资可能会带来更多的敏感问题。当然,对具有独特资产或者处于敏感行业的小型企业的投资也可能引发顾虑。另外,促进经济活动的投资,如促进生产力或者新技术发展的投资,与起相反作用的投资相比,少有违背国家利益的可能。② 同时,政府也考虑到社会民众对外资拥有某些澳大利亚资产的担忧。通过外国投资审查制度,政府在评估澳大利亚国家利益时能兼顾民众的这些担忧。③

1. 国防安全

国防安全是各国在制定外国投资国家安全审查制度时最关注的一个方面,也是在审查外资并购时重点考察的一个问题。澳大利亚政府会根据外国投资项目考虑其对于保护自身战略和安全利益的能力之影响程度,把国防安全作为国家利益的首要考虑因素。另外,澳大利亚政府在评估某一投资是否会引起国防安全问题时,通常依靠有关国家安全机构的建议,评估该外国投资是否存在危害国防安全的事项。例如,澳大利亚政府曾以危害国防安全为由,禁止中国五矿集团收购澳大利亚奥兹矿产公司位于军事禁区附近的一处铜金矿资产。澳大利亚国防部曾以外资项目位于军事禁区附近可能危害国防安全为由,建议FIRB提议否决武汉钢铁集团对澳大利亚WPG公司的

---

① 参见2015年FIRB《外国投资政策》。
② 参见2015年FIRB《外国投资政策》"国家利益"条款。
③ 参见2015年FIRB《外国投资政策》。

收购。

2. 产业发展安全

为了促进良性竞争,澳大利亚政府希望各行业和领域的所有权具有多样性。澳大利亚政府会考虑拟进行的投资是否有可能造成投资者获得对澳大利亚某一商品或服务的市场定价和生产的控制。"例如,如果一个提案会造成某一产品的投资者获得对该产品的现有澳大利亚生产商,特别是重要生产商的控制,那么政府就会仔细考虑。"①

在考察外资项目对澳大利亚国内竞争环境的影响时,澳大利亚政府采取双重审查体制。② FIRB、澳大利亚竞争与消费者委员会对项目分别进行各自独立的审查。因此,一个外资项目可能通过了竞争与消费者委员会关于国内市场竞争环境的审查,却受阻于 FIRB 的外资审查。例如,中国铝业集团收购力拓集团股份项目在顺利通过竞争与消费者委员会的市场竞争审查后,却被 FIRB 要求延期审查。另外,澳大利亚政府还强调各行业所有权的多元化,关注可能导致投资者控制某一产品或服务的投资,考虑投资对相关行业的影响。

3. 国家经济安全

澳大利亚政府会考虑外国投资对国家经济安全的影响,并对以下几个方面予以关注:一是考虑企业收购后重组计划所带来的影响;二是考虑收购资金的来源及性质;三是考虑在外国投资发生之后,澳大利亚在企业中保持的参与程度;四是考虑雇员、债权人和其他关系人的权益。同时,澳大利亚政府会考虑投资者对于项目的开发程度,并且确保澳大利亚人民获得公平回报。此外,投资者还应符合澳大利亚政府的目标,即在未来继续成为所有消费者值得信赖的供应商。

4. 投资者的品格

投资者的品格主要涉及投资者经营业务的商业透明度以及受到透明监管的程度。此外,政府还会考虑外国投资者如何进行公司治理。若投资者为基金管理公司(包括主权财富基金),政府会考虑其投资政策以及它如何对

---

① 2015 年 FIRB《外国投资政策》"国家利益"条款。
② 参见宋彩云:《海外并购中的国家安全审查风险及其法律对策》,上海大学 2014 年硕士学位论文,第 24 页。

拟获取权益的澳大利亚企业行使表决权。FIRB认为,在透明商业基础上经营的为外国所有或者控制的投资者的提案,与那些未在透明商业基础上经营的投资者的提案相比,引起国家利益方面的忧虑的可能性较小。①

5. 其他政策影响

其他政策影响主要指外国投资提案对澳大利亚税收的影响。另外,该项投资还必须与澳大利亚政府在环境影响等方面的目标一致。

五、澳大利亚国家安全审查程序

澳大利亚外国投资审查采取强制申报与自愿申报相结合的方式。《外资收购与接管法案》规定,外国政府投资者及其相关实体在澳大利亚的一切投资,以及超过一定金额的私人投资项目,都必须在交易实质发生前向FIRB递交审核申请。在提交的申请中,应当包含以下信息:并购各方的情况、并购的商业理由、并购采用的方法、投资的价值、投资的时间表以及投资对澳大利亚国家利益可能产生的影响等。② 如果投资者没有根据要求进行有效的信息披露,国库部部长可以对违规者进行惩处,包括取消交易、解散成立的实体以及提起诉讼等。

投资者提交外国投资审查申请后,由FIRB设在国库部外国投资和贸易政策司中的秘书处进行初步处理,并按照地区和产业对申请交予相应的州政府或者联邦政府部门进行评价。FIRB的执行委员负责召集会议、开展讨论并将评价结果报告给国库部部长,遇到复杂的案件时会与国库部部长直接进行讨论。国库部部长也会参考、咨询其他部门的意见,或者直接寻求内阁的意见。在经过审慎的咨询与考虑后,国库部部长可以视审查情况发布三种命令,分别是禁止外资进行项目并购的命令、限制外资项目交易规模的命令、要求交易双方处分已经取得的外资股权或者资产的命令,这些重大决定都会对媒体进行公开,审核结果也会以书面的方式通知申请人。

在审查程序的设置上,澳大利亚外资审查分为初审和调查两个阶段。

第一阶段:为期30天的初审阶段。初审结束后,国库部部长需在10天之

---

① 参见2015年FIRB《外国投资政策》"国家利益"条款。
② 参见1975年《外资收购与接管法案》第26条。

内告知交易双方审查结果。如果国库部部长认为该外资项目不会对澳大利亚国家利益造成损害,符合相应的政策、法规,则批准交易正常进行,不需延展期限;如果认为交易较为复杂,可能损害澳大利亚国家利益,则将启动调查程序,进行进一步的深入审查。如果国库部部长在30天的审查期限之内既没有作出不反对外资并购的决定,也没有发布禁止实施外资并购的命令,之后就不能再发布禁止实施外资并购的命令。[1]

第二阶段:为期90天的调查阶段。调查期实质上是一种临时决定机制,是审查的延续阶段,即在原来的审查期上增加90天,对外资进行进一步审查。国库部部长可以作出临时命令,该临时命令也有10天的通知期。在这段时间内,交易双方可以补充相关信息,并解决项目的相关影响因素带来的问题以通过外资审查,国库部部长必须决定是否批准该项交易。如果90天的审查期限届满之后,国库部部长既没有作出不反对外资并购的决定,也没有发布禁止实施外资并购的命令,之后就不能再发布禁止实施外资并购的命令。[2]

这种根据外国投资对国家利益影响程度分阶段进行审查的做法体现了澳大利亚立法者追求审查效率的立法初衷:一方面,降低了审查的行政成本,缩短了非重大外资项目的审查时间,有利于外资加速流入,产生经济效益,保护投资者;另一方面,有利于强化对特殊交易的控制,有针对性地进行调查,确保国家利益不受损害。[3]

虽然澳大利亚的外资并购审查程序看起来并不是非常复杂,相关时间限制比较明确,简单来看也不会超过4个月,但是在实际操作中,审查程序要复杂得多,时间跨度也很大,因此会对投资者产生重大的影响。在经过延期之后,FIRB会对涉及敏感行业和与国家利益相违背的外资并购项目提出苛刻的条件,目的就是不让并购顺利完成。另外,FIRB会对社会各界的利益作出综合的衡量,这种多方考虑、多方参与的制度也拖延了审批的顺利进行。

例如,我国的五矿集团收购澳大利亚奥兹矿产公司相关资产的时候,就被澳大利亚政府以相关资产位于军事禁区附近为由禁止其进行并购计划。

---

[1] 参见1975年《外资收购与接管法案》第25条第2款。
[2] 参见1975年《外资收购与接管法案》第25条第3款。
[3] 参见张薇:《澳大利亚外资审查法律制度及应对建议》,载《国际经济合作》2011年第S2期。

其间,国库部部长首先延长了 90 天审查期限,然后根据 FIRB 的建议否决了五矿集团的第一次并购审查申请。五矿集团根据 FIRB 的修改意见,提交了第二次并购审查申请。最后,在奥兹矿产公司的压力之下,澳大利亚政府才批准了五矿集团的第二次并购审查申请。至此,五矿集团通过外资并购审查、完成收购总共用了 5 个月的时间。矿产资源类企业由于市场需求比较固定,产品的可替代性也不强,面临的审查风险较小。但是,对于高新技术产业、金融业等而言,如果在并购审查程序中浪费太多的时间,可能就丧失了相关的经营机会与市场机遇。

六、澳大利亚对中国企业实施国家安全审查的案例

(一) 山东如意集团收购库比农场案①

澳大利亚是一个农业大国,其农业生产率比其他发达国家的平均水平高很多,它的农业发展水平在发达国家中处于领先地位。但是,澳大利亚很依赖外国投资对其农业产业的支持,因此农业成为澳大利亚外国投资审查的重点规制领域。

中国山东如意科技集团有限公司(以下简称"如意集团")是中国纺织业 500 强企业,2011 年营业收入达 153 亿元。2012 年 9 月,如意集团和澳大利亚伦普利公司联合收购澳大利亚库比农场项目成功通过澳大利亚财政部和 FIRB 的审核。时任国库部部长韦恩·斯旺发布公告,有条件地批准如意集团和伦普利公司共同收购库比农场。

库比农场坐落在昆士兰州东南部,是澳大利亚最大的私人农场,面积近 9.3 万公顷。该农场经营大规模的棉花和水利灌溉事业,拥有 51 个用水许可证,水库蓄水总量超过悉尼海港的总水量。由于经营不善和长期干旱,总负债超过 3 亿澳元的库比农场在 2009 年被破产托管。澳大利亚政府曾试图出资将其收归国有,但是最终失败,改由外资进行收购。由于库比农场的棉花产量占全国总产量的比例较大,因此该项收购产生了巨大的社会影响。不少政客称这一收购将给政府"带来噩梦"。例如,库比农场所在的昆士兰州参议

---

① 参见李景卫、吴皓:《澳大利亚批准中企购农场引热议》,http://finance.sina.com.cn/hy/20120906/101913062919.shtml,2018 年 3 月 20 日访问。

员乔伊斯号召民众"全力游说政府改变这一决定"。他称将库比农场卖给中国企业是"澳大利亚农业利益的沦丧、最大水资源使用权的沦丧和13％国家棉花产品的沦丧",建议将农场分块售给本国公民,并呼吁民众通过当地联邦议员向政府施压,在合同正式履行之前阻止其实现。

国库部和FIRB在接受国会质询时都表示,如意集团实际上是一家中日合资企业而非国有企业。在巨大的舆论压力之下,国库部部长随后公布了有条件的批准方案:收购成功后,如意集团将持有库比农场80％的股份,伦普利公司将持股20％。但是,如意集团必须在3年内将控股权缩减到51％以下,由伦普利公司负责管理农场经营和国际市场营销,并承诺将多余的灌溉用水通过水交易市场进行分配,为现有全体员工按现有雇佣条件保留工作机会。经过这一系列的承诺和收购条件的更改,如意集团最终得以成功收购库比农场。

(二) 澳大利亚禁止华为竞标国家宽带网络项目案

华为是一家生产、销售通信设备的民营通信科技公司。作为规模巨大的电信设备制造商,华为奋力进入美国及其他市场,但是因东道国的安全担忧而屡屡受阻。华为与中国军队和政府并不存在所谓的"密切关系",但是美国FBI曾多次无理指责华为替中国政府从事间谍活动。

澳大利亚是华为除中国以外唯一一个设立了当地董事会的国家。2013年,华为拟参与澳大利亚价值360亿澳元的国家宽带网络(NBN)项目的竞标请求被澳大利亚政府拒绝。NBN是澳大利亚在建的最大的国家通信项目,澳大利亚前工党政府曾在2012年以涉及国家安全为由,禁止华为参与这一项目的竞标。其后,澳大利亚举行联邦大选,联盟党政府上台。新政府上台后,着手重审工党政府的一系列政策。但是,澳大利亚新任司法部部长表示,新一届保守党政府仍然支持对华为的禁令,禁止这家中国公司竞标NBN项目。

澳大利亚禁止华为竞标NBN项目是因为担心来自中国的"网络攻击"。另外,如前所述,还有报道披露,澳方禁止华为竞标的另一个理由是,华为总裁任正非曾经是中国人民解放军的军人,并且他从不接受媒体采访。因此,澳方认为华为与中国政府有关联。澳大利亚政府表示,NBN项目是一项重要的"战略投资",政府有责任尽最大努力保护全国宽带网络的完好性及其运载的信息,这与澳大利亚政府广泛保障重要基础设施安全及其顺应能力是完全一致的。华为一直没有放弃竞标的努力,在2013年不断向澳大利亚政府部门提交申请,并成立了独立的检测中心以保证其设备的信息安全,① 但是最后仍旧没有争取到竞标的机会。

(三) 对上述两个案例的评价

一方面,我国对澳大利亚的直接投资通常以并购投资为主,并且并购投资的领域大多涉及敏感行业,而澳大利亚的外资并购国家安全审查的重点恰恰是涉及国家利益的敏感行业,如采矿业、制造业、电力生产和供应业、专业技术服务业、金融业等。我国企业的这种跨国并购由于属于战略型资产收购,通常会由于太过敏感而引起东道国的安全顾虑。就拿澳大利亚禁止华为竞标国家宽带网络项目案来说,由于投资领域属于国家电信行业,而且华为之前在国际上就饱受美国等国对其政治独立性的质疑,因此澳大利亚将华为列入竞购的"黑名单",拒绝华为进入本国敏感行业。至于澳大利亚拒绝的理由,其实并不重要,荒诞也好,"正义"也罢,目的都在于维护其国家安全利益。

另一方面,澳大利亚政府在审批外国投资项目时,对于有悖"国家利益"的项目,通常并不是直接拒绝批准,而是要求投资方修改投资计划或对投资附加诸多限制条件,以期抵消该项目对国家利益的负面影响,这也是对民间社区利益和情绪的照顾和保护。② 从山东如意集团收购库比农场案来看,澳方并不是完全不能接受这项收购,而是需要处理国内的反对意见和来自民众的舆论压力。因此,双方需要达成一个折中的处理方案,最后以如意集团在3年内将控股权缩减到51%以下、承诺将多余的灌溉用水通过水交易市场进行分配以及为现有全体员工按现有雇佣条件保留工作机会三项条件作为交换,才顺利完成了这项收购。

---

① 参见楼朝明:《影响中国企业在澳大利亚投资的政治经济因素分析》,载《国际商务研究》2014年第1期。
② 参见权睿学:《澳大利亚外国投资审查制度和法律框架概述》,载《国际经济合作》2011年第7期。

第三节 加拿大国家安全审查制度

外国投资在加拿大的投资领域一直占据十分重要的地位,但是过分依赖外国投资也使得加拿大的经济发展受到一定限制。从20世纪70年代开始,加拿大开始转变针对外国投资的态度,逐步建立起外国投资国家安全审查制度,对外国投资进行管理和控制。随着《加拿大投资法》及其修正案的出台,加拿大政府在对外国投资的管理上形成了相对完善的制度体系。

一、加拿大国家安全审查立法模式

在加拿大的投资来源中,外国资本占据半壁江山。但是,加拿大过分依赖外国投资,造成其产业结构和经济发展不均衡。加拿大政府为改变这种局面,加强了对外国投资的管制,从20世纪70年代开始,相继出台了一系列针对外国投资的法律法规。加拿大联邦议会1973年制定并颁布了《外国投资审查法》,1974年颁布了《外国投资审查法实施细则》,正式建立了对外国投资的审批制度。[①] 加拿大政府开始对外国投资进行审查,并依据外国投资对加拿大是否具有重大益处,决定是否同意其进入。但是,随着发达国家经济危机的蔓延,布雷顿森林体系解体,加拿大经济停滞不前。为恢复经济,寻求与美国的合作,1985年,加拿大出台了《加拿大投资法》,试图通过该法降低外资审查的标准,鼓励外国投资;同时,废止《外国投资审查法》。《加拿大投资法》开篇就明确了其立法宗旨:鉴于资本和技术的不断增长有利于加拿大,本法旨在鼓励加拿大人或非加拿大人在加拿大进行有助于经济增长和就业机会增加的投资,并为确保这种利益,规定对非加拿大人的重要投资进行审查。

虽然加拿大建立了外国投资审查制度,但是《加拿大投资法》并未将国家安全审查纳入外资审查的范围。受美国"9·11"事件和中国五矿集团收购Noranda案的影响,加拿大政府开始关注外资的安全性问题。2005年,加拿大国会提出了关于建立外国投资国家安全审查制度的议案(C-59)。但是,该

---

① 参见李群:《外资并购国家安全审查法律制度研究》,西南政法大学2012年博士学位论文,第35页。

议案未获通过。① 直到 2009 年,加拿大政府对《加拿大投资法》进行修改,并将国家安全审查作为第四部分纳入其中,加拿大的外国投资国家安全审查制度才得以确立。其后,加拿大政府相继出台了《加拿大投资条例》《投资国家安全审查条例》,外国投资国家安全审查制度全面建立。国家安全审查与"净利益"标准共同构成加拿大外资审查的双层结构体系。2013 年,加拿大通过了关于"国有企业"外资审查的修正案,进一步补充完善了外资审查制度。

结合加拿大政府对外国投资进行国家安全审查的立法来看,加拿大采取的是专门立法模式。通过《加拿大投资法》及其修正案,加拿大对国家安全审查范围、审查程序、审查机构等进行系统规定,并辅之以配套的法规条例,使之成为一个较为完整的法律体系。以成文法形式确立国家安全审查制度,使其保持相对稳定、可操作的状态,有利于外国投资者在进行投资时全面识别存在的投资风险。采取专门立法模式的国家还有美国、澳大利亚、俄罗斯等,这也是目前世界上关于国家安全审查立法模式中值得借鉴的一种做法。

二、加拿大国家安全审查范围

《加拿大投资法》主要依据收购方的性质、审查门槛以及控制权确定外国投资审查范围,而对于国家安全审查范围却未作过多限制。

(一)依据收购方的性质确定审查范围

首先,应当明确外国投资行为的主体即外国投资者的范围,这是确定审查范围的第一步。通常意义上的外国投资者是指外国公民、外国法人及非法人组织、外国政府、国际组织等。对外国投资者,加拿大采取了与美国类似的界定标准,依据国籍标准界定自然人投资者,依据资本控制标准界定法人、非法人组织等实体。

除了国籍标准和资本控制标准外,加拿大在对外国投资者的界定中还增加了董事会成员国籍作为补充标准,主要是以经营管理权为基准进行判断。当公司股东人数众多时,依据资本控制标准有时难以确定,加拿大政府通过董事会成员国籍确定公司国籍,即"当 2/3 以上的董事会成员为加拿大人,而

---

① 参见李军:《外资国家安全审查制度历史考察及我国制度选择》,载《云南大学学报(法学版)》2014 年第 11 期。

且该公司实际上并非通过持股控制时,该公司也被认为是加拿大人的"[1]。这一标准能够在一定程度上弥补国籍标准、资本控制标准的不足,使对外国投资者的界定更为全面、合理。

《加拿大投资法》对"国有企业"作了特别规定,国有控股的性质在一定程度上对审查范围也有影响。加拿大政府 2013 年通过的 C-60 法案扩大了原有的对"国有企业"的定义,将外国政府机构及其代理以及受外国政府影响或指使的法律实体或个人纳入国有企业的范畴。对于"政府影响"的具体界定,该法案没有明确说明,而是交由执法部门自由裁量,从而扩大了外资审查的范围。我国国有企业在对外投资中占据主导地位,在对加拿大的投资中将无法规避审查,而这不利于我国对加拿大的投资行为。

(二)依据审查门槛确定审查范围

针对一般的外国投资行为,《加拿大投资法》设定了审查门槛,外国投资者所投资的公司或投资额需超过此审查门槛,才能被纳入外资审查的范围;而针对国家安全审查,则不受此审查门槛的限制。

《加拿大投资法》针对不同类型的投资者,设定了不同程度的审查门槛,并随着经济发展有所调整。就来自 WTO 成员的企业而言,在加拿大投资超过 6 亿加元才能被纳入审查范围;WTO 成员的国有企业在加拿大投资超过 3.44 亿加元即可被纳入审查范围;而对于非 WTO 成员的企业,在加拿大投资超过 500 万加元即可能面临外资审查。虽然加拿大对审查门槛设置了具体指标,但是每年会依据经济发展的需要对相应指标进行必要的调整,从而灵活运用"审查门槛"这一标准。虽然法律规定了要接受国家安全审查的投资行为类型,但是没有对投资额设置具体限制。因此,对外国投资行为的国家安全审查不受审查门槛的限制,新建企业或控制权的转移成为启动国家安全审查的前置条件。

(三)依据控制权确定审查范围

普通的外国投资行为要超过审查门槛,并且实现控制权收购,才会受到相关部门的审查,两者缺一不可。针对可能威胁国家安全的外国投资行为,

---

[1] 参见李群:《外资并购国家安全审查法律制度研究》,西南政法大学 2012 年博士学位论文,第 56 页。

主要以新建企业或控制权的转移为基础,判断是否启动国家安全审查。

根据《加拿大投资法》及相关法规的规定,属于国家安全审查范围内的外国投资行为包括:(1) 在加拿大新建企业;(2) 取得对一个加拿大企业的控制权;(3) 全面或部分收购,或者建立一个实体负责其部分或所有运营,如果该实体在加拿大拥有营业场所并雇用加拿大人,或者在加拿大境内购置了用于此种运营的资产。① 上述三种类型的外国投资行为中均存在控制权的要求,外国投资者新建企业的行为必然要取得控制权;第二种类型的外国投资行为以取得控制权为前提;而第三种类型的外国投资行为中的部分收购或建立实体负责部分运营的行为,其中的"部分"很难衡量,这将主要依赖执法机构的自由裁量权。尽管如此,确定是否取得控制权仍是我们需要探讨的内容。

对于以何种标准判断是否取得控制权,《加拿大投资法》第 28 条有所规定。根据该条的规定,收购目标公司低于 1/3 的表决权股份不构成控制权收购;收购目标公司 1/3 至 1/2 的表决权股份构成控制权收购,但是有证据证明该收购不构成控制权收购的除外;收购非法人实体多数表决权股份视为控制权收购;收购目标公司全部或大部分资产视为控制权收购。从该条来看,加拿大政府更多关注的是目标公司的控制权,不再局限于所拥有的股份数量,只要投资者能够实际控制目标公司,即构成控制权收购。

《加拿大投资法》第 28 条的明文规定,使得第二种类型的外国投资行为更容易判断。至于第三种类型的外国投资行为是否也应以取得控制权为前提,需要进一步分析。该条规定了取得控制权的投资行为即第二种类型属于国家安全审查的范围,将能够取得控制权的投资行为全部包含在内。从法条文义来看,第三种类型的外国投资行为应区别于第二种类型的外国投资行为,否则构成赘述。第三种类型的外国投资行为可以理解为外国投资者全面或部分参与同加拿大有关联的经营活动,法条对是否取得控制权未作明确说明。笔者认为,从法条文义理解,第三种类型的外国投资行为不要求取得控制权。也就是说,只要外国投资者参与同加拿大有关联的经营活动,不论是否取得控制权,都可能受到国家安全审查。

---

① 参见江山:《加拿大"投资—国家安全"审查中的关键资源——基于〈加拿大投资法〉的分析》,载《国际经济合作》2013 年第 1 期。

由于第三种类型的外国投资行为不以获得控制权为前提,因此国家安全审查的范围将被无限扩大。模糊化的标准赋予执法部门相当大的自由裁量权,国家安全审查中的不确定因素增加,加上"国家安全"定义本身的模糊性,致使外国投资被审查的风险增加,将使外国投资者面临巨大挑战。在国家安全审查问题上,还有待加拿大政府进一步立法,减少投资过程中的不确定因素。

三、双层结构的审查模式

相较于美国单一的国家安全审查模式,加拿大以净利益、文化、民族的统一性以及国家安全等多方面审查并行的联合审查模式,通过全面审查的方式保护本国利益。即加拿大以"净利益"和"国家安全"为双重标准,对外国投资进行审查。

(一)"净利益"标准

"净利益"标准是加拿大在外资并购审查中设立的一项独具特色的标准,早在1985年《加拿大投资法》中就已确立,一直沿用至今。"净利益"标准主要是通过衡量外国投资行为是否有益于加拿大,判断是否准许外资进入。

《加拿大投资法》规定了判定是否具有"净利益"的六项考虑因素:(1)投资是否可以促进加拿大经济活动,包括就业、资源利用及产品出口等;(2)加拿大居民对投资的参与程度及重要程度;(3)投资是否对加拿大生产力、工业效率、技术创新以及产品多样化等有所促进;(4)投资是否会降低加拿大同行业竞争;(5)投资是否与加拿大的工业、经济及文化政策兼容;(6)投资是否能够提高加拿大在全球的竞争力。[①]

加拿大通过对外国投资是否具有"净利益"进行审查,全面考量外国投资对本国利益的影响,对国家安全以外的本国利益予以全面保护。考虑到我国复杂的经济形势以及所面临的国际环境,在建立外资审查制度时,纳入除国家安全以外的国家利益标准也是十分有必要的。

[①] 参见高发伟:《浅谈加拿大投资审查及中国国有企业如何应对》,载《国际石油经济》2014年第5期。

(二)"国家安全"标准

相较于"净利益"标准,"国家安全"标准在 2009 年才被纳入加拿大外国投资审查制度中,且政府有权审查的范围更为宽松,不再受审查门槛、控制权的限制。只要有关部门认为一项外国投资可能威胁国家安全,总督就有权决定对该投资进行审查,使得其中可能会掺杂更多政治因素的考量。

由于《加拿大投资法》《投资国家安全审查条例》等相关法律法规对"国家安全"这一概念未作阐释,因此无法确定"国家安全"的具体衡量标准。《加拿大投资法》中划定了敏感产业的范围,包括金融、能源、文化、通信四大产业,并严格限制或禁止外资进入这些产业。① 加拿大政府试图通过限制外资进入敏感产业,保护本国的产业安全,维护国家经济安全。但是,敏感产业的安全仅是国家安全中很小的一部分,国防安全、经济安全、能源安全等国家安全的重要组成部分在成文法中未得到体现。

由于法律上对"国家安全"的模糊界定,因此执法部门在判断是否威胁国家安全上具有很大的自由裁量权。对于加拿大来说,模糊化的界定有助于其在外资审查过程中占据主动地位,同时扩大国家安全审查的范围。但是,对于外国投资者而言,模糊化的界定将使其很难判断在加拿大的投资风险,在投资中处于被动地位,也不利于加拿大吸引外国投资。

(三)针对国有企业的特殊审查标准

加拿大工业部于 2007 年年末公布了酝酿已久的《外国投资指南》,其中有关国有企业投资须遵守的审查和监督规则尤受投资界关注。该指南基于《加拿大投资法》,分为"关联企业指南""国有企业投资指南""管理程序指南"和"收购油气股权指南"。"国有企业投资指南"在重申鼓励外资的同时,强调外国国有企业投资必须"净有益于加拿大",提醒外国国有企业在投资加拿大前应了解审查监督事项(包括外国政府在国有企业中直接或间接持有的股权、控制方式等)以及国有企业的公司治理、商业定位和报告结构。例如,审查外国国有企业是否会遵守加拿大的公司治理标准(如企业透明度、信息披露制

---

① 参见邓翔:《外资并购国家安全审查实体性标准比较研究》,西南政法大学 2013 年硕士学位论文,第 23 页。

度、独立董事、独立审计委员会、公平对待股东等)以及加拿大的法规和惯例;国有企业收购加拿大本土企业后,被收购企业是否能继续在出口、加工、加籍人参与企业管理、对创新和研发的支持度、为维持全球竞争地位所应适度保持的资本支出等方面开展商业运作;为确保外国国有企业对加拿大本土企业的控股并购"净有益于加拿大",鼓励外国国有企业在并购规划中任命加籍独立董事、雇用加籍高层管理人员、在加拿大注册、在加拿大证券交易所上市等。根据《外国投资指南》,外国国有企业的投资通过审查后,加拿大工业部将依照《加拿大投资法》,实施恰当的监督。加拿大政府于2013年通过的C-60法案以及随后出台的"国有企业投资指南",增加了对国有企业的规定,加大了对外国国有企业投资的审查力度,并确定了更高的审查标准。由于国有企业多由一国政府实体控制,在对外投资过程中或多或少带有政治因素,因此加拿大政府对由外国政府控制的实体进行的投资行为十分敏感。对国有企业的审查,除要遵循一般的"净利益"标准和"国家安全"标准外,还要遵循特殊的要求。加拿大工业部在审查过程中,关注国有企业的治理、商业定位以及报告结构,包括诸如信息披露的承诺、独立董事、独立审计委员会以及该企业的所有或控制的方式和程度等方面。①

以更为严格的标准审查国有企业的外国投资行为,对于国有企业在加拿大的投资行为十分不利。就我国而言,国有企业是国内企业的中坚力量,其对外投资行为占据国家对外投资的主要部分。在更为严格的标准面前,我国国有企业在加拿大的投资行为将面临更多的挑战。

四、加拿大国家安全审查机构

加拿大对外资进行审查已持续多年,审查机构体系已较为完善。通过《加拿大投资法》及相关法规,可以了解到加拿大针对外资审查采取的是双层监管模式,即审查权与决定权相分离的模式,外国投资国家安全审查也沿用这一模式。

---

① 参见钟贵:《加拿大外资并购国家安全审查制度研究》,载《中国电力教育》2010年第S2期。

(一) 部长

参与国家安全审查的部长来自工业部、文化遗产部、国防部、司法部、自然资源部等多个部门。除涉及文化企业的投资外,大部分外资审查由工业部部长负责。若加拿大安全机构或情报机构发现对加拿大国家安全构成威胁的外国投资,将会报告工业部部长或其他部部长,从而启动国家安全审查程序。

《加拿大投资法》明确了部长的职责权限,将对外国投资的审查权赋予部长。部长在接到安全机构或情报机构的报告后,如认为该外国投资可能威胁国家安全,应向总督报告;在国家安全审查过程中,部长需同公共安全与应急准备部磋商,并主导相关投资的调查活动;调查结束后,需形成审查报告并递交总督;对于存在投资义务承诺的投资行为,部长负有持续监督义务。

(二) 总督

总督在国家安全审查环节具有广泛的权力,包括调查权和决定权。[1] 总督不仅有权决定是否启动国家安全审查,也有权依据审查结果对外国投资行为采取相应措施,包括禁止、限制投资行为与强制转让控制权等措施。除此之外,具体负责国家安全审查的部长由总督指派。通常,总督会指派工业部部长负责审查事宜。

(三) 参与调查的其他机构

外国投资本身具有多样性,为更专业地审查外国投资行为,通常会由多个部门共同参与调查,其中包括工业部、文化遗产部、公共安全与应急准备部、国防部、外交与贸易部等19个部门及所有省、地区、市及警察机构。[2] 通过跨部门合作,可以综合政治、经济等因素,全面审查相关投资行为,平衡政治、经济、安全等多方面利益。

采取审查权与决定权相分离的审查模式,是国际上普遍的做法。在这种模式下,审查机构的审查行为将受到总督的监督,对其有一定的约束作用,可以防止审查机构滥用审查权而损害投资者的合法权益。

---

[1] 参见钟贵:《加拿大外资并购国家安全审查制度研究》,载《中国电力教育》2010年第S2期。
[2] 参见李群:《外资并购国家安全审查法律制度研究》,西南政法大学2012年博士学位论文,第47页。

五、加拿大国家安全审查程序

加拿大针对外国投资的审查程序较为完备,从申请、审查、决定等阶段的程序来看,对投资者的要求以及执法机构的职责规定得较为全面。加拿大针对一般的外国投资与涉及国家安全的外国投资,在审查程序上略有区别。

(一)申请阶段

根据加拿大关于外资审查的规定,审查程序的启动主要由交易当事人主动申报。当交易所涉及的投资范围达到法律所规定的投资门槛并存在控制权收购时,投资者应当主动向工业部或其他部门提交审查申请。当然,主动申报的范围包含达到申报标准的可能损害国家安全的投资行为。投资者主动申报的模式有利于减轻执法机构的负担,无须针对所有外国投资项目一一进行审查。

对于未达到投资门槛或控制权收购标准的外国投资行为,如部长有合理理由认为该投资行为可能损害国家安全,则应通知投资者该项投资可能受到审查,并请总督作出是否审查的决定。部长通知的方式能够在一定程度上弥补法律的漏洞,加大对外国投资的监管力度。针对法律未明确规定的情形,外国投资是否损害国家安全主要由部长及总督作出判断,给予他们较大的自由裁量权。

(二)非正式磋商程序

非正式磋商程序是加拿大外国投资国家安全审查中一项具有特色的程序。非正式磋商通常是在正式审查程序开始前进行的,是基于投资者的意愿展开讨论、谈判的程序。投资者可能对审查程序不甚了解,可以通过非正式、非强制性的磋商程序向执法机构咨询或者与之讨论相关事项。

非正式磋商程序为投资者深入了解审查程序提供了一个很好的沟通平台。投资者通过与执法机构磋商,能在一定程度上避免在投资交易过程中出现有损国家安全的行为,在执法机构给予意见的基础上,促使交易顺利完成。执法机构利用非正式磋商程序,可以进一步了解交易行为,为审查提供更多时间,同时引导投资者朝有利于加拿大利益的方向进行交易。这一程序的运用,能够提高审查效率,节约行政成本。我国在完善国家安全审查制度方面,引入非正式磋商程序不失为一个明智的选择。

（三）审查阶段

相比于美国、俄罗斯等国采取的双阶段审查程序，加拿大采取的是单阶段审查程序，即在一个统一的时限内完成所有审查工作。根据《加拿大投资法》第21、22、23条的规定，审查期限通常为45天，工业部部长有权延期30天；在审查过程中，工业部部长可以在经投资者同意后继续延期（因两者地位悬殊，投资者往往不得不同意）。审查结束后，若工业部部长认为投资有损国家安全或无法判断，则应交由总督决定；若工业部部长认为投资不会对国家安全或国家利益产生不利影响，则应通知结束审查程序。

相对而言，加拿大外国投资国家安全审查程序比较简单，审查期限较短。但是，较短的审查期限会给审查机构带来时间上的压力，并且不同的投资行为的复杂程度不一，适用统一的审查程序也不尽合理。在审查中，针对疑难案件设立再审程序，能够降低审查的难度，避免审查过程中的疏漏。加拿大的国家安全审查程序还有待进一步完善。

（四）审查结果及救济

工业部审查结束后，总督依据审查结果作出最终决定，该决定具有终局性，投资者不能申诉。对于批准的投资，可以公布批准理由；对于被否决的投资，应该公布不予批准的理由。除了批准交易和禁止交易外，加拿大还采取了折中的办法，即对于部分投资行为可由投资者作出义务承诺，依据投资者所作出的承诺，由总督作出附条件批准；批准后，投资者必须遵循其所作出的承诺。

根据《加拿大投资法》第25条的规定，投资者可以对因涉及国家安全而被否决的投资向联邦法院申请行政司法审查。但是，由于针对国家安全的审查标准尚不明确，投资者在申诉过程中很难取得成功。除此之外，审查决定不接受任何形式的上诉或法院审查，加拿大政府并未赋予投资者对审查决定的抗辩权，投资者所能采取的救济途径十分有限。

（五）投资义务承诺

投资义务承诺是投资者在审查过程中对加拿大政府作出的与投资行为有关的义务承诺，以获得加拿大政府对交易行为的附条件批准。通过对相关投资行为进行适当的调整以消除对国家安全的威胁,这是大多数国家在国家安全审查中常用的方式。相对于批准、不批准而言,附条件批准更具灵活性。加拿大工业部通过对外国投资者施加特定义务,可以将对国家安全的威胁控制在可承受的范围内,在吸收外国投资与维护国家安全之间寻找到一条折中路径。虽然投资义务承诺是由投资者自愿、主动作出的,但是在审查过程中其实多属无奈之举。投资者所作承诺的范围和内容均需视情况不同而作出调整,工业部也会适时要求其对投资义务承诺作出调整,使得投资义务承诺像一把高悬在外国投资者头上的"达摩克利斯之剑"。①

根据法律法规及已有的实践,投资义务承诺包括投资项目的管理机构及总部地点的选择、管理层及员工的聘用比例、具体投资计划及投资额度、对加拿大所承担的社会责任、公司内部治理结构、信息披露体系等方面。投资义务主要是以加拿大利益为考量,投资者主动承担的义务。可以说,投资义务承诺就是一份具有法律约束力的合同,由投资者与工业部签署,投资者必须严格遵守其所作出的义务承诺。投资者的义务将通过合同法规则受到约束,如果投资者不履行其所作出的义务承诺,即构成违约,主管部门可要求其提交附加的投资义务承诺,甚至可以向联邦法院起诉,要求其继续履行承诺并缴纳罚金。

完善外国投资国家安全审查制度是维护国家安全的一项重要举措,也是世界上大多数国家关心的问题。加拿大政府在国家安全审查制度方面作了许多努力,提出了一系列富有成效的制度措施,为保护加拿大的国家安全与国家利益提供了制度保障,也为外国投资提供了一个相对透明开放的环境。

相对于加拿大较为完善的制度体系,我国针对外国投资国家安全审查制度的构建起步较晚,至今未形成一套完整的体系。虽然我国于 2011 年颁布了《国务院办公厅关于建立外国投资者并购境内企业安全审查制度的通知》,但是其规定过于原则化,缺乏可操作性。目前,我国正在努力制定外国投资法,希望通过法律的形式建立健全国家安全审查制度。为此,有必要借鉴加拿大外国投资国家安全审查制度的有益经验,为我国国家安全审查制度的完善提

---

① 参见徐维余:《外资并购安全审查法律比较研究》,华东政法大学 2010 年博士学位论文,第 174 页。

供参考。我国可以考虑借鉴加拿大国家安全审查制度中的非正式磋商程序和投资义务承诺。

非正式磋商程序是一个相对灵活的程序,能有效弥补审查程序的不足,使投资者与主管机构加强沟通交流。非正式磋商程序有利于双方就投资情况进行详细阐述与沟通,为审查程序节约人力成本。投资者在对审查程序有充分了解之后,在审查过程中能够避免不必要的摩擦,提高审查的效率,甚至促使一部分投资行为提前结束审查程序。虽然非正式磋商程序具有非强制性,但是相信许多投资者愿意参与磋商,从而推动国家安全审查的进度。

投资义务承诺也是对具体投资行为的一种变相修改,在国家安全审查中发挥着同样的功能。在《国务院办公厅关于建立外国投资者并购境内企业安全审查制度的通知》及相关规定中,对投资义务承诺未作规定,但是这种做法在反垄断领域有广泛应用。因此,我国也可以尝试在国家安全审查领域运用投资义务承诺,借此灵活调整投资行为,适应国家安全审查的具体要求。关于具体的义务内容,可以参照审查标准以及双方协商的结果予以确定,针对个案的不同作出不同的投资义务承诺,使之具有相当的灵活性,在肯定与否定特定投资行为之间开辟第三条道路。

第四节 德国国家安全审查制度

德国是世界制造业大国、强国,与中国有着密切的贸易往来。据中国海关统计,2016年,中德贸易额为1512.9亿美元,其中中方出口652.1亿美元,进口860.8亿美元。据德国联邦统计局(FSO)公布的数据,2016年,中国取代美国和法国,首次成为德国第一大贸易伙伴国,同时也是德国第五大出口目的国,并继续保持德国第一大进口来源国的地位。据中国商务部统计,2016年,中国对德国投资流量为29.45亿美元,同比增长258.6%,存量达到88.27亿美元。中资企业对德企的收购持续升温,相继推动多个就投资行业和交易规模而言都极具意义的大型收购项目。例如,上海电气集团收购德国飞机制造设备和解决方案供应商Broetje-Automation、美的集团收购德国智能自动化解决方案供应商Kuka、中国化工联合资本财团收购德国塑料设备生产商 Krauss-Maffei Group、北控水务收购德国最大的垃圾焚烧发电运营商 EEW,这几个项目的交易金额都超过10亿欧元。据《德国世界报》统计,最近几年,德国已经成为中国投资欧洲的优先选择。①

德国国家安全审查制度的发展较其他西方国家略晚,其制度内容主要在《对外经济法》和《对外经济法条例》中予以规定。虽然德国没有对国家安全审查制度进行单独立法,但是也形成了独具特色的国家安全审查制度,分别体现在其立法模式选择、审查机构设立、审查目的和对象、审查标准、审查程序和责任制度中。

一、德国国家安全审查制度的历史发展

德国外资并购国家安全审查制度的建立缘于2002年美国投资公司OEP收购德国最大的造船企业霍瓦尔特造船公司(HDW)75%的股份,使美国政府有可能通过这一并购间接向中国台湾地区销售柴电发动机潜艇,从而违背了德国的武器出口条例明文规定的禁止向中国台湾地区出售武器的规定。这一事件也引发了德国公众对美国公司是否会凭借该并购获取德国先进技术的担忧。这项并购最终遭到德国政府及欧盟的否决,德国开始重新审视外资并购国家安全审查的立法。在进入21世纪之前,德国奉行自由的外国投资政策,对于外国投资及并购企业的领域在法律上并没有明文限制,也没有公开的对外国资本的歧视性措施,可以认为该国任何行业都对外国投资者开放。不过,实际上,德国政府出于国家经济安全和利益的考虑,在很大程度上控制着包括国有铁路、邮电通信、广播电视和公共设施在内的重要行业,而外国投资者在这些领域基本上被排除在外。②

在上述事件的影响下,2004年,德国通过了《对外经济法》修正案,对1961年《对外经济法》进行了修改,增加了国家安全审查例外条款。根据该例外条款的规定,为了"保护自身的安全性和对外利益",特别是为了保证德国的基本安全利益,防止对国家间和平共处的破坏,或者防止德国与他国的重大外

---

① 参见胡子南:《德国收紧外资安全审查对中国收购影响分析》,载《现代管理科学》2018年第1期。
② 参见卢炯星主编:《中国外商投资法问题研究》,法律出版社2001年版,第169页。

交关系的中断,应当对外国投资进行限制。① 之后,德国对《对外经济条例》也进行了相应的修改,具体实施该例外条款,规定在国防以及与国防相关的敏感经济部门实施国家安全审查,要求外国投资者进行申报,并接受审查。② 外国企业收购德国军工企业股份达25%以上的,需向联邦政府申报并获得批准。③

2007年的美国次贷危机和2009年的欧洲主权债务危机对德国也有一定的影响,来自俄罗斯、中国、阿拉伯国家等很多国家和地区的主权投资基金不断增多,这些国家和地区的企业和国家基金开始参股德国等欧美国家的企业,引起了德国舆论界的广泛关注。经一些媒体渲染,很多人开始担心某些国家基金意图通过投资手段控制德国重要行业,从而达到经济利益以外的政治目的。④ 中国投资有限责任公司的成立及其投资22亿欧元参股知名的私募基金公司美国黑石集团,更加剧了一些人的担忧。德国各界经过一年多的讨论,于2009年制定了《对外经济法》及《对外经济条例》第13次修改案草案(以下简称"草案"),并获得德国政府内阁通过。草案中新增的限制外资并购德国企业的内容备受关注。此次修改进一步明确了审查范围和审查程序。德国经济界对草案内容普遍持反对意见,认为草案对外国投资者来说是一个消极信号,有损德国对外资的吸引力。但是,当时的德国经济部部长格罗斯表示,德国会一如既往地对外资开放,草案中限制外资收购的内容纯粹是预防性规定,政府不会轻易使用。同时,草案中既没有增加收购审批程序,也未规定外资公司申报的义务,因此不会给正常收购项目带来额外负担。审查有效期过后,收购项目即可在法律上得到承认。进行审查以及实施干预的标准在于收购项目是否危害公共秩序和安全,并且危害要具有实质性和足够的程

---

① See Foreign Investment: Laws and Policies Regulating Foreign Investment in 10 Countries, United Slates Government Accountability Office, GAO-08-320, February 2008, pp.60-61.

② 参见李军:《外资国家安全审查制度历史考察及我国制度选择》,载《云南大学学报(法学版)》2014年第6期。

③ 参见中华人民共和国驻德意志联邦共和国大使馆经济商务参赞处:《德国的外资并购法规与实践》,http://de.mofcom.gov.cn/article/ztdy/200705/20070504636584.shtml,2017年7月15日访问。

④ 参见王小琼:《德国外资并购安全审查新立法述评及其启示》,载《国外社会科学》2011年第6期。

度。在这方面,欧盟法律及欧洲法院的判决有严格的要求,因此受到干预或禁止的收购项目将非常少,德国开放的投资环境不会受到影响。①

德国《对外经济法》及《对外经济条例》第 13 次修改案草案规定,德国经济与技术部对外来投资者收购德国企业 25% 以上(含 25%)股权的收购项目拥有审查权。这里的"外来投资者",指所有来自欧盟和欧洲自由贸易联盟(EFTA)以外的投资者。外来投资者在欧盟和 EFTA 内的分公司和工厂可视同外来投资者。股权比例计算既包括收购者直接收购的股权,也包括其通过下属公司或与其他公司协议间接控制的股权。审查权的有效期为自收购合同缔结之日起三个月或自参与收购者公开宣布其收购要约之日起三个月。德国经济与技术部如在有效期内决定实施审查,则须通知企业并要求企业递交与收购有关的材料。所需材料的范围由经济与技术部决定,并在联邦司法部公报上予以公示。在企业递交完整材料之日起两个月内,德国经济与技术部须作出是否对收购项目进行干预的决定,并向联邦政府汇报审查结果。如经济与技术部认为该收购项目会危害德国公共秩序和安全,有必要进行干预,须在得到联邦政府同意后方可实施。草案中规定,国家公共秩序和安全的定义参照欧盟法律及欧洲法院的判决。德国经济与技术部对已完成的收购项目可实施的干预措施有两种:一是禁止或限制投资者在收购后行使股东表决权,也就是限制外来投资者对德国企业重大事项施加影响;二是取消此次收购,委托财产管理公司将项目复原到收购前的状态。为确保项目不受审查,收购方可预先向德国经济与技术部申请收购项目不影响德国公共秩序和安全的证明。②

二、德国国家安全审查机构

德国国家安全审查机构的权责相对集中,以经济与技术部作为审查机

---

① 参见中华人民共和国驻德意志联邦共和国大使馆经济商务参赞处:《德国针对外资并购修改对外经济法主要内容》,http://de.mofcom.gov.cn/article/jjzx/200810/20081005846295.shtml,2017 年 7 月 25 日访问。

② 参见中华人民共和国驻德意志联邦共和国大使馆经济商务参赞处:《德国针对外资并购修改对外经济法主要内容》,http://de.mofcom.gov.cn/article/ddfg/waimao/200810/20081005846295.shtml,2015 年 7 月 25 日访问。

构,国会享有一定的监督权和干预权。经济与技术部可以对非欧盟居民或外国人收购德国国内企业或者直接或间接持有代表该企业25%以上表决权的股份是否危及德国公共秩序和安全或者重大国家安全利益进行审查,并决定是否干预。但是,经济与技术部对合法的交易或行为采取限制措施或附加行为义务,须与外事办公室、财政部协商一致。如果它所采取的措施涉及资本流动和支付,或者涉及外国资产的流动和黄金的贸易,则应征得德国联邦银行的同意;如果涉及德国领海以外的海事运输,则应当与外事办公室和运输、建筑与城市发展部协商一致,进行个案干预。当涉及非欧盟居民并购德国国内企业或其股份时,有关并购的禁令或决定须得到联邦政府的批准。在某些特定的外资并购情形下,经济与技术部须征得外事办公室、国防部或内务部的同意才可以颁布行政禁令或决定。此外,经济与技术部颁布实施欧盟理事会的决定、履行欧盟成员国的义务、实施联合国安理会的决议以及实施国际协定义务等,亦须与外事办公室和财政部协商一致。① 因此,德国的国家安全审查机构虽相对集中,但也因具体事项的不同而需要多部门的配合。

通过比较各国的外资并购国家安全审查机构的设置,有学者将其分为审查权、决定权分属不同机构的双层监管模式和审查权、决定权由一个机构行使的单层监管模式。②前者可以美国为例,其外资并购国家安全审查机构主要有 CFIUS、总统和国会,分别负责审查、决定和监督。如前所述,德国的外资并购国家安全审查机构是经济与技术部,该部有权对在德国所有行业领域内进行的外资并购进行审查。在联邦政府的同意下,它可以对有可能严重威胁联邦公共秩序与公共安全利益的并购予以否决或者附加相应的限制条件。③ 具体涉及的事项虽需其他不同部门的介入,但审批通常是一个协商一致的决定。

---

① 参见倪同木:《中国外资并购国家安全审查规则的强化——一个比较法的视角》,载《世界经济与政治论坛》2014年第3期;Außenwirtschaftsgesetz vom 6. Juni 2013 (BGBl. I S. 1482)。
② 参见李群:《外资并购国家安全审查法律制度研究》,西南政法大学2012年博士学位论文,第52页。
③ 参见王小琼:《德国外资并购安全审查新立法述评及其启示》,载《国外社会科学》2011年第6期。

三、德国国家安全审查的目的与对象

根据德国《对外经济法》①第 4 条(为了保护公共安全和外交利益而进行的限制和附加的义务)第 1 款的规定,出于以下五种目的,可以通过法规对外国投资活动进行限制或者附加义务:(1) 保护德国的重大安全利益;(2) 防止对国民的正常生活造成影响;(3) 防止对德国的外交利益造成重大影响;(4) 保护《欧盟运作条约》相关条款(第 36 条、第 52 条第 1 款、第 65 条第 1 款)所指的德国的公共秩序和安全;(5) 保障国内或国内部分地区的重要生活需求品的供应,以便按照《欧盟运作条约》第 36 条之要求保护民众的健康和生命。

德国《对外经济法》对外国投资进行限制或者附加义务的情形主要有以下几类:(1) 涉及武器、弹药和其他军事装备,以及用于研发、生产或使用武器、弹药和其他军事装备,尤其是在国际合作中为执行出口控制协议而涉及此类产品时,或者用于执行军事行动的产品;(2) 非欧盟投资者收购德国国内企业或者此类企业的份额,并且该收购危害德国的公共秩序和安全,前提是对社会根本利益的危害客观存在并且达到足够严重的程度;(3) 外国投资者收购德国国内从事武器、弹药和其他军事装备的生产或研发的企业或者此类企业的份额,或者从事用于处理国家保密事务的、具有 IT 安全功能的产品的生产以及曾经生产并且现在仍掌握技术的企业或者此类企业的份额;(4) 在国外的德国人所实施的涉及前述第(1)项中的产品(包括研发和生产)的投资。②

在外资并购中,国家安全审查的对象由《对外经济条例》具体规定,分为与投资领域无关的国家安全审查、与投资领域有关的国家安全审查。《对外经济条例》第 55 条和第 56 条就与投资领域无关的审查作出规定:如果非欧盟投资者收购德国国内企业,或者直接或间接获得国内企业 25% 以上的股份,经济与技术部就有权审查德国的公共秩序和安全是否受到威胁;欧盟投资者的上述收购行为有可能遭受审查,前提是有迹象表明其为了避免前述审查而实施了滥用的方式或规避性的交易。这里的"获得股份",是指收购人直接或

---

① Außenwirtschaftsgesetz vom 6. Juni 2013 (BGBl. I S. 1482).
② §5,Außenwirtschaftsgesetz vom 6. Juni 2013 (BGBl. I S. 1482).

间接持有的国内企业的有表决权股份在收购之后达到或超过 25%。如果收购人持有第三方至少 25% 的有表决权股份或者与第三方存在共同行使表决权的协议,则该第三方所持有的国内企业的表决权股份也要计入收购人的持股。①

《对外经济条例》第 60 条规定了与投资领域有关的国家安全审查对象:如果外国人收购德国国内企业或超过 25% 的企业股份,而该企业生产或研发相关武器清单中的产品,尤其是生产或研发用于驱动坦克或者其他具有装甲的军用履带车的发动机或驱动装置,或者生产或曾经生产并且现在仍掌握技术的用于处理国家保密事务的、具有 IT 安全功能的产品或此类产品中对于 IT 安全功能非常重要的组件,经济与技术部有权审查该项收购是否危害德国的重大安全利益。

综上所述,德国采取三种方式确定审查对象:第一种,根据控制权确定审查对象。几乎所有国家在确定审查对象的具体范围时,都会确定"控制权"标准。只有当并购交易使外国投资对本国企业达到控制时,才可以启动国家安全审查程序,主要包括以效果界定控制权、以比例界定控制权以及使用双重标准进行界定。德国 2013 年《对外经济法》规定,非欧盟投资者通过收购行为直接或间接获得该国内企业 25% 以上的股权时,经济与技术部就有权审查德国的公共秩序和安全是否受到威胁。这里,便运用了以比例界定控制权的标准。第二种,根据目标性质确定审查对象。当目标企业所在的行业属于关键行业或者所提供的服务涉及国家安全问题时,也会引发监管当局对并购的关注,规定更为严格的审查标准。第三种,根据收购人身份确定审查对象。德国将收购人区分为欧盟国家收购人和非欧盟国家收购人,对前者原则上不需要进行国家安全审查,而对后者一般需要进行国家安全审查。②

四、德国国家安全审查标准

德国《对外经济法》采取的是目的性标准,如果并购行为根据该法或《对外经济条例》的规定需要获得许可,则在并购行为不损害或者不会明显损害

---

① Außenwirtschaftsverordnung vom 2. August 2013 (BGBl. I S. 2865), die zuletzt durch Artikel 1 der Verordnung vom 13. Dezember 2017 (BAnz AT 20.12.2017 V1) geändert worden ist.

② 参见李群:《外资并购国家安全审查法律制度研究》,西南政法大学 2012 年博士学位论文,第 62—71 页。

此类规定的目的时应当给予许可。另外,如果并购行为所产生的国民经济利益超过对法律所规定的目的造成的损害,则也可以给予许可。是否给予许可可能取决于并购行为的客观条件,也可能取决于并购主体的自身条件,尤其是申请人的可靠性,也就是取决于"事"和"人"的条件。①

如前文所述,德国由于受并购案的影响,于 2004 年通过《对外经济法》修正案,对 1961 年《对外经济法》进行了修改,增加了国家安全审查例外条款,规定对损害国家根本安全利益、国际社会的和平、国家外交关系的外资进行限制。但是,2004 年《对外经济法》确立的外资审查标准仅限于国家根本安全利益和外交。由于国际形势等因素的影响,德国于 2009 年对《对外经济法》再次进行了修改,规定对损害公共秩序和安全的外资进行审查。随后,德国对《对外经济条例》也进行了相应的修改,规定非欧盟的外资如果对德国企业的股权控制达到 25% 以上,就应当接受德国政府的审查。由此,德国的国家安全审查不再仅限于国家根本安全利益和外交,还包括国家公共秩序和安全。最终,德国立法中并未使用"国家安全"这一概念,而代之以"公共安全",同样没有对其作出概念性的释明。德国《对外经济法》第 5 条把国家安全保护措施与"武器装备及它们的研发、制造和配置、军事用途的货物以及具有网络安全功能的产品、零部件及其生产技术"等涉及军事安全、网络安全的产品联系在一起,把公共秩序和安全与"社会根本利益"联系在一起,并将"根本安全利益"进一步解释为"安全政策利益和军事安全规定",使得国家安全的范围挣脱了传统意义上的国防安全、军事安全的束缚,扩大到政治安全、经济安全、社会秩序安全、网络安全的层面,从而塑造了一个崭新意义上的"国家安全"概念。②不过,在该法 2009 年的修改中,立法者并没有明确界定"公共秩序和安全"的具体标准。德国经济与技术部在相关解释性文件中指出,界定"公共秩序和安全"应参照欧洲法院的判决。③ 欧洲法院在已作出的判决中对"公共秩序和安全"作了限制性解释。根据判决,"公共秩序和安全"不应该包含纯粹

---

① §8, Außenwirtschaftsgesetz vom 6. Juni 2013 (BGBl. I S. 1482).
② 参见倪同木:《中国外资并购国家安全审查规则的强化——一个比较法的视角》,载《世界经济与政治论坛》2014 年第 3 期。
③ 参见王雪莉:《西方主要工业国家(德国与美国)外资并购审查制度的比较研究》,中国政法大学 2011 年硕士学位论文,第 30 页。

的经济利益或者经济政策的目标。根据欧洲法院的另一判决①,与《欧洲联盟条约》第58条第1款"公共秩序和安全"相吻合的可以被本国法限制的投资行为首先出现在能源领域,因为能源的基本供应意义超出"纯粹的经济利益"。②

五、德国国家安全审查程序

德国《对外经济法》授权政府制定相关条例,就国家安全审查程序作出规定。但是,与该法第4条第2款有关的条例由经济与技术部会同外交部和财政部制定。

德国2009年修改的《对外经济法》和2013年修订的《对外经济条例》要求审查机构在获得外资并购相关信息之后主动进行审查,审查程序包括两个阶段:第一阶段是由经济与技术部决定是否实施审查,如其决定审查,则进入第二阶段,实施具体的审查并作出决定。③德国对外来投资者收购本国企业25%及以上股权的收购项目拥有审查权,包括收购者直接收购的股权及其通过下属公司或与其他公司的协议间接控制的股权。审查权的有效期为自收购合同缔结之日起三个月或自参与收购者公开宣布其收购要约之日(或取得控制权之日)起三个月,期限届满之后不得再进行审查而禁止并购或附加任何批准条件。④

德国国家安全审查程序因相关机构的通知而启动,而且对交易的监管时限只有三个月,使投资者承担较小的风险,反映了德国较为宽松的投资环境。然而,在外资并购国家安全审查中,由投资者主动申报而启动审查程序是一种常见的方式。投资者主动申报又可以分为自愿申报和强制申报,不同的启动方式有不同的效果。以德国为代表的机构通知方式由监管部门承担前期信息收集的工作,当确认可能存在危害国家安全的威胁时,再通知当事人提交材料,增加了对监管机构的要求,减轻了投资者的义务。运用这种审查启

---

① Rs. 72/83(Campus Oil Ltd. v. Minister for Industry and Energy),Slg. 1984,2727,Tz. 7.
② 参见孙立峰:《德国对外国投资者并购德国公司的安全审查制度及其法律对策》,载《西北大学学报(哲学社会科学版)》2012年第3期。
③ See Foreign Trade and Payments Ordinance, http://www.gesetze-im-internet.de/englisch_awv/englisch_awv.html,visited on 2017-7-25.
④ Id.

动程序的国家需要有具备较高效能的机构。投资者自愿申报以美国为典型，没有将申报作为投资者的强制性义务，相对宽松，但是并没有排除监管机构对该项交易的监督和管辖。CFIUS 对于其认为有国家安全风险的交易可以主动介入和监管审查，且介入不受时间限制，使当事人在交易完成后仍可能面临被认定危害国家安全而受到制裁的风险，从而促使当事人主动申报。投资者强制申报则将向有管辖权的监管机构进行申报作为投资者的义务，可以减轻监管机构的负担，对投资者提高了要求；同时，大多数国家还规定了不履行申报义务的投资者会受到的法律制裁，从而促使投资交易双方自觉申报。

从实施流程来看，审查可以分为单阶段审查和双阶段审查。其中，单阶段审查是指监管机构一般需要在一个期限内完成所有的审查工作。更多的国家采用的是双阶段审查，即通过初步审查和详细调查两个阶段完成审查过程。[①]德国采用的便是双阶段审查，也可以概括为初审和复审。德国经济与技术部在自收购合同缔结之日起三个月内，或自参与收购者公开宣布其收购要约之日（或取得控制权之日）起三个月内，进行初步审查。如果发现该收购需要进一步审查，经济与技术部应将其复审的决定通知收购方，并可以要求收购方提供全部收购文件。复审的期间为自收到全部收购文件之日起两个月内。如果复审认为收购危害德国公共秩序和安全，则可以暂停该交易或者对并购附加限制条件。不过，该决定的生效须经联邦政府批准。[②]单阶段审查和双阶段审查各有优劣。单阶段审查将审查程序集中由一个机构行使，减少了部门间的协作，提高了效率，但是也增加了机构的工作量，不利于交易者与相关机构的沟通，缺乏公平性和透明度。双阶段审查分为两个阶段，第一阶段是一种简单的初步审查，便于监管部门快速批准没有明显的国家安全威胁的案件；若未能通过第一阶段审查，就会进入第二阶段审查。在第二阶段，并购交易将面临详细而彻底的审查，监管机构必须在该程序结束前作出对案件的最终裁定。相对而言，双阶段审查在一定程度上减少了各个阶段监管机构的工作量，针对不同类型的案件采取不同的解决方式，减轻了审查给简单案件

---

① 参见李群：《外资并购国家安全审查法律制度研究》，西南政法大学 2012 年博士学位论文，第 108—109 页。

② See Foreign Trade and Payments Ordinance，http://www. gesetze-im-internet. de/englisch_awv/englisch_awv. html，visited on 2017-7-25。

交易带来的影响,维持了投资者的积极性;针对复杂案件交易,通过第二阶段的详细审查后作出决定,从而可以保证国家安全不受损害。因此,双阶段审查的安排更为合理一些,为大多数国家所采用。

六、德国国家安全审查的责任制度

德国建立了审查机构的问责机制,就投资安全政策对本国民众负责,并维护外国投资者的合法权益,以维持本国投资环境的开放性。对经济与技术部在安全审查中作出的所有决定,投资者都有权在柏林行政法庭上质疑其正确性,以维护自己的合法权益。另外,在经济与技术部对并购交易作出禁止或附加条件的决定时,该决定的最终生效还须获得联邦政府的同意。由此可见,德国通过联邦政府的行政责任和行政诉讼的司法监督机制,建立了审查机构的问责机制。德国针对并购交易者违反外资并购安全审查的责任问题也作了明确规定,以保证相关规定的有效实施。如果收购方故意或因过失违反审查机关的最终决定,所递交的与并购相关的文件资料不完整、不准确,则过错方要受到行政处罚。[①]

德国自 2004 年修改《对外经济法》及《对外经济条例》,将国家安全审查制度加入其中以来,根据世界局势和本国的发展状况,不断地对它们进行修改,努力寻求其一贯奉行的开放、宽松的投资政策与公共秩序和安全利益之间的平衡点,逐渐形成符合本国国情和独具特色的国家安全审查制度。不可否认,随着经济社会的发展和现行国家安全审查制度在实践中的经验积累,德国还将不断修改和完善其国家安全审查制度。

保持投资环境的开放性是经济全球化的必然要求,外资并购安全审查制度的确立无疑会对一国投资开放政策产生一定的限制性影响。因此,外资并购安全审查制度在维护国家安全利益的同时,应避免由于国家安全审查措施不当所引发的投资保护主义。[②] 由于国家间的相互牵制,一国对他国的不公平政策必然会招致他国的不平等对待,因此在制定国家安全审查制度时,要

---

① 参见王小琼:《德国外资并购安全审查新立法述评及其启示》,载《国外社会科学》2011 年第 6 期。

② 参见王小琼:《德国外资并购安全审查新立法述评及其启示》,载《国外社会科学》2011 年第 6 期。

充分考虑该国的政治经济地位,结合该国的实际发展情况,制定开放的投资政策,协调国家间的利益,维护国家安全利益。

七、德国国家安全审查案例[①]

2016年,中国宏芯投资基金拟收购德国芯片生产商Aixtron,德国经济与技术部以交易可能影响国家安全为由否决了该项目。中国宏芯投资基金最终退还了此前购买的全部Aixtron股票。德国经济与技术部叫停该收购案是因为美国情报机构及媒体认为中国企业收购Aixtron是为了将芯片技术应用于军事领域。

德国芯片制造商Aixtron成立于1983年,由亚琛工业大学半导体技术研究所的成员创建,是一家专门为半导体芯片制造业生产设备的制造商。该公司提供的设备可用于制造先进的电子和光电子应用元件,而这些元件的利用范围包括LED应用、显示技术、数据存储、数据传输、能源管理和转化、通信、信号灯和照明技术以及其他尖端技术。Aixtron生产的芯片主要用于民用发光二极管的制造,也可以用于军事上的导弹和卫星控制系统。2016年,时任Aixtron首席执行官的顾样乐强调,过去十几年间,该公司的产品均得到出口许可。中国宏芯投资基金准备以每股6欧元的价格收购Aixtron约65%的股份,总交易额达6.7亿欧元。收购协议中规定,公司总部(位于德国黑尔措根拉特)和研发中心(位于德国总部、英国剑桥和美国加州森尼韦尔)位置不变,CEO等主要高管仍沿用现有的人员,中国宏芯投资基金将继续支持Aixtron的新技术和产品研发,所有技术和相关知识产权仍然归Aixtron所有,中方将获得6个监事席位中的4个。

2016年9月8日,德国经济与技术部曾批准该收购案,颁发了"无危害证明书"。但是,到了10月24日,德国政府又突然宣布撤销批准,重启评估程序。德国《商报》(*Handelsblatt*)报道称,德国政府撤回中资对Aixtron的收购

---

① 参见潘凌飞:《终于被美国搅黄了! 中国宏芯投资宣布放弃收购德国芯片企业爱思强》,https://wallstreetcn.com/articles/278297;《中资放弃收购爱思强 美国插手致交易失败》,http://news.163.com/16/1209/12/C7RGBTLP000187V8_all.html;《美情报机构介入 中企收购爱思强被叫停》,http://finance.sina.com.cn/stock/usstock/c/2016-10-28/doc-ifxxfuff6987489.shtml?cre=sinapc&mod=g,2018年6月29日访问。

批准缘于美国的干预,"美国情报部门通过驻柏林大使馆向德国总理府、经济与技术部、内政部、国防部的代表提交了一份报告",提醒德方中国可能会将从 Aixtron 获得的技术用于军事领域。在美国驻柏林大使馆 10 月 21 日召开的一次会议上,美国情报部门向德国方面展示了调查结果,其中包括 Aixtron 的产品也可以有军事用途的证据,指出收购可能让中国获得用于军事目的的芯片生产技术。12 月 8 日,中国宏芯投资基金宣布放弃对 Aixtron 的收购。

第五节 俄罗斯国家安全审查制度

作为"金砖五国"之一的俄罗斯,近年来致力于经济复苏与发展。为吸引外国投资并规范外商投资行为,2008 年,俄罗斯国家杜马通过了《外国投资者对保障俄罗斯国防和国家安全具有战略意义的商业公司投资程序法》(以下简称《俄罗斯战略外资法》),俄罗斯国家安全审查制度就此建立。该法就俄罗斯国家安全审查范围、审查标准、审查机构、审查程序等作出详细规定,提高了俄罗斯国家安全审查制度的透明度和稳定性,同时为保护俄罗斯的国家安全提供了明确的法律依据。

一、俄罗斯国家安全审查立法模式

(一)立法背景

俄罗斯为推动外国投资领域的国家安全审查立法,历经长达数十年的努力。根据俄罗斯 1993 年第 1466 号总统令,只有联邦法律和总统令才可以对俄罗斯境内外国投资者的活动规定限制性措施。早在 1995 年,俄罗斯就制定了《俄罗斯联邦外国投资法》,将其作为调整俄罗斯外国投资的基本法。外资有权购买俄罗斯商业组织的股票和有价证券,参与俄罗斯企业的私有化,享有获得土地、自然资源及其他不动产的权利。俄罗斯规定了外国投资领域的限制性例外,其原则是维护道德规范、公民健康和国防安全。但是,《俄罗斯联邦外国投资法》对外国投资行为的规范较为宽泛,仅仅指明一个方向,有待相关法律法规加以补充与完善。由于对国家安全审查的标准、程序等缺乏具体规定,导致在具体审查过程中标准不一,相关法律法规存在极大的不确定性。2001年,俄罗斯制定了《对外国在俄投资实行国民待遇、取消限制性规定》,规定如果外国投资者或俄罗斯法人的活动可能导致外资直接或间接控制某一经营法人,或威胁到国家的独立和安全,总统有权暂停或禁止上述活动。2004年8月,普京总统签署了"关于确定国有战略企业和战略股份公司名单"的命令,包括514家国有战略企业和549家战略股份公司,如俄天然气工业、俄石油运输、俄石油、俄铁路、俄统一电力系统等大公司以及一大批国防企业(国有股份不足25%的公司未入其列)。根据总统令,政府无权对它们实行私有化或向外资出售,只有经总统特批才能出售。

为吸引外国投资,俄罗斯政府在对外资审查方面相对宽松,导致国内某些战略性公司被外国投资者控制,对俄罗斯的国家安全产生极为不利的影响。为此,俄罗斯政府开始限制外资进入本国,并加快外国投资方面的立法。普京总统曾在2005年的年度报告中明确指出,有必要制定关于外国投资的一整套标准。[①]

直到2007年,俄罗斯才开始正式起草有关外国投资国家安全审查制度的具体草案。2008年4月,俄罗斯国家杜马通过《俄罗斯战略外资法》,经普京总统签署后正式生效。该法以战略性行业为核心,规定了外国投资的审查范围、审查标准以及审查程序。这一立法与美国等国家的立法有诸多相似之处,也可以说是对美国、欧盟、日本等国家和地区对外国投资进行限制立法的回应。

(二)立法模式

在《俄罗斯战略外资法》颁布以后,俄罗斯政府对与该法相关的其他法律进行了修改,如《俄罗斯联邦地下资源法》《俄罗斯联邦股份公司法》等,以配合该法的实施。为适应经济的发展,在《俄罗斯战略外资法》实施后,俄罗斯政府对该法相继进行了四次修改,对外国投资国家安全审查制度不断进行调整与完善。

结合俄罗斯政府对外国投资国家安全审查的立法情况来看,俄罗斯采取的是专门立法模式,即由立法机关单独立法,对外国投资国家安全审查的审

---

① 参见王佳慧:《〈俄罗斯战略外资法〉内容、变化及实施效果》,载《俄罗斯学刊》2014年第4期。

查程序、审查标准、审查机构等进行系统规定,并辅之以配套法律,使之成为一个较为完整的法律体系。专门立法模式使法律具有相对稳定性、可操作性,有利于投资者在进行海外投资时全面识别投资风险。这一立法模式为我国建立外国投资国家安全审查制度体系提供了借鉴。

二、俄罗斯国家安全审查范围

《俄罗斯战略外资法》第1条对调整范围的界定相对原则化,如何识别外国投资行为是否属于该法所规定的调整范围是执法部门、投资者关注的重点。因此,从法条的文本出发,对"外国投资者""战略性公司""控制""交易行为"作出界定,将有助于我们确定国家安全审查的具体范围。

(一)豁免审查交易

《俄罗斯战略外资法》第1条对该法所调整的法律关系作了概括,即该法调整外国投资者以获取战略性公司股份为主要形式的投资或交易行为,此类投资或交易行为会导致外国投资者对关涉国防和国家安全的战略性公司进行控制。

《俄罗斯战略外资法》在随后的修改中,规定了安全审查调整范围的例外。在2011年颁布的修订案中,俄罗斯作为一方成员国或与俄罗斯联邦签订国际条约的国际金融组织参与的交易被排除在外,免于安全审查的国际金融机构共计12家;①同时,将俄罗斯联邦政府或公民控制下的组织与战略性公司依据俄罗斯联邦税法和税收征收立法进行的交易(拥有双重国籍的俄罗斯联邦公民除外)排除在该法的调整范围之外。②

(二)依据收购公司的性质确定审查范围——对"外国投资者"的界定

首先,要明确外国投资者的范围,这是确定审查范围的第一步。通常意义上的外国投资者,是指外国公民、外国法人和非法人组织、外国政府、国际组织等。在对外国投资者的判定标准上,《俄罗斯战略外资法》沿用了《俄罗斯联邦外国投资法》对外国投资者的定义,以国籍标准识别外国公民,以所在

---

① 参见尚清、徐建东:《俄罗斯外商投资安全审查制度的新变化及启示》,载《经济纵横》2014年第12期。

② 参见王佳慧:《〈俄罗斯战略外资法〉内容、变化及实施效果》,载《俄罗斯学刊》2014年第22期。

地标准识别外国法人和非法人组织。① 同时,《俄罗斯战略外资法》对《俄罗斯联邦外国投资法》的相关定义进行了补充,其第 3 条第 2 款规定,将外国投资者控制下的、包括在俄联邦境内成立的机构定义为外国投资者,在外国投资者的判定标准中加入资本控制标准。

相对于外国公民、外国法人和非法人组织而言,俄罗斯对外国政府、国际组织的规定更为严苛。《俄罗斯战略外资法》将审查范围界定为外国政府、国际组织及其在俄联邦境内设置的机构,② 依据国际条约免于审查的除外。由于外国政府、国际组织及其机构身份的特殊性,在对外国投资方面具有一定的敏感性,一般目标国家对这些机构的投资会采取更为严格的审查程序。《俄罗斯战略外资法》明确规定,外国政府、国际组织及其机构不得对战略性公司实施具有控制性质的交易;如果它们能够直接或间接处置利用联邦级矿产资源的战略性公司 5% 以上的股份或其他战略性公司 25% 以上的股份,则须提请国家安全审查。③

(三) 依据目标公司的性质确定审查范围——对"战略性公司"的界定

目标公司所处行业也是影响审查范围的一个重要因素。《俄罗斯战略外资法》列举了对国防和国家安全具有战略意义的业务,规定对战略性公司的控制或交易可能引起国家安全审查。该法共列举了 42 类战略性业务,涉及核工业、自然资源、信息、军工、航空、电视及无线电传播、通信等领域。④ 在后来的修订案中,针对个别业务规定了除外条件,同时扩大了战略性业务的范围,将运输基础设施和运输工具纳入业务范围。

在对战略性业务范围的规定上,《俄罗斯战略外资法》对联邦级地下资源的限制相对于其他业务领域更为严苛。对有权利用联邦级矿产资源的战略性公司,外国投资者直接或间接控制其 10% 以上的股份、外国政府及其机构直接或间接控制其 5% 以上的股份的,须提请国家安全审查。⑤ 俄罗斯政府之所以对地下资源的规定更为严苛,是因为俄罗斯作为能源大国,矿产资源是

---

① 参见《俄罗斯联邦外国投资法》第 2 条。
② 参见《俄罗斯战略外资法》第 2 条。
③ 同上。
④ 参见《俄罗斯战略外资法》第 6 条。
⑤ 参见《俄罗斯战略外资法》第 5 条。

其主要的经济优势,在国民经济中占据重要地位;同时,矿产资源也是俄罗斯与欧美、日本、中国等进行政治博弈的筹码。①

通过明确《俄罗斯战略外资法》所调整的战略性行业,俄罗斯为外国投资者对俄投资提供参考。针对不同的行业,投资者可以更为清晰地预见投资风险,并及时采取应对策略。但是,俄罗斯规定的所有战略性行业是否均对国防和国家安全具有战略性影响,还有待商榷。根据《俄罗斯战略外资法》的规定,一些行业与国防和国家安全的关联性不大,如报业、渔业等。笔者认为,在确定战略性行业时,应详细评估其与国防和国家安全之间的关联程度,不宜作扩大解释,否则会造成对外国投资的限制过多,影响外国投资者的投资积极性。

(四) 依据控制权标准确定审查范围——对"被外国投资者控制"的界定

纵观各国立法,大多将外国投资者控制本国企业作为启动国家安全审查的前提条件。俄罗斯也作出类似规定,即战略性公司被外国投资者控制将可能触发国家安全审查。"控制"一般要求获得目标公司全部或部分资产的所有权或使用权,或者对目标公司管理层的任命权、经营决策权等能够产生重大影响。

《俄罗斯战略外资法》第 5 条对"控制"的判断标准作了明确规定。该条主要依据两种标准进行判断:其一,比例标准,依据外国投资者、外国政府及其机构直接或间接控制战略性公司的股份比例、对管理层成员的任命比例进行判断,一般情况下分别以 50%、25% 作为最低标准;而当涉及利用联邦级矿产资源的战略性公司时,在持股比例、选任比例上则分别以 10%、5% 作为最低标准。其二,效果标准,当外国投资者的控制未达到 50% 时,如对战略性公司产生实质性的控制,同样构成"被外国投资者控制"。

以比例标准和效果标准相结合的模式判断是否达到"控制",不失为一种合理的判断标准。对于比例标准,大多数国家将其作为判断"控制"与否的标准之一,只是在具体比例的设置上略有区别。这主要与各国经济发展状况有关,比例的高低是一国经济发展指标的体现。笔者认为,政府在比例设置上

---

① 参见赵超:《中外能源投资市场准入制度比较研究》,山西大学 2012 年硕士学位论文。

应适时根据国家经济指标的变化作出必要的调整,以适应市场监管的需求。因每个公司的股权结构、人事安排存在差异,当比例标准无法发挥作用时,结合效果标准进行综合判断,可以在一定程度上弥补比例标准的漏洞,结果会更为准确。

三、俄罗斯国家安全审查标准

(一)国家安全概念模糊

对特定的外国投资项目进行国家安全审查的目的在于保护本国的国家安全,这也是《俄罗斯战略外资法》的制定目的。是否危害本国的国家安全,成为政府衡量特定投资项目能否通过的标准。那么,该如何界定国家安全本身的范围?

国家安全是一个不断演进、变化的范畴,并因每个国家的政治、经济、文化等方面的差异而有所不同。美国在对此进行定义时,认为国家安全一般是指一个国家保护它的内部社会制度不受外来威胁的能力。[1] 我国商务部在解释"国家安全"时指出,这是"一个相对宽泛同时内涵又不十分明确的概念,一般包括军事安全、经济安全和政治安全等"[2]。比较各国对国家安全的定义不难发现,国家安全的范畴通常涵盖一国的政治、经济、军事、文化、能源等方方面面,涉及影响国家根本利益的各种要素。

《俄罗斯战略外资法》对危害国家安全作了界定,即给个人、社会和国家利益造成危害的总和。[3]国家安全包含个人、社会和国家利益,而利益本身又受到政治、经济、文化等方面的影响,因此国家安全的范畴很难界定。该法第10条第1款规定了国家安全审查的内容,通过审查战略性公司是否具备特定许可证、经营权限,所拥有的知识产权情况,是否向军方供货等情况,判断是否危害国家安全。尽管该条款所列事项十分具体,但是并不能涵盖影响国家安全的所有因素。

---

[1] 参见刘跃进:《论国家安全的基本含义及其产生和发展》,载《华北电力大学学报(社会科学版)》2001年第4期。

[2] 转引自陈垦:《外资并购的国家安全审查概念与实践》,载《中国外资》2011年第24期。

[3] 参见《俄罗斯战略外资法》第3条。

(二)国家安全审查的标准

《俄罗斯战略外资法》始终没有对国家安全作出明确界定,致使国家安全审查无明确标准可依。在缺乏明确标准的情况下,这会增加主管机关在对相关问题判断上的主观性,降低法律适用的可预测性。为此,有必要明确国家安全的范畴,为确定国家安全审查标准提供依据。

通过分析《俄罗斯战略外资法》所规定的42类战略性业务,[①]可以明确俄罗斯国家安全的大致范畴。该法将42类战略性业务归纳为对国防和国家安全具有战略意义的业务,具体如下:(1)该法第6条第4—10、17—33、38项列举了核工业、武器及军事装备、航空设备等,这些都是涉及国防军事的重要产业,体现了国防安全在国家安全审查中的重要性。(2)该法第6条第39—40项规定了能源产业。俄罗斯是著名的能源大国,能源是国家经济的支柱产业,体现了俄罗斯对能源安全、经济安全的重视。(3)该法第6条第11—16、36—37项规定了信息业务、通信业务,体现了俄罗斯对信息安全的重视。

通过上述分析,国家安全的范畴可以归纳为国防安全、能源安全、经济安全、信息安全等。当然,这样的归纳方法相对片面。具体如何界定国家安全的范畴,还有待俄罗斯联邦进一步立法。

四、俄罗斯国家安全审查机构

根据《俄罗斯战略外资法》的规定,与国家安全审查相关的机构包括国家安全审查的主管机关、俄罗斯联邦政府外国投资者监管委员会(以下简称"监管委员会")、俄罗斯联邦安全局和国家保密委员会。对于这些机构在国家安全审查中的作用,立法上也作了明确规定。

(一)国家安全审查的主管机关

《俄罗斯战略外资法》明确规定了主管机关在国家安全审查中的职责权限。主管机关主要负责接受投资者的申请,对申请进行初审,并将初审情况提交给监管委员会;同时,作为沟通的桥梁,负责向俄罗斯联邦安全局、国家保密委员会等部门进行咨询,充当监管委员会与投资者之间信息传递的纽

[①] 参见《俄罗斯战略外资法》第6条。

带;在安全审查结束后,负责对投资者附条件交易行为的持续监督。① 从职责权限来看,主管机关是监督外国投资的执法机构,对交易是否危害国家安全没有最终的决定权。

但是,《俄罗斯战略外资法》没有明确规定主管机关由什么部门担任。从后来颁布的《关于成立监督外资进入战略企业的政府委员会的决议》以及执法情况来看,主管部门由俄罗斯联邦反垄断局下设的外国投资监督局担任。它是政府的常设机构,负责对俄罗斯境内所有外国投资的监督。

(二) 监管委员会

监管委员会是审查外国投资项目的决定机关,由联邦政府批准设立。监管委员会主席由总理担任,并由多部门部长担任委员,"是一个由总理领导,多部门组成的特设的、常设的、高级别的审查机构"②。

在职责权限方面,根据《俄罗斯战略外资法》的规定,监管委员会主要负责对外国投资项目的再审工作,并就外国投资是否通过行使最终决定权;在附条件通过的决议中,规定外国投资者应承担的义务。③ 在决策机制方面,监管委员会实行简单多数决机制,"在表决票数相同时,委员会主席即总理拥有一票决定权"④。

(三) 俄罗斯联邦安全局和国家保密委员会

根据《俄罗斯战略外资法》第 10 条的规定,俄罗斯联邦安全局和国家保密委员会在安全审查中的主要职责是向主管机关提供咨询服务。若外国投资项目导致外国投资者可能或已经取得对战略性公司的控制权,则主管机关应向俄罗斯联邦安全局发出咨询,后者应就相关交易是否危害国家安全提供咨询鉴定书。⑤ 若外国投资项目可能涉及国家秘密的范畴,则主管机关应向国家保密委员会发出咨询,后者应依据相关国际条约的规定,向主管机关提供外国投资者是否可接触国家秘密的咨询鉴定书。⑥

---

① 参见《俄罗斯战略外资法》第 9、10、12、13 条。
② 孟国碧:《论身份混同背景下我国外资并购中国家安全审查机构的完善》,载《求是学刊》2014 年第 5 期。
③ 参见《俄罗斯战略外资法》第 11、12 条。
④ 国家发展改革委外事司:《俄外资审批制度新动态》,载《中国经贸导刊》2008 年第 16 期。
⑤ 参见《俄罗斯战略外资法》第 10 条。
⑥ 同上。

从俄罗斯国家安全审查机构的设置来看,审查机构为专门机构,采用审查权与决定权分离的模式,[①]审查权主要由主管机关行使,决定权则在监管委员会手中。这样的设置有利于明确各部门之间的职责划分,发挥监管委员会的监督作用,防止在单一审查机构模式下专断行事,损害投资者的合法利益。

五、俄罗斯国家安全审查程序

(一)申请阶段

根据《俄罗斯战略外资法》第8条的规定,外国投资者的投资项目如属于法定的交易类型,应当向主管机关提出交易申请或控制申请。依据第15条的规定,若外国投资者不提出申请,则构成违法行为,交易可能无效、被撤销等。从法条的规定可以看出,俄罗斯采取的是投资者自行申报方式,且在符合特定条件的情况下强制外国投资者进行申报,否则须承担相应的法律责任。

强制投资者主动申报的模式有助于减轻审查机构的负担,无须对所有外国投资项目一一进行审查;规定不履行申报义务的法律责任,能够在一定程度上促使外国投资者自觉进行申报。与我国的申报模式相比,俄罗斯没有规定机构主动介入的程序。如投资者的投资项目涉及危害国家安全而又不属于法律明确规定的类型,则以审查机构主动介入的模式启动国家安全审查程序,有助于弥补法律的漏洞。俄罗斯在审查程序的启动上的规定还有待进一步完善。

(二)初审及咨询阶段

根据《俄罗斯战略外资法》的规定,初审程序由主管机关负责。主管机关根据外国投资者递交的申请文件,在14个工作日内进行登记并予以审查。具体审查内容如下:若相关交易不构成对战略性公司的控制,主管机关退回申请或批准该交易;若外国投资者无权对战略性公司进行相关交易,主管机关应将相关申请文件递交监管委员会进行再审;若已完成相关交易,不论是否导致控制战略性公司,主管机关应向俄罗斯联邦安全局进行咨询,如涉及国家秘密,同时须向国家保密委员会发出咨询,在取得咨询鉴定书后,将咨询意

[①] 参见李群:《外资并购国家安全审查法律制度研究》,西南政法大学2012年博士学位论文,第52页。

见与主管机关的意见同时提交监管委员会进行再审。①

（三）再审及决定阶段

监管委员会负责对相关交易进行再审并作出最终决定。监管委员会依据主管机关提交的咨询鉴定书、意见书以及申请文件，对相关交易进行审查，并作出批准交易、附条件批准交易或不批准交易的决定。②

虽然监管委员会的决定具有终局性，但是当申请人对决定不服时，可以通过司法救济的途径提出反对意见。外国投资者针对监管委员会作出的批准交易或不批准交易的决定，可以向俄罗斯联邦最高仲裁法院提起诉讼。③法律为外国投资者提供司法救济的手段，能在一定程度上起到对监管委员会、主管机关等审查机构的监督作用，同时保护外国投资者的合法利益。

（四）附条件交易

附条件交易允许投资者在履行一定义务的前提下实施相关交易，通过灵活变通的条件调整外国投资关系，避免"一刀切"地否定或肯定相关交易。《俄罗斯战略外资法》第12条详细规定了外国投资者在附条件批准的决议中承担的义务内容与种类。为督促外国投资者履行相关义务，法律规定以协议的形式确定外国投资者的义务与责任，并经外国投资者签署、监管委员会通过后生效。对于相关义务的履行，由主管机关进行持续监督。若外国投资者不履行相关义务，则须承担相应的法律责任。在特定情况下，主管机关为保护国家安全，可以变更、调整义务的内容。

附条件批准的决议通过对相关交易的修改以消除对国家安全的威胁，是大多数国家在国家安全审查中最常使用的方式之一。相对于批准、不批准而言，附条件批准更具灵活性与可调节性，监管委员会通过对外国投资者施加特定义务，可以将对国家安全的威胁控制在可承受的范围内，在平衡外国投资与维护国家安全之间寻找到一条折中之路。虽然附条件批准的方式值得肯定，但是《俄罗斯战略外资法》在投资者承担的义务方面的规定相对模糊。法律虽列举了多个具体的义务内容，但缺乏一个明确标准，政府可能随时附

---

① 参见《俄罗斯战略外资法》第9、10条。
② 参见《俄罗斯战略外资法》第11条。
③ 同上。

加一些其他义务,使得附条件批准像一把高悬在外国投资者头上的"达摩克利斯之剑"。① 在义务范围的设定上,法律还需进一步明确监管委员会在为投资者设定义务时应遵循的标准。

完善外国投资国家安全审查制度是维护国家安全的重要举措,是各国共同面临和关心的问题。《俄罗斯战略外资法》虽然存在一些不足,但是它提出了一系列富有成效的制度措施,为俄罗斯吸引外国投资提供了一个更加透明开放的环境,同时为维护国家安全提供了法律依据。

同样作为"金砖五国"之一,我国的经济发展模式及外国投资状况与俄罗斯具有相似之处。但是,我国在外国投资国家安全审查制度的构建上起步较晚,至今未形成一套完整的体系。2011年颁布的《国务院办公厅关于建立外国投资者并购境内企业安全审查制度的通知》虽规定了安全审查的范围、内容、程序等,但过于原则化,许多规定较为模糊,缺乏可操作性。在2015年商务部公布的《外国投资法(草案征求意见稿)》中,对国家安全审查制度的规定更为详细,但是在部分条款的设置上仍存在不足。为此,有必要借鉴俄罗斯的外国投资国家安全审查制度,对我国的国家安全审查制度予以完善。

我国有关国家安全审查制度的立法相对较晚,以2011年《国务院办公厅关于建立外国投资者并购境内企业安全审查制度的通知》为基础,外资并购国家安全审查制度才逐步建立。该通知是由国务院制定并颁布的,属于国务院的规范性文件,其效力级别较低。国务院办公厅在2015年印发了《自由贸易试验区外商投资国家安全审查试行办法》,对自贸区范围内的外商投资进行约束。在上位法缺失的情况下,国务院不时以规范性文件调整外商投资关系,容易导致立法上的混乱,执法机关在适用法律上也会出现不一致的状况,更可能助长外国投资者利用法律漏洞牟取不正当利益。

为此,有必要借鉴俄罗斯的立法模式,完善我国有关国家安全审查制度的立法。《俄罗斯战略外资法》由国家杜马通过,采取的是专门立法模式,相当于我国部门法的效力级别,政府相关部门在制定具体的实施细则、标准时均可以该法为准。在国家安全审查制度的立法上,我国应提高立法层级,避

---

① 参见徐维余:《外资并购安全审查法律比较研究》,华东政法大学2010年博士学位论文。

免出现混乱。如果我国外国投资法能顺利通过,将有效解决立法层级上的问题,并形成统一规范的国家安全审查制度。

我国在审查机构的层级设置上与俄罗斯类似,依据 2011 年《国务院办公厅关于建立外国投资者并购境内企业安全审查制度的通知》,商务部负责接受申请,并对是否属于国家安全审查的范围进行判断;部际联席会议负责再审,并作出最终决定。但是,从我国的立法与实践来看,在机构本身的设置上,部际联席会议是一个临时性、不确定的工作小组,组成人员的级别也不明确,严重影响审查的效率与质量。即使在 2015 年《外国投资法(草案征求意见稿)》中,也未明确部际联席会议的性质。《国务院办公厅关于建立外国投资者并购境内企业安全审查制度的通知》规定以"意见基本一致"作为决策标准,决策机制上的模糊规定导致很难有效、及时地作出正确决策。

为此,我国可以借鉴俄罗斯国家安全审查机构的设置模式,将部际联席会议作为一个常设机构确立下来,以提高国家安全审查的效率,防止部门之间相互推诿。在具体组成人员上,由相关部门的负责人组成部际联席会议,使其在具体审查过程中能够对相关内容起到决定性作用,避免层层申报、请示的程序。在表决机制方面,法律应当明确决策标准,如全体同意、多数同意等,具体如何设计由立法者进行衡量。

不仅是俄罗斯,美国、法国、英国、澳大利亚等国都存在附条件批准相关交易的立法与实践,这种灵活的决议方式受到大多数国家的青睐。我国在《国务院办公厅关于建立外国投资者并购境内企业安全审查制度的通知》中仅规定了批准与不批准两种决定方式,没有对附条件批准作出规定。但是,在《外国投资法(草案征求意见稿)》中,提到联席会议可以作出附条件交易的决定。

从我国的立法动态以及国际上的普遍做法来看,将附条件交易的内容写入国家安全审查制度中是国家安全审查立法的趋势所在。但是,在对附条件交易条款的具体设计上,我国不应全盘吸收俄罗斯的做法。因两国在机构设置上的相似性,我国可以借鉴俄罗斯在附条件交易的形式、决定权的配置、事后监督程序等方面的规定。在附条件交易的具体义务上,我国应明确外国投资者应承担的义务类型,给予外国投资者预判的空间。

第六节　英国国家安全审查制度

英国国家安全审查制度的发展与其长期奉行的自由开放的贸易投资政策相关,其制度建立并不具备体系性和完整性,而是分散规定在有关竞争的法律之中,这也恰恰形成了英国独具特色的国家安全审查制度。

一、英国国家安全审查制度的立法背景

国家安全审查制度的完善不仅对一国健全其监管制度体系具有重要意义,也是其建立国家安全风险防御体系的重要举措。在经济全球化的背景之下,外资并购已经成为发达国家输出经验和发展中国家引进经验的重要选择,但是由外资并购所引起的国家安全问题也受到各国的高度关注。当经济利益和社会发展触及一国的国家安全乃至政治利益的时候,各国对外资并购实行严格的安全审查制度也就不足为奇。关于如何构建国家安全审查制度,诸多发达国家甚至发展中国家都为我们提供了丰富的实践经验。当然,随着经济的进一步发展,法律政策也会适应不同的发展环境而进行变动、更替。

英国作为一个具有悠久的崇尚自由贸易历史传统的国家,也开始在相关法律中对外国投资国家安全审查作出规定,其原因主要在于两个方面:一个是欧盟①体制内的因素。欧盟各国的外资并购国家安全审查制度的内容与其他西方发达国家有着显著的区别。进入 21 世纪以来,受到来自《欧洲联盟条约》所确立的资本自由化原则的制约,欧盟各成员国的立法都要受到欧盟委员会的审查,以遵循不得违反资本自由的基本原则。欧盟主要国家纷纷修改其外资立法,加大外资并购国家安全审查的力度,而且审查标准趋于严格,审查范围愈发扩大。② 另一个推动英国建立国家安全审查制度的因素来自国际大环境。虽然随着经济全球化的发展,各国之间相互牵制,国际政治关系趋于缓和,但是各种围绕历史文化和利益的地区冲突依旧不断;即便是没有战乱干扰的国家,其国内社会矛盾也日益突出。各国面临的威胁不仅仅指传统

---

① 2018 年 6 月 26 日,英国女王伊丽莎白二世批准英国脱欧法案,允许英国退出欧盟。目前,欧盟与英国的脱欧谈判仍在进行中。

② 参见潘德勇:《欧盟外资并购国家安全审查制度对中国的启示》,载《湖北经济学院学报》2013 年第 3 期。

的国防和军事安全,还包括疾病、贫穷、环境恶化、核武器和恐怖袭击等众多不安定因素,经济跨越国境的发展无疑会使相关不安定因素在世界范围内蔓延。面对种种新型安全威胁,各国在其外商投资法或外资并购法中设定国家安全审查规则极具现实意义。因此,英国也建立了国家安全审查制度,收紧其一贯奉行的自由开放的贸易政策。

英国没有针对外国投资进行国家安全审查的专门法律规定,不过其《企业法》授权政府根据国家或公共利益阻止国内或国外投资者的并购。同时,英国也对特定领域的外国直接投资进行限制,对一些重要的私有公司持有特定的股份,以便在特殊情况下限制外国投资者的控制权或是由政府行使特定的否决权。① 虽然英国《企业法》中政府对企业进行规范的本意是维护市场竞争秩序和反垄断,但是该法于 2002 年修订后明确规定,当并购交易涉及国家安全时,英国国务大臣有权基于公共利益发布干预通知,进行调查。② 早在 1975 年《工业法》中,就有关于国家安全审查内容的规定,即当英国的重要制造业企业的控制权转让给非英国居民,从而与"英国的利益"相抵触时,英国政府有权禁止该转让。③ 同样,英国 1973 年《公平贸易法》规定对外资并购进行反不正当竞争审查,允许对对竞争以及公共利益产生不利影响的交易进行审查。英国 2002 年《企业法》已经将 1973 年《公平贸易法》中有关公共利益的内容进行了更正。不过,需要强调的是,2013 年,英国颁布了《企业管理改革法案》。该法案的出台是对英国企业管理方面法律的修正,也对 1998 年《竞争法》和 2002 年《企业法》的有关内容进行了修正。④ 因此,英国目前对外资进行国家安全审查的主要法律依据就是根据 2013 年《企业管理改革法案》进行修改的《企业法》。

英国国家安全审查制度采用的是混合立法模式,与德国、法国有着类似的考虑。英国在外资方面奉行宽松的投资政策和自由的贸易原则,没有专门

---

① 参见潘德勇:《欧盟外资并购国家安全审查制度对中国的启示》,载《湖北经济学院学报》2013 年第 3 期。

② 参见贺丹:《企业海外并购的国家安全审查风险及其法律对策》,载《法学论坛》2012 年第 2 期。

③ 同上。

④ See Enterprise and Regulatory Reform Act 2013, http://www.legislation.gov.uk/ukpga/2013/24/introduction,visited on 2017-11-30.

的外商投资立法和外资并购国家安全审查的规定,对外资并购的监管更多是依靠竞争法律的规定。英国《企业法》中对国家安全审查的规定正是出于维护市场竞争秩序和反垄断的目的。

二、英国国家安全审查制度的审查机构

依据英国2013年颁布的《企业管理改革法案》的修订内容,新设立的机构竞争和市场管理局(Competition and Markets Authority)取代之前《企业法》中规定的竞争委员会(Competition Commission)和公平交易办公室(Office of Fair Trading, OFT),并行使它们之前行使的职能。因此,英国国家安全审查制度的审查机构变为竞争和市场管理局与国务大臣。

国家安全审查机构包括执行机构和权力机构,从二者是否为同一机构的角度进行分类,可分为单层监管模式和双层监管模式。从国家安全审查机构的设置来看,英国没有分别设立执行机构和权力机构,属于单层监管模式,竞争和市场管理局同时享有审查权和决定权。竞争和市场管理局应就其承担的国家安全审查工作向国务大臣和相关政府部门报送工作报告,国务大臣有权提出相关意见。此时,竞争和市场管理局需要重新进行报告。在英国国家安全审查制度中,竞争和市场管理局有权就相关问题向有关政府部门进行咨询,同时也受到来自政府或国务大臣的监督。[①]

三、英国国家安全审查制度的审查目的与对象

英国国家安全审查制度的审查目的在于维护国家安全利益与维持公共秩序和安全,其依据是2013年颁布的《企业管理改革法案》。实际上,从之前的《企业法》也可以看出英国国家安全审查制度的审查目的,只是当时英国将国家安全审查制度的内容规定在关于竞争的法律之中,其目的仍在于维护公共利益。这种"公共利益"在广义上既包括国家安全和媒体多样化,也增加了对金融行业稳定性的维护。[②]国家安全审查制度的审查目的具有明显的模糊

[①] See Enterprise and Regulatory Reform Act 2013, Part 3, http://www.legislation.gov.uk/ukpga/2013/24/part/3, visited on 2017-12-1.

[②] See Enterprise Act 2002, Chapter 2.

性。当然,模糊的概述往往有利于对本国国家安全利益或公共利益的维护。英国进行国家安全审查的项目主要集中在国防安全方面。例如,2003—2008年,英国对7项交易进行了安全审查,其中有5项属于国防工业领域。2007年1月,美国通用电器公司宣布,计划以48亿美元收购英国史密斯宇宙航空公司。当年3月14日,欧洲委员会发出通告,决定审查这项交易对竞争范围的影响。随后,英国方面也对这项交易对国家安全可能造成的影响进行了分析和审查。最后,这项交易在史密斯宇宙航空公司和通用电器公司以书面形式作出以下保证后才获得批准:第一,由在英国境内的公司直接控制并雇用英国公民主管其参股的与军用工程相关的英国企业,该企业与国家安全有关的事项必须在6个月内通知国防部门;第二,由符合规定的人员管理与军用工程相关的工作,不允许不符合规定的人员接触国家机密资料,严格禁止与防范国家机密资料泄露到国外;第三,遵守英国知识产权方面的法律规定。①

在经济活动不断国际化的趋势下,针对所有外资并购行为进行国家安全审查是不现实的。因此,很多国家都规定了本国进行国家安全审查的重点领域,这些领域一般包括国防军事、关键性基础设施、关键技术、战略性和敏感性产业等。各国确定国家安全审查制度的审查对象有不同方法:第一种是根据控制权确定审查对象,几乎所有国家在确定审查对象时都要确定"控制权"标准,只有当并购交易使外国投资对本国企业达到控制程度时,才可以启动国家安全审查程序,主要包括以效果界定控制权、以比例界定控制权和使用双重标准进行界定;第二种是根据目标性质确定审查对象,也就是目标公司所在行业属于关键行业或者所提供的服务涉及国家安全问题;第三种是根据收购公司身份确定审查对象,可以对外国政府和本国政府实体的投资进行区分,也可以将投资者按国内外进行划分等。②

英国国家安全审查制度的审查对象在其2002年《企业法》中表现为欧盟国家和非欧盟国家的区别,对于涉及欧盟国家的并购,需要遵循欧盟的相关

---

① 参见张国凤、吴雄文:《建立和完善外资并购安全审查制度对军工企业改革与发展的影响》,载《国防科技工业》2011年第3期。
② 参见李群:《外资并购国家安全审查法律制度研究》,西南政法大学2012年博士学位论文,第62—71页。

规定,或依据国家政策采取与非欧盟国家不同的审查程序。①由于是在有关竞争的法律之中对国家安全审查制度进行规定,因此审查对象的列出也主要是参照竞争法上的规定。英国在2002年《企业法》中规定的需要进行审查的企业包括:一种是已经完成并购行为,形成并购状态,并且这种状态已经导致或者有可能导致减弱英国国内某个或某些商品或服务市场竞争程度的企业;另一种是预期将要进行并购,这种并购会导致出现相关并购状态,而且这种状态有可能导致实质性地减弱英国国内某个或某些商品或服务市场竞争程度的企业。②英国没有对需要审查的具体企业所在的领域进行规定,原则上,符合上述《企业法》规定的条件的企业均会受到相应的审查。

从英国有关国家安全审查对象的规定可以看出,各国会根据自己不同的经济发展和投资贸易情况确定宽严不同的审查范围。英国国家安全审查对象的确定与其竞争法的内容紧密相关。我们无法也不需要找出统一的分类标准,只要真正适合一国经济社会发展,有利于维护其国家安全的审查对象范围都是可取的。

四、英国国家安全审查制度的审查标准与程序

国家安全审查标准与审查目的密不可分,审查和评估标准会因各国审查目的不同而表现各异。审查标准往往没有明确的量化规定,而是从并购等经济行为已经或可能产生的社会效果角度进行评价,进而对产生的效果进行审查目的上的评判,如果与审查目的相左或不利于审查目的的实现,就要实施相关安全审查程序。如何对被纳入国家安全审查范围的审查对象进行评估以决定其是否会妨碍该国实现其国家安全审查目的,是外资并购国家安全审查的重大问题。虽然不同国家会有不同的国家安全审查标准,但是对国家利益和公共利益等根本利益的维护是每个国家构建其国家安全审查制度首要的、不可或缺的目的。

英国国家安全审查制度的审查标准之重点在于公共利益,这种公共利益在广义上既包括国家安全和媒体多样化,也包括对金融行业稳定性的维护。

---

① See Enterprise Act 2002, Chapters 1, 34A.
② See Enterprise Act 2002, Chapters 1, 33.

任何企业的并购，但凡涉及上述利益，都可能触发国家安全审查程序。审查程序的公正性是国家安全审查制度发挥作用的重要保障。审查程序可以分为程序的启动、程序的实施以及决定结果的发布。

根据英国《企业法》的规定，由公平交易办公室依据竞争委员会的意见对符合审查对象条件的企业进行审查，如果发现企业的并购行为没有对市场造成影响，无法支持竞争委员会的意见，或者企业合并行为将带来的效益大于其消极影响，均可以不予审查。① 同时，国务大臣也可以提供合理的理由，以证明相关并购行为可能给公众利益带来影响，从而要求公平交易办公室进行审查。② 英国的公平交易办公室和国务大臣在国家安全审查事项上的权力定位有所不同。应该说，2002年《企业法》的修正进一步推动了英国竞争审查事务决策的非政治化倾向，国务大臣不再有权决定企业合并控制的问题，这一决定权被赋予公平交易办公室和竞争委员会；只有当涉及特别的公共利益如国家安全时，国务大臣才可以参与决定。如果国务大臣想以维护公共利益为由干预竞争和审查事务，则必须发出干预通告。国务大臣也无权参与市场调查的决策过程。市场调查同样由公平交易办公室发动，它也可以决定是否向竞争委员会移交市场调查权以作出进一步的市场调查。此时，竞争委员会将根据有无竞争问题作出决定，如果涉及竞争问题，将进一步决定合适的赔偿。公平交易办公室将市场调查权移交竞争委员会之后，后者便具有市场调查的最终决定权。③ 2013年，随着《企业管理改革法案》的颁布，公平交易办公室和竞争委员会被废除，由竞争和市场管理局与国务大臣实施相关审查，审查程序基本上还是按之前的规定。为了实现新审查机构之间的相互制约，《企业管理改革法案》还允许国务大臣针对所撤销的两个机构与新机构之间权力的承继提出建议。④ 英国具有重视程序的优良法律传统，因此审查机构在进行并购审查的过程中，要披露和公开法律所要求的内容。除了受保护和不适合公开的信息之外，审查机构作出的每一个决定和命令以及审查的每个环节都要

---

① See Enterprise Act 2002, Part3, Chapter 1.
② See Enterprise Act 2002, Part3, Chapters 2, 42.
③ 参见王健：《2002年〈企业法〉与英国竞争法的新发展》，载《环球法律评论》2005年第2期。
④ See Enterprise and Regulatory Reform Act 2013, Part3, Chapter 27.

予以披露,接受监督。①

对国家安全审查机构行使权力的过程进行监督,除了程序上要求审查机构将审查过程中的相关决定和需要公开的信息予以披露外,还应辅之以诉讼程序,以充分保障相关市场主体的投资权益。根据英国相关法律的规定,投资者有权对竞争和市场管理局与国务大臣的任何决定向竞争上诉法庭(Competition Appeal Tribunal)上诉。对于竞争上诉法庭的具体组成、审查案件的具体范围以及审理的具体程序规则,法律都作了十分详细的规定。②这样的制度设计,不仅有助于规范审查机构的权力行使和确保责任到位,也赋予被审查者对审查决定的抗辩权,保护投资者的合法权益。

英国国家安全审查制度的特色十分明显,在有关竞争的法律之中对国家安全审查制度进行规定,其内容原本是针对竞争事项进行规定,但是在有关竞争审查的案件中也包含对国家安全和公共利益产生重要影响的案件,使得有关竞争方面的法律也渐渐进入国家安全审查研究的视野。英国没有针对国家安全审查这一制度进行专门立法。虽然是否进行专门立法没有绝对的优劣之分,但是英国关于国家安全审查的法律规定"镶嵌"在《企业法》和《外商投资法》之中,还是略显内容的不足和重视程度的不够。除了《企业法》,英国有关外商投资的政策中也有对特定领域外国投资的限制、政府对一些重要的私有公司持有特定的股份等举措。当然,英国最初积极秉持自由开放的贸易政策,只是近些年在特殊因素的促动下才开始关注国家安全审查问题,其关于国家安全审查的制度规范还应进一步予以完善。英国也在考虑修改其《外商投资法》或审查程序。③

---

① See Enterprise Act 2002, Part 3, Chapters 1, 38.
② See Enterprise Act 2002, Part 2.
③ 参见潘德勇:《欧盟外资并购国家安全审查制度对中国的启示》,载《湖北经济学院学报》2013年第3期。

第四章
我国国家安全审查制度之完善

我国的市场开放程度越来越高,吸收利用外资的规模不断扩大,外资对我国经济的快速发展做出了重要贡献。但是,也要注意到,外资在为我国经济发展注入资金、技术、管理等动力的同时,也带来了很多挑战。例如,外资可能利用其资金、技术、管理上的优势,在行业内建立垄断性优势,可能将行业内的中小企业逐出市场,达到限制甚至消除竞争的效果。如果所在产业的国内企业相对较弱,缺乏竞争实力,外资最后甚至会威胁该产业的安全。另外,我们需要的是高新技术、高端产业的外国投资,但是往往也会有些高耗能、高污染的外国投资项目,利用我国在能源消耗、环境要求方面的缺位或不足,将落后产业项目迁移到我国,对我国能源、环境造成损害。在外资可能带来的所有风险中,对国家安全的威胁是最不能容忍的。国家安全是立国之本,是经济社会健康有序发展的前提,是利用外资中不容触碰的底线。

为了在开放的外资政策与国家安全之间找到平衡,很多国家建立了外国投资国家安全审查制度,即在原则上保持开放的外资政策,积极吸收利用外资,同时建立个案审查制度,对可能危害国家安全的外国投资进行审查。我国吸收利用外资已经有一段时间,在规模上更是居世界前列,但是至今仍未建立起完善的国家安全审查制度。直至 2011 年,才有了《国务院办公厅关于建立外国投资者并购境内企业安全审查制度的通知》《商务部实施外国投资者并购境内企业安全审查制度的规定》,国家安全审查制度由此开始起步。我国在外资准入上实行严格的审批制度,在一定程度上发挥了安全审查的功能。但是,从已有的改革措施和发展趋势来看,我国的外资准入制度必然要经历较大的变化,外资准入将从审批制改为备案制,这种变化会使国家安全失去"审批屏障",也就必须通过建立完善的国家安全审查制度加以弥补和强化。

第一节 引发国家安全担忧的外资并购

外资在华并购投资案例的猛增以及所表现出的将我国一些重点企业、龙头企业作为并购对象的特点,引发了各界对外资并购中我国国家安全的广泛关注和担忧。本节将对备受关注的凯雷收购徐工机械案、阿赛洛米塔尔收购莱钢案进行梳理和介绍,以具体的案例阐释外资并购中的国家安全担忧。

一、凯雷收购徐工机械案①

(一) 收购背景

徐州工程机械集团有限公司(以下简称"徐工集团")是徐州市政府于1989年集合市内与工程机械相关的各企业组建而成的一家特大型国有企业集团。徐工集团是我国最大的工程机械开发、制造和出口企业,徐工机械正是其最核心的企业。但是,受国企所固有的一些体制性弊病的困扰,徐工集团的销售额虽然很大,利润率却一直不高。与此同时,国内同行业的后起之秀三一重工的净资产收益率一直保持在20%左右。因此,徐工集团开始寻求改制。

2002年,徐工集团确定了引资改制方向。在财务顾问摩根大通的建议下,徐工集团决定弃用在国内产权交易所挂牌转让的传统方式,由摩根大通进行国际化公开竞标,以求获得市场估值,实现国有资产的价值最大化。最初,包括凯雷亚洲投资公司(以下简称"凯雷")、美国卡特彼勒公司、华平创业

---

① 参见马韬:《凯雷收购徐工案谢幕》,http://www.infzm.com/content/8003;《凯雷、三一、徐工三国演义》,http://finance.sina.com.cn/temp/sysgkl.shtml,2018年6月29日访问。

投资有限公司、美国国际集团、三一重工等在内的六家机构参与了公开竞标。

(二)收购过程

在首轮出价中,凯雷就报出了接近徐工机械两倍净资产的价格。其后,凯雷的出价始终处于竞争者出价的高位。此外,凯雷的基金背景也为力保品牌不失的徐工集团所青睐。经过两轮激烈的投标、竞标,最终凯雷以其雄厚的资金实力、丰富的国际产业经验、对继续发展徐工集团自主品牌的全力支持等优势胜出。为了完成此次收购,凯雷专门于2005年2月15日在开曼群岛注册成立了全资子公司凯雷徐工机械实业有限公司(以下简称"凯雷徐工")。

徐工机械与凯雷的合资协议中规定,对现有员工3年内裁员比例不超过5%,合资企业只能使用"徐工"商标,凯雷持有股份锁定4年,海外上市后徐工集团有优先购买权。

为应对凯雷退出后可能出现同业竞争对手敌意收购,凯雷徐工向中国商务部提交了"毒丸计划"。这一补充协议约定:凯雷未来以公开发行股份上市的方式退出时,一旦有同业竞争对手获得上市公司15%以上的股份,"毒丸计划"将被启动——上市公司即刻向上述企业之外的所有股东,以人民币0.01元或等值外币的价格,按上述企业实际持有的股份数增发新股,以增加其为获得对上市公司的控制权而需收购的股份数量及对价。

徐工机械与凯雷还约定:凯雷徐工将以2.55亿美元购买徐工集团持有的徐工机械股权,分两次进行注资。最终,凯雷徐工将持有徐工机械85%的股权,余下的15%由徐工集团继续持有。另外,徐工机械在现有注册资本人民币12.53亿元的基础上,增资人民币2.42亿元,全部由凯雷徐工认购,凯雷徐工需要在交易完成后当期支付6000万美元;如果徐工机械2006年的经常性EBITDA(不包括非经常性损益的息、税、折旧、摊销前利润)达到约定目标,凯雷徐工还将另外支付6000万美元,此即"对赌"协议。

2005年2月,收购行动进入操作阶段。5月,凯雷已获得排他性谈判权,距离最后的胜利只有一步之遥,即等待有关审批的最后一个环节——商务部的批复。自2006年年初该项目上报后,商务部先后提出涉及多个方面的问题,要求交易方作出解释,但是审批始终悬而未决。

第四章　我国国家安全审查制度之完善

（三）收购失败

在收购双方等待商务部审批时，三一重工对凯雷收购徐工机械案提出质疑。在此之前，三一重工在竞标时就曾表示，有意出资4亿美元收购徐工机械，并且已经在制订相应的计划。然而，三一重工在第一轮竞争中就被淘汰。此时，三一重工又提出三点指责凯雷收购徐工机械案：一是徐工机械被贱卖。徐工机械是行业龙头企业，市场占有率极高，品牌价值高达人民币80亿元，凯雷徐工以相当于人民币20.69125亿元的等额美元购买徐工集团所持有的绝大部分徐工机械股权，是对徐工机械价值的严重低估。二是此次收购对民营企业和国内企业不公。三是此次收购可能损害中国经济安全。三一重工认为凯雷通过徐工机械这个中国的地方国有企业获得暴利，同时也将极大地伤害中国机械装备制造业的产业安全，这一战略产业的控制权应该掌握在中国人自己手中，不能卖给外资。三一重工的质疑引发了业界对凯雷收购徐工机械案的讨论和担忧。

徐工集团在回应中指出：按照国资委关于企业改制的相关规定，只要高于净资产的90%就不构成贱卖，而本收购案中，股权转让价格在净资产的基础上溢价70%，不可能构成贱卖。另外，凯雷作为财务投资者，尽管掌握凯雷徐工的控股权，但是经营上的控制权仍掌握在现有管理层手中。凯雷徐工的董事会将由9人组成，凯雷派出6人，徐工集团派出3人；第一届董事会的董事长和总经理均将由徐工集团派出，副总经理也将优先从徐工集团内部选派，财务总监则由凯雷方面的人士担任。更重要的是，协议还约定，合资公司董事会的任何决策，凡涉及徐工集团的重大利益，都必须有徐工集团的一票才可以通过。同时，凯雷徐工向商务部提交了一份"反垄断报告"，表明凯雷在收购徐工机械后并不会形成市场垄断，也不会妨碍国内工程机械市场的正当竞争。因此，徐工集团认为，此次收购并不会造成对民营企业和国内企业的不公，也不会损害中国经济安全。

2006年7月17日至19日，商务部连续三天召集所有与凯雷收购徐工机械案相关的单位，分批征求意见并详细询问细节问题。这是我国第一次因企业收购举行听证会。经过近一年的等待，原收购方案未能获得国家有关部门的批准。为此,凯雷和徐工机械于2006年10月16日重新签订收购协议。新协议对收购比例进行调整,将凯雷的持股比例由原来的85%降至50%。2006年11月11日,国资委批准了新的收购方案,收购的成败取决于商务部的最终审批结果。

在等待商务部批准的过程中,为保证获批,徐工集团、凯雷徐工、徐工机械于2007年3月16日签署了《〈股权买卖及股本认购协议〉之修订协议(二)》;同时,徐工集团和凯雷徐工签署了《〈合资合同〉之修订协议(二)》。这两份修订协议约定,徐工集团持有徐工机械55%的股权,凯雷徐工持有徐工机械45%的股权,徐工机械变更为中外合资经营企业。凯雷将支付人民币18亿元(约合2.33亿美元)用于收购徐工机械45%的股权。尽管如此,该收购还是一直未能获得商务部审批通过。2008年7月23日,徐工机械发布公告称,因为当时签订的相关协议的有效期已过,所以徐工机械方面不再与凯雷商谈合资事宜。至此,凯雷收购徐工机械案以失败告终。

近年来,引发外资并购热潮的主要原因有两个方面:一是政策的鼓励。我国陆续出台的《关于向外商转让上市公司国有股和法人股有关问题的通知》《利用外资改组国有企业暂行规定》《外国投资者并购境内企业暂行规定》等一系列政策文件,为跨国公司在我国进行大规模并购提供了可能性。二是地方政府的支持。对地方政府来说,外资似乎是极好的选择,既可完成国有企业改革的任务,又有招商引资的成绩。但是,由于我国相关制度还不够完善,目前外资并购仍存在较多问题。随着我国不断扩大外资市场准入,外资越来越多地从面向出口市场转向面向国内市场,与内资企业的竞争关系日益突出,在有些行业甚至有垄断之嫌。另外,外资企业越来越多地采用并购方式实现在我国的扩张,某些并购行为可能危及我国国家安全。例如,凯雷收购徐工机械案中,各关键人物的介入不得不让人怀疑外资对我国相关经济领域存在的潜在威胁。

二、阿赛洛米塔尔收购莱钢案①

(一)收购背景

山东莱芜钢铁集团(以下简称"莱钢集团")的总部位于山东省莱芜市,是国家重点企业之一,是山东省直属国有企业,也是中国品种最全的 H 型钢生产基地。按产量排序,到 2004 年年底,莱钢集团列全国第 8 位。但是,由于技术的不成熟以及销售渠道方面的缺陷,莱钢集团一直难以突破发展瓶颈。2005 年年初,莱钢集团出于自身长远发展考虑,提出内部改制计划。山东国有资产监督管理委员会也希望借改制的契机,为莱钢集团引入国外战略投资者,避免走向被整合的命运。

阿赛洛的总部位于卢森堡,截至 2006 年 5 月,在世界钢铁行业排名第二,是全球最大的 H 型钢生产企业,年产能约 4600 万吨,年销售额超过 200 亿美元。阿赛洛进军中国钢铁市场的想法由来已久,它与莱钢集团的接触始于 2004 年年底,此前还曾与包括青岛钢铁集团在内的多达 9 家钢铁企业进行谈判。但是,由于阿赛洛坚持必须控股,谈判大多无果而终。阿赛洛在接触莱钢集团之初,就明确表示希望得到莱钢股份的控股权。

莱钢集团提出的内部改制计划得到山东省国资委的支持后,阿赛洛进入莱钢集团的步伐由此加快。但是,由于控股权的原因,在长达 14 个月的谈判过程中,双方一直未能就收购达成一致意见。国家发改委于 2005 年 7 月 8 日出台的《钢铁产业发展政策》对双方的谈判影响很大,根据该政策,原则上不允许外商投资控股我国钢铁企业。

2006 年 1 月发生在世界两大钢铁巨头之间的一起恶意收购事件加速了阿赛洛与莱钢集团的合作。当时的全球最大钢铁生产商米塔尔宣布,出价 230 亿美元收购排名第二的阿赛洛。实际上,米塔尔在提出收购阿赛洛之前,

---

① 参见钱秋臣、康书伟:《阿赛洛牵手莱钢共谋 H 型钢霸主》,载《中国证券报》2006 年 2 月 27 日;谢岚:《阿赛洛提高对莱钢收购价 外资在华最大钢企并购案浮出水面》,载《证券日报》2007 年 9 月 5 日;陈姗姗:《收购价相对过低 发改委建议安赛乐-米塔尔购莱钢案重新修订》,载《第一财经日报》2007 年 3 月 13 日;张玉香:《无缘牵手莱钢 米塔尔转战东方再探政策底线》,载《中国联合商报》2007 年 12 月 24 日;高建锋:《阿赛洛同意加价参股莱钢 参股比例将降低 0.5%》,载《中国证券报》2007 年 8 月 13 日。

已于2005年以人民币27亿元收购了湖南"华菱管线"36%的股份。为进一步壮大企业规模,米塔尔又于2006年1月宣布收购阿赛洛。但是,阿赛洛董事会拒绝了米塔尔发出的收购要约,并称此举为"恶意"收购。这一"恶意收购计划"虽遭到阿赛洛的拒绝,但也迫使阿赛洛加紧了和莱钢集团的谈判,用收购莱钢集团来加大避免被收购的筹码。因此,在阿赛洛还未与米塔尔合并前,阿赛洛与莱钢集团的谈判取得了实质性进展。

(二) 参股的过程以及最终的失败

2006年2月24日,阿赛洛与莱钢集团正式签署协议,最终确定了阿赛洛与莱钢集团并列成为第一大股东的结果。阿赛洛同意收购莱钢集团手中持有的莱钢股份38.41%的股权,每股人民币5.888元,总价20.85亿元。若收购完成,阿赛洛将与莱钢集团并列成为第一大股东,且不违反2005年7月8日出台的《钢铁产业发展政策》关于外资不得控股我国钢铁企业的规定。

莱钢股份停牌前的收盘价为6.13元/股,停牌4个月,复牌后涨幅更是达57.25%,报收在9.64元/股,而双方通过协议确定的每股5.888元的参股价格仍然"原地踏步"。2006年5月9日,莱钢股份公告,称山东省政府已经批复同意该项转让。但是,在当年6月底米塔尔对阿赛洛的并购正式完成后,该收购案一直未能获得国家相关监管机构的批准。

国家发改委在2007年年初对阿赛洛参股莱钢集团的方案提出了六点反馈意见,要求双方重新协商,其中首先涉及的就是收购价格"相对于国外的收购案例"过于便宜。除了价格方面的原因外,监管机构的另一个顾虑是,全球第一大钢铁生产商米塔尔和全球第二大钢铁生产商阿赛洛的合并导致阿赛洛的法人结构发生重大变化,很多问题也应该重新考虑。比如,米塔尔已经在中国入股"华菱管线",并希望进一步在中国扩张业务,最主要的表现就是不惜成本收购阿赛洛。有舆论认为其真正目的是想占据更多的中国市场份额。阿赛洛与米塔尔的合并使其成为世界上最大的钢铁公司,这样一家钢铁公司一下子要参股两家中国钢铁企业,并继续谋求参股或控制更多的中国钢铁企业,这给中国钢铁工业带来一定的潜在威胁,不能不引起中国监管部门的警觉。国资委等政府监管部门之所以迟迟没有批复二者的合同,还是出于对本国钢铁行业的保护。

其实,早在 2007 年 1 月,合并后的阿赛洛米塔尔和莱钢集团就曾试图通过调整股权转让方案的有效期、参股比例和价格的方式,满足监管部门的要求。此后,莱钢集团发布公告,两次延长参股方案的有效期,最终截止到 2007 年 12 月 31 日。莱钢集团的股改完成后,其持有莱钢股份的股权比例已降至 74.65%,如果继续向阿赛洛转让所持莱钢股份 38.41% 的股权,将失去控股权,从而违反《钢铁产业发展政策》关于外资不得控股我国钢铁企业的规定。因此,阿赛洛参股莱钢股份的比例由原来转让 38.41% 调整为实质转让 37.326%,以保证股权转让后双方仍同列莱钢股份第一大股东。

尽管阿赛洛米塔尔降低了参股比例,但是受参股价格、米塔尔并购阿赛洛以及政府保护国内钢铁产业安全等因素的影响,该项股权转让方案始终未获得国务院国资委、国家发改委和商务部的批准。因此,阿赛洛米塔尔和莱钢集团于 2007 年 12 月 15 日同时宣布,双方于 2006 年 2 月份签订的股份收购协议在 2007 年 12 月 31 日有效期满后将不再延长。尽管双方的合同还有可能延长至 2008 年 3 月底,但是双方并没有继续延长合同的有效期。阿赛洛米塔尔最终同意提前终止合同,放弃参股莱钢集团。

(三) 评析

其实,在此项收购伊始,阿赛洛参股莱钢集团对双方都是有益的。一方面,莱钢集团能够获得新的技术和管理经验,无论是在国内还是国际上都将获得更好的发展;另一方面,对阿赛洛而言,与莱钢集团的合作也将使自己逃脱被米塔尔合并的命运。除此之外,由于双方之间的合作并不违反我国相关规定,此项收购得到了部分监管机构的同意。但是,随着米塔尔完成对阿赛洛的并购,阿赛洛对莱钢集团的收购最终还是失败了。

该收购案之所以没有成功,最关键的原因在于,莱钢集团在我国钢铁行业的地位举足轻重,阿赛洛与米塔尔合并后又在世界钢铁行业居于首位,其对莱钢集团的并购极有可能危及我国的国家经济安全。另一个原因是,钢铁行业在我国国民经济中占有重要的产业地位,对国家经济命脉以及国家经济安全起着至关重要的作用。长期以来,我国对钢铁行业的外资并购十分谨慎。同时,在短时期内,国家有关部门不会放松管制外资对大型钢铁企业的控股。该并购案带给我们的启示是:政府部门的监管在外资并购中起着至关重要的作用,一定要在外资并购中建立完善的国家安全审查制度,尤其是要在国家重点行业领域加强国家经济安全审查。

第二节 我国国家安全审查制度框架

一、与国家安全相关的外资管理规范

我国2007年通过的《反垄断法》第31条规定:"对外资并购境内企业或者以其他方式参与经营者集中,涉及国家安全的,除依照本法规定进行经营者集中审查外,还应当按照国家有关规定进行国家安全审查。"如前所述,2011年发布的《国务院办公厅关于建立外国投资者并购境内企业安全审查制度的通知》《商务部实施外国投资者并购境内企业安全审查制度的规定》,标志着我国外资并购国家安全审查制度正式建立。从宏观上看,目前的国家安全审查制度还存在三个方面的问题:其一,国家安全审查局限于"并购"投资,而没有覆盖全部类型的外国投资。外资对国家安全的威胁在于其外资性质,而非投资方式,所有形式的外国投资都应当适用国家安全审查制度。其二,国家安全审查制度的层级太低,直接的制度规范主要是国务院办公厅的通知和商务部的实施规定,连法规都不是。这与制度本身所担负的维护国家安全的使命和责任不相符,也不利于营造法治化的投资环境。其三,国家安全审查制度还只是个框架,整体感觉非常单薄,很多方面的规定还不够细致和具体。对于其他国家在外国投资国家安全审查方面的一些有价值的制度措施,我们没有吸收,很多方面还需要进一步补充和完善。

2015年4月8日,国务院办公厅发布了《自由贸易试验区外商投资国家安全审查试行办法》,在中国(上海)自由贸易试验区、中国(广东)自由贸易试验区、中国(天津)自由贸易试验区、中国(福建)自由贸易试验区等自由贸易试验区试点实施与负面清单管理模式相适应的外商投资国家安全审查措施,引导外商投资有序发展,维护国家安全。

我国此前虽然没有正式的针对外商投资的国家安全审查制度,但是涉及外商投资的国家安全问题并没有被忽视。《外商投资产业指导目录》对一些领域的外商投资进行了限制和禁止,其中就包括可能威胁国家安全的领域。

第四章 我国国家安全审查制度之完善

同时,在相关法律、法规和规范性文件中,可以看到类似对"有损中国主权或者社会公共利益的""危及中国国家安全的"外商投资不予批准的规定,只是这些规定缺乏相应的执行和保障机制。

1990年12月12日由原对外经济贸易部发布并于2001年、2014年修订的《外资企业法实施细则》第5条规定:"申请设立外资企业,有下列情况之一的,不予批准:(一)有损中国主权或者社会公共利益的;(二)危及中国国家安全的;(三)违反中国法律、法规的;(四)不符合中国国民经济发展要求的;(五)可能造成环境污染的。"

1995年9月4日对外贸易经济合作部发布并于2014年、2017年修订的《中外合作经营企业法实施细则》第9条规定:"申请设立合作企业,有下列情形之一的,不予批准:(一)损害国家主权或者社会公共利益的;(二)危害国家安全的;(三)对环境造成污染损害的;(四)有违反法律、行政法规或者国家产业政策的其他情形的。"

1997年5月28日对外贸易经济合作部、国家工商行政管理总局发布的《外商投资企业投资者股权变更的若干规定》第4条规定:"企业投资者股权变更必须符合中国法律、法规对投资者资格的规定和产业政策要求。依照《外商投资产业指导目录》,不允许外商独资经营的产业,股权变更不得导致外国投资者持有企业的全部股权;因股权变更而使企业变成外资企业的,还必须符合《中华人民共和国外资企业法实施细则》(以下简称《外资细则》)所规定的设立外资企业的条件。需由国有资产占控股或主导地位的产业,股权变更不得导致外国投资者或非中国国有企业占股或主导地位。"

对外贸易经济合作部、国家工商行政管理总局1999年制定并于2001年修订的《关于外商投资企业合并与分立的规定》第5条第2、3款规定:"公司合并或分立,应符合《指导外商投资方向暂行规定》和《外商投资产业指导目录》的规定,不得导致外国投资者在不允许外商独资、控股或占主导地位的产业的公司中独资控股或占主导地位。公司因合并或分立而导致其所从事的行业或经营范围发生变更的,应符合有关法律、法规及国家产业政策的规定并办理必要的审批手续。"

国务院制定的《指导外商投资方向规定》自2002年4月1日起施行,其前身是 1995 年 6 月 20 日国家计划委员会、国家经济贸易委员会、对外贸易经济合作部发布的《指导外商投资方向暂行规定》。该规定第 1 条就指出其是根据"国家有关外商投资的法律规定和产业政策要求"制定的。这里的"产业政策"自然应当包括产业安全的内容。外商投资项目分为鼓励、允许、限制和禁止四类。其中,技术水平落后的,不利于节约资源和改善生态环境的,从事国家规定实行保护性开采的特定矿种勘探、开采的,属于国家逐步开放的产业的,法律、行政法规规定的其他情形,被列为限制类外商投资项目。危害国家安全或者损害社会公共利益的;对环境造成污染损害,破坏自然资源或者损害人体健康的;占用大量耕地,不利于保护、开发土地资源的;危害军事设施安全和使用效能的;运用我国特有工艺或者技术生产产品的;法律、行政法规规定的其他情形,被列为禁止类外商投资项目。作为附件的《外商投资产业指导目录》对四类外商投资所包含的具体项目进行了规定。

2002 年 11 月 1 日,中国证监会、财政部、国家经济贸易委员会发布了《关于向外商转让上市公司国有股和法人股有关问题的通知》。该通知第 1 条规定:"向外商转让上市公司国有股和法人股,应当遵循以下原则:(一)遵守国家法律法规,维护国家经济安全和社会公共利益,防止国有资产流失,保持社会稳定;(二)符合国有经济布局战略性调整和国家产业政策的要求,促进国有资本优化配置和公平竞争。……"根据相关学者的界定,"经济安全"是一国或地区规避、化解和抵御各种外部冲击,从而在确保国民财富不遭受重大损失的前提下,保持经济主权独立、经济稳健运行、国民财富持续增长的态势。由此可以看出,经济安全有三层含义:一是经济主权的独立性,即能够按自身意志独立而有效地组织、管辖、掌控境内的经济活动,在国际经济生活中具有自主性;二是经济的稳健运行,即经济保持持续、稳定、健康的增长态势;三是国民财富的持续增长,这也是一国或地区维护经济安全的主要目的之所在。[①] 该通知使用了"国家经济安全"这一概念,与其所规范的内容相联系。该通知针对的是向外商转让上市公司国有股和法人股的有关问题。上市公司较非上市公司具有较强的公开性,通常处于非敏感性领域。外商对这类公

---

① 参见张金清、吴有红:《外资并购对我国经济安全的潜在威胁分析》,载《复旦学报(社会科学版)》2010 年第 2 期。

司的投资通常仅涉及经济领域的安全问题,但是在有些情况下也会涉及经济安全之外的其他方面的国家安全问题。使用"国家经济安全"这一概念需要非常慎重,因为它不能涵盖所有的国家安全因素。

党的十六大报告中提出,"在扩大对外开放中,要十分注意维护国家经济安全"。党的全国代表大会报告是对我国经济、社会发展提出的大政方针,具有特殊的地位,是我国制定和健全相关政策和法制的根本指导思想。通过党的十六大报告,可以看出国家对于经济安全的高度重视。

2002年11月8日,国家经济贸易委员会、财政部、国家工商行政管理总局和国家外汇管理局公布了《利用外资改组国有企业暂行规定》。根据该规定第6条,利用外资改组国有企业应当遵守国家法律法规,保证国家经济安全,符合国家产业政策要求。企业(包括其直接或间接持股的企业)经营范围属于《外商投资产业指导目录》禁止外商投资产业的,外国投资者不得参与改组;须由中方控股或相对控股的企业,改组后应当保持中方控股或相对控股地位。

2003年3月7日,对外贸易经济合作部、国家税务总局、国家工商行政管理总局和国家外汇管理局联合发布了《外国投资者并购境内企业暂行规定》。2006年8月8日,商务部、国资委、国家税务总局、国家工商行政管理总局、中国证监会和国家外汇管理局联合发布了修订后的《关于外国投资者并购境内企业的规定》。根据该规定第4条,外国投资者并购境内企业,应符合中国法律、行政法规和规章对投资者资格的要求及产业、土地、环保等政策。该规定第12条规定:"外国投资者并购境内企业并取得实际控制权,涉及重点行业、存在影响或可能影响国家经济安全因素或者导致拥有驰名商标或中华老字号的境内企业实际控制权转移的,当事人应就此向商务部进行申报。当事人未予申报,但其并购行为对国家经济安全造成或可能造成重大影响的,商务部可以会同相关部门要求当事人终止交易或采取转让相关股权、资产或其他有效措施,以消除并购行为对国家经济安全的影响。"

有学者认为,依据2003年《外国投资者并购境内企业暂行规定》,国家经济安全审查从属于竞争政策,主管部门只能从反垄断审查的角度限制某些威胁行业安全的外资并购行为,而对那些虽不构成垄断,但有可能危害国家安全的并购行为无能为力。2006年《关于外国投资者并购境内企业的规定》对2003年《外国投资者并购境内企业暂行规定》第19条的内容进行了拆分,将国家经济安全审查与反垄断审查分列于第二章(基本制度)和第五章(反垄断审查)。仅从合法性角度分析,2006年《关于外国投资者并购境内企业的规定》第12条有越权设立行政许可之嫌。同时,该条并未建立一种强制性的事前审查机制,其事实上的有效性完全依赖于事后的处罚。可以说,这是一种性质模糊不清的国家经济安全审查。① 另有学者认为,对外资并购的反垄断审查最终是为了保证我国市场的有序竞争,维护市场经济的良性发展。其实质是对经济安全的保护,而经济安全属于国家安全的分支,因此反垄断审查在内涵上属于国家安全审查。国家经济安全包括两个方面:一是指国内经济安全,即一国经济处于稳定、均衡和持续发展的正常状态;二是指国际经济安全,即一国经济发展所依赖的国外资源和市场的稳定和持续,免于因供给中断或价格剧烈波动而产生的突然打击,使散布于世界各地的市场和投资等商业利益不受威胁。因此,在进行外资并购国家安全审查时,不能因反垄断审查而对经济安全审查予以排除。两种审查作为一个整体,体现了经济基础与上层建筑的紧密关系。② 这里就涉及如何理解《关于外国投资者并购境内企业的规定》所确定的国家经济安全审查与根据国务院办公厅的通知所进行的国家安全审查之间的关系。笔者认为:第一,国务院办公厅的通知并没有废止国家经济安全审查,所以不能认为国家安全审查取代了原来的国家经济安全审查。第二,虽然国家安全的范围大于国家经济安全,但是国家安全审查的范围不能完全覆盖国家经济安全审查的范围。例如,涉及驰名商标、中华老字号的外资并购可能并不属于国家安全审查的范围,仍需要根据《关于外国投资者并购境内企业的规定》进行国家经济安全审查。第三,如果属于产业政策、竞争政策层面的经济安全审查,应由商务部执行;如果属于上升到国家安全层面的经济安全问题,应由商务部报国家安全审查机构审查。第四,未来应对《关于外国投资者并购境内企业的规定》进行修改,明确商务部审查

---

① 参见彭岳:《外资并购国家安全审查中的权限配置问题:中美之间的差异及启示》,载《国际商务研究》2012年第4期。

② 参见李建强:《外资并购的反垄断审查和国家安全审查研究》,载《特区经济》2011年第6期。

的具体范围,排除应由国家安全审查机构审查的并购情形。

2005年12月31日,商务部、中国证监会、国家税务总局、国家工商行政管理总局、国家外汇管理局发布了《外国投资者对上市公司战略投资管理办法》。该办法第4条规定,战略投资遵守国家法律、法规及相关产业政策,不得危害国家经济安全和社会公共利益。

中国证监会2006年5月17日通过并于2008年、2012年、2014年修订的《上市公司收购管理办法》第4条规定:"上市公司的收购及相关股份权益变动活动不得危害国家安全和社会公共利益。上市公司的收购及相关股份权益变动活动涉及国家产业政策、行业准入、国有股份转让等事项,需要取得国家相关部门批准的,应当在取得批准后进行。外国投资者进行上市公司的收购及相关股份权益变动活动的,应当取得国家相关部门的批准,适用中国法律,服从中国的司法、仲裁管辖。"

2006年2月13日发布的《国务院关于加快振兴装备制造业的若干意见》指出,装备制造业是为国民经济发展和国防建设提供技术装备的基础性产业,对关系国民经济和国防安全的重大技术装备制造和关键共性技术研发,应给予必要的政策支持。对在重大技术装备制造领域具有关键作用的装备制造骨干企业,要在保证国家控制能力和主导权的基础上,支持其进行跨行业、跨区域、跨所有制的重组。大型重点骨干装备制造企业控股权向外资转让时应征求国务院有关部门的意见。

2006年11月10日国家发改委公布的《利用外资"十一五"规划》在阐述"十一五"期间我国利用外资的政策措施时强调,要进一步细化关系国计民生和国家安全的敏感性行业的政策,完善外资产业准入制度;加强对外资并购涉及国家安全的敏感性行业重点企业的审查和监管,确保对关系国家安全和国计民生的战略行业、重点企业的控制力和发展主导权。应重视外商独资企业对我国经济安全,特别是产业安全的影响,建立合理的评估和预警体系。

2006年12月5日,国务院办公厅转发国资委《关于推进国有资本调整和国有企业重组的指导意见》,明确了国有经济在重要行业和关键领域必须处于控制地位,主要包括涉及国家安全的行业、重大基础设施和重要矿产资源、提供重要公共产品和服务的行业以及支柱产业和高新技术产业中的重要骨干企业。

2006年12月31日国资委、财政部发布的《关于企业国有产权转让有关事项的通知》要求,在协议转入国有产权的情形中,受让方的受让行为不得违反国家经济安全等方面的限制性或禁止性规定。

2007年8月30日通过的《反垄断法》第31条规定,对外资并购境内企业或者以其他方式参与经营者集中,涉及国家安全的,除进行经营者集中审查外,还应当进行国家安全审查。

2008年7月8日发布的《国家发展改革委关于进一步加强和规范外商投资项目管理的通知》要求,各级发展改革部门要从维护经济安全、合理开发利用资源、保护生态环境、优化重大布局、保障公共利益、防止出现垄断、投资准入、资本项目管理等方面,对外商投资项目进行核准。

2008年7月22日国务院办公厅转发的发展改革委《关于2008年深化经济体制改革工作的意见》明确指出,由发展改革委和商务部负责健全外资并购安全审查机制。

《中共中央国务院关于2009年促进农业稳定发展农民持续增收的若干意见》指出,要发挥国有农场在建设现代农业、保障国家粮食安全等方面的积极作用;培育农业跨国经营企业;按照世界贸易组织规则,健全外商经营农产品和农资准入制度,明确外资并购境内涉农企业安全审查范围和程序,建立联席会议制度。

2010年4月6日,国务院出台了《国务院关于进一步做好利用外资工作的若干意见》。该意见认为,改革开放以来,我国积极吸引外商投资,促进了产业升级和技术进步,外商投资企业已成为国民经济的重要组成部分。该意见第12条指出:"鼓励外资以参股、并购等方式参与国内企业改组改造和兼并重组。支持A股上市公司引入境内外战略投资者。规范外资参与境内证券投资和企业并购。依法实施反垄断审查,并加快建立外资并购安全审查制度。"

通过以上的梳理可以发现,目前我国有关外国投资国家安全的规范主要存在两个方面的问题:首先,规则凌乱,立法层级比较低。目前涉及国家安全、经济安全以及产业安全的法律规范大多为政府部门的规章,虽然在我国的法律体系中也属于广义的法律,但是其规制效果和权威性较弱,无法引起充分的重视。同时,这些规章出自不同的部委,不但形式上比较凌乱,而且很难协调配合,难以发挥整体的规制效果。其次,多为原则性规范,缺乏明确性、可操作性。从内容来看,这些规范更像是宣示性规范,虽然表明了政府对于利用外资中的国家安全问题的态度,但是过于抽象的规范很难发挥实际效果,不但会给管理者带来执行上的困难,而且会给外国投资者、相关参与者带来制度预期、程序遵从上的困扰。

2015年1月19日,商务部公布了《外国投资法(草案征求意见稿)》,公开向社会征求意见,未来将以统一的外国投资法取代《中外合资经营企业法》《中外合作经营企业法》《外商投资企业法》三部关于外商在华投资的法律。该草案征求意见稿设"国家安全审查"专章,就国家安全审查机构、审查申请、依职权进行国家安全审查、审查程序、审查因素、附条件审查、审查决定、安全审查临时措施与强制措施、法律责任与诉讼豁免等问题作了规定。但是,有些规定还是较为原则化,需要进一步具体化。如果外国投资法获得通过,我国统一的外国投资国家安全审查制度也将就此确立。

二、外资准入审查与国家安全审查的关系

这里,首先需要对《指导外商投资方向规定》所确定的外资准入制度与国家安全审查制度的关系进行梳理。关于二者之间的关系,学者们从不同的角度进行了分析和阐述。我国的外资准入制度实际上已包含国家安全审查的内容,也可以说是一种广义上的国家安全审查。但是,具有国家安全审查内容的外资准入制度未能消除人们对国家安全的担忧。对此,有学者认为,主要原因在于:第一,我国的外资政策的主要目标是,利用外资的资本、管理和技术优势,促进我国经济快速增长和结构优化。因此,我国在制定《指导外商投资方向规定》《外商投资产业指导目录》等一系列实体性规范时,会因为要引进资本或技术而忽视国家安全问题。第二,我国的外资政策在执行过程中有可能因地方政府急于招商引资而过于宽松,从而为国家安全问题埋下隐患。第三,"国家安全"是一个不确定的概念,会随着经济的发展而不断发生变化。我国现有的外资准入制度由于规则本身和国家安全特性的原因,在维

护国家安全方面存在缺陷,所颁布的安全审查规定是对我国外资准入制度的必要补充。①

"产业政策保护不足说"认为,通过产业政策禁止或限制外国投资者进入某些特定的行业,已是诸多国家通行的做法。然而,产业政策并不足以充分保护国家安全利益,主要表现为:第一,伴随着投资自由化的进程,原来禁止或限制外国投资者进入的产业或领域将不断减少,产业政策对外资准入的调整作用将日趋削弱。第二,产业政策缺乏具体针对性。一般来说,各国的产业政策对所有国家都是一视同仁的,难以处理涉及特定国家的外资进入所带来的国家安全问题;同时,产业政策多属预先定义,对于临时出现的危及国家安全的"外资控制",难以提供合理的解决方法。第三,产业政策本身提供的防御手段不足,仅限于外资并购发生前的审核,对外资并购发生后的国家安全利益损害无能为力。②

"产业安全目的说"认为,我国对外国直接投资的国家安全审查应由外资准入制度和国家安全审查制度共同组成。外资准入制度不足以担负起维护国家经济安全的重任。经济全球化和加入WTO的大背景决定了我国必须在原则上采取中性化的外商投资政策。因外资的进入和控制,在一些关系国计民生和国家经济安全的重要产业,我国企业的自主技术研发能力和创新能力不进反退。外资企业不仅享受着高额技术垄断利润,而且会加大我国企业学习和吸收先进技术溢出效应的难度,对本土技术产生一定的"挤出"效应,严重影响我国企业的创造能力和技术水平。外资准入制度在维护国家经济安全方面存在的功能缺陷,是由其自身的价值取向所决定的。基于对外开放和利用外商投资溢出效应的先定目标,《外商投资产业指导目录》无法将所有可能危及国家经济安全的外商投资均列入禁止或限制类,从而给我国产业安全留下隐患。基于"外资政策的价值取向对产业安全所构成的潜在威胁",我国的国家安全审查应当以维护产业安全为主要目标,它是对外资准入制度的必要补充,其功能定位归根结底在于控制好一个度,即实现对外开放与保护产

---

① 参见丁丁、潘方方:《对我国的外资并购国家安全审查制度的分析及建议》,载《当代法学》2012年第3期。

② 参见王少喆:《跨国并购国家安全审查制度比较研究》,北京大学2007年硕士学位论文,第12页。

业安全之间的平衡。①

还有学者认为,作为政府对外资并购行为进行干预的安全审查,必然与政府对产业的另一种干预即产业政策联系在一起。产业政策是政府为了实现一定的经济和社会目标而对产业的形成和发展进行干预所采取各种措施的总和。这里的措施可以是很广泛的,包括规划、引导、促进、调整、保护、扶持、限制等,其目的在于改善资源配置效率,实现经济稳定增长,提高产业的国际竞争力。外资并购安全审查旨在保护国防以及关系国民经济命脉的产业和关键领域不受外资的威胁和控制,并不是要保证每一个产业的"产业安全",也不是要保护所有产业的国内竞争力。产业政策和外资并购安全审查的目的和着眼点不同,前者强调的是产业(或产业中的企业)的竞争力,后者则强调产业的控制权掌握在本国手中。② 这种观点将产业政策与安全审查的区别概括为"产业竞争力"与"产业控制权"的区别,依然没有跳出"产业"的范畴,不能完全廓清产业政策准入与国家安全审查的区别。

产业政策准入与国家安全审查在防止外国投资危害国家安全问题上有交集,但是发挥功能的方式有所不同。《指导外商投资方向规定》所规定的禁止类投资项目包括可能危害国家安全、危害军事设施安全和使用效能的项目。此类投资项目属于国家绝对禁止投资的项目,在准入环节无法获得主管部门的审批。或者说,如果所欲投资的项目属于禁止类投资项目,则外国投资者根本不能提出准入申请。外国投资国家安全审查制度则针对所有类型、所有阶段、所有形式的外国投资,只要该外国投资危害或可能危害国家安全,就必须接受国家安全审查,即便投资的项目并不属于《指导外商投资方向规定》所禁止的投资项目。《指导外商投资方向规定》和《外商投资产业指导目录》仅从投资项目所属行业的角度考虑国家安全问题,以行业属性作为唯一的考量因素。国家安全审查则作综合考量,结合投资项目的所有情况判断是否威胁国家安全,如该项目所处的地理位置是否因其特殊性而可能威胁国家安全。我国《外国投资法(草案征求意见稿)》第 34 条专门就准入审查与国家

---

① 参见朱一飞:《我国国家安全审查制度之功能定位》,载《云南大学学报(法学版)》2009 年第 1 期。

② 参见吴汉洪:《对我国外资并购安全审查制度的几点思考》,载《中国工商报》2011 年 5 月 24 日 A03 版。

安全审查的衔接作了规定:"外国投资主管部门在进行准入审查时,发现外国投资事项危害或可能危害国家安全的,应暂停准入审查程序,并书面告知申请人提交国家安全审查申请;进行准入审查的省、自治区、直辖市人民政府外国投资主管部门应将有关情况报告国务院外国投资主管部门。除非申请人撤回准入许可申请,外国投资者应当按照本法第四章'国家安全审查'提交国家安全审查申请。"同时,只有"限制实施目录"范围内的投资才能提出准入申请,即实施该草案行政意见稿第 26 条"限制实施目录"第 1 款第 1 项规定的投资,应向国务院外国投资主管部门申请准入许可;实施第 1 款第 2 项规定的投资,应向国务院外国投资主管部门或省、自治区、直辖市人民政府外国投资主管部门申请准入许可。具体许可权限划分,由国务院规定。禁止实施的项目根本谈不上准入申请。

三、建立外国投资国家安全审查制度的依据

我国现行的有关外国投资国家安全审查制度的规范仅有《国务院办公厅关于建立外国投资者并购境内企业安全审查制度的通知》和《商务部实施外国投资者并购境内企业安全审查制度的规定》,在法律层级上都属于规范性文件,连行政法规都不是。所以,我国的国家安全审查制度还没有真正意义上的法律层面的规范,有必要对目前建立国家安全审查制度的依据进行说明。

有学者认为,2011 年 3 月 3 日《国务院办公厅关于建立外国投资者并购境内企业安全审查制度的通知》的实施标志着我国正式建立起外资并购的国家安全审查机制。该机制以《反垄断法》第 31 条为依据,规定了外资并购安全审查的范围、内容、程序以及工作机制等问题。[①]《反垄断法》第 31 条规定:"对外资并购境内企业或者以其他方式参与经营者集中,涉及国家安全的,除依照本法规定进行经营者集中审查外,还应当按照国家有关规定进行国家安全审查。"该条的意义仅在于,说明反垄断审查与国家安全审查是外国投资者参与经营者集中过程中可能涉及的两个不同的审查程序,反垄断审查并不能代替或排斥国家安全审查,要依据《反垄断法》进行,而国家安全审查应当按

---

① 参见宋晓燕:《中国(上海)自由贸易试验区的外资安全审查机制》,载《法学》2014 年第 1 期。

照"国家有关规定"进行。《反垄断法》的出台使国家安全审查制度正式得到法律承认,从而获得了独立地位。① 所以,《反垄断法》第 31 条并非建立外国投资国家安全审查制度的法律依据。还有学者认为,自 2008 年 8 月 1 日起实施的《反垄断法》明确提出对涉及国家安全的外资并购交易进行国家安全审查。为保证 2006 年《关于外国投资者并购境内企业的规定》与《反垄断法》和《国务院关于经营者集中申报标准的规定》相一致,2009 年 6 月,商务部对 2006 年《关于外国投资者并购境内企业的规定》进行了修改。② 但是,2009 年的修改在实质内容上只是删除第五章"反垄断审查",在"附则"中新增一条作为第 51 条,表述为:"依据《反垄断法》的规定,外国投资者并购境内企业达到《国务院关于经营者集中申报标准的规定》规定的申报标准的,应当事先向商务部申报,未申报不得实施交易。"除此之外,还有几处文字表述上的修改,在实质内容上并没有涉及国家安全审查问题。

我国规制外国投资的基本法律为《中外合资经营企业法》《中外合作经营企业法》《外资企业法》。其中,《外资企业法》第 3 条第 2 款规定:"国家禁止或者限制设立外资企业的行业由国务院规定。"第 4 条第 2 款规定:"外资企业必须遵守中国的法律、法规,不得损害中国的社会公共利益。"《中外合作经营企业法》第 3 条第 2 款规定:"合作企业必须遵守中国的法律、法规,不得损害中国的社会公共利益。"《中外合资经营企业法实施条例》第 4 条第 1 项规定,有损中国主权的合资企业的设立申请不予批准。《外资企业法实施细则》第 5 条规定,申请设立外资企业,有下列情况之一的,不予批准:有损中国主权或者社会公共利益的;危及中国国家安全的;违反中国法律、法规的;不符合中国国民经济发展要求的;可能造成环境污染的。《中外合作经营企业法实施细则》第 9 条规定,申请设立合作企业,有下列情形之一的,不予批准:损害国家主权或者社会公共利益的;危害国家安全的;对环境造成污染损害的;有违反法律、行政法规或者国家产业政策的其他情形的。三部规制外国投资的基本法律及其实施规范确定了外国投资不得危害中国国家安全的原则,并且通过

---

① 参见孙南申、彭岳:《外资并购国家安全审查制度的立法改进与完善措施》,载《学海》2014 年第 3 期。

② 参见陈咏梅:《中国外资并购国家安全审查论》,载《学术探索》2013 年第 2 期。

"审批"的方式加以贯彻,威胁或可能威胁国家安全的外国投资无法获得审批。不过,"审批"的方式不能全面地维护国家安全,有必要在此基础上建立国家安全审查制度,通过专门的程序对一切可能威胁国家安全的外国投资进行安全审查。所以,我国目前建立国家安全审查制度的法律依据是规范外国投资的基本法律。

第三节 我国现行国家安全审查制度

2011年2月,国务院办公厅发布了《国务院办公厅关于建立外国投资者并购境内企业国家安全审查制度的通知》。作为外国投资主管机构的商务部于同年3月发布了《商务部实施外国投资者并购境内企业安全审查制度有关事项的暂行规定》。在广泛征求公众意见的基础上,商务部又于同年8月对该暂行规定进行了完善,形成了《商务部实施外国投资者并购境内企业安全审查制度的规定》。2015年4月,国务院办公厅发布了《自由贸易试验区外商投资国家安全审查试行办法》,在上海、广东、天津、福建四个自由贸易试验区试点实施与负面清单管理模式相适应的外商投资国家安全审查措施。我国现行的外国投资国家安全审查制度由以上几个规范性文件构成。自由贸易试验区的国家安全审查具有其特殊性和适用范围的限制,后文将对其进行单独讨论。

一、国家安全审查的范围

《国务院办公厅关于建立外国投资者并购境内企业国家安全审查制度的通知》规定的并购安全审查的范围为:外国投资者并购境内军工及军工配套企业,重点、敏感军事设施周边企业,以及关系国防安全的其他单位;外国投资者并购境内关系国家安全的重要农产品、重要能源和资源、重要基础设施、重要运输服务、关键技术、重大装备制造等企业,且实际控制权可能被外国投资者取得。从这一规定可以看出,确定国家安全审查范围的条件有:

第一,要有外国投资者并购境内企业的行为发生。该通知对外国投资者并购境内企业的具体情形作了规定:(1)外国投资者购买境内非外商投资企业的股权或认购境内非外商投资企业增资,使该境内企业变更设立为外商投资企业。(2)外国投资者购买境内外商投资企业中方股东的股权,或认购境内外商投资企业增资。(3)外国投资者设立外商投资企业,并通过该外商投资企业协议购买境内企业资产并且运营该资产,或通过该外商投资企业购买境内企业股权。(4)外国投资者直接购买境内企业资产,并以该资产投资设立外商投资企业运营该资产。根据该项条件,并购对象并不包括全部的境内企业,基本上限于中资或具有中资属性的企业或资产,排除了外国投资者并购已有的外商投资企业的情形。但是,这种并购情形同样可能涉及国家安全问题。外国投资者的母国可能不同,其母国与中国的国家关系可能不同,外国投资者与母国政府的关系可能不同,外国投资者的背景可能不同,这些因素决定了对外国投资者在国家安全问题上不可等同视之。目前,某个外国投资者在中国经营的事业可能不会造成国家安全威胁,但是如果换成另外一个外国投资者,就有可能对中国国家安全造成威胁。迪拜世界港口公司收购案就说明了这一问题。迪拜世界港口公司于2006年1月底宣布以68亿美元的价格收购英国半岛及东方轮船公司,因而获得该公司在全球18个国家30个港口的业务,其中包括美国6个港口的业务。虽然这一并购得到美国政府外资审查部门的批准,但是遭到美国国会的强烈反对,很多国会议员担心由迪拜世界港口公司经营美国的港口会威胁美国国家安全。在巨大的压力面前,迪拜世界港口公司被迫放弃收购美国港口的计划,宣布在收购完毕英国半岛及东方轮船公司的相关业务之后,将着手转售美国港口的经营业务。在这个案例中,美国6个港口的运营权从英国公司转移到阿联酋公司,由此引发了美国国会对于国家安全的担忧。所以,不同的外国投资者尽管都来自国外,但是其背景不同,在国家安全的考虑上也有所不同。所以,我国的外国投资国家安全审查制度所指之并购行为不应局限于外资对中资的并购,而应扩展到所有的境内企业。境内企业应指在中国登记注册的企业,并不限于中资企业。另外,对"外国投资者"应作广义解释,包括外国自然人、各类型外国企业、各种外国实体组织、外国政府以及前述各主体所控制的对象。在判断是否属于外国投资者时,要追根溯源,以资本的实际来源和控制者作为判断标准。根据有关的双边投资协定,目前我国对外国自然人投资者的认定兼采国籍标准与住所地标准。外国法人投资者的认定标准主要有注册成立地标准、住所地标准以及资本控制标准,目前我国多采用复合标准,即将两种或两种以上的标准相结合以确定法人的国籍,少数情况下也采用注册成立地标准。①

第二,被并购的境内企业属于特定行业。这些行业包括:(1)军工及军工配套企业;(2)重点、敏感军事设施周边企业,以及关系国防安全的其他单位;(3)关系国家安全的重要农产品、重要能源和资源、重要基础设施、重要运输服务、关键技术、重大装备制造等企业。

第三,外国投资者取得被并购企业的实际控制权。这是指外国投资者通过并购成为境内企业的控股股东或实际控制人,包括下列情形:(1)外国投资者及其控股母公司、控股子公司在并购后持有的股份总额在50%以上;(2)数个外国投资者在并购后持有的股份总额合计在50%以上;(3)外国投资者在并购后持有的股份总额不足50%,但依其持有的股份所享有的表决权已足以对股东会或股东大会、董事会的决议产生重大影响;(4)其他导致境内企业的经营决策、财务、人事、技术等实际控制权转移给外国投资者的情形。

对于外国投资者并购境内企业,应从交易的实质内容和实际影响角度判断并购交易是否属于并购安全审查的范围;外国投资者不得以任何方式实质规避并购安全审查,包括但不限于代持、信托、多层次再投资、租赁、贷款、协议控制、境外交易等方式。

在这一部分,有几个关键词,即"实际控制权""实际控制人""实质内容""实际影响""实质规避"。其共同点在于,不受形式的限制和影响,抛开外在的、并不重要的甚至是用以掩盖内在问题的形式外衣,强调实然的状态和效果。国家安全审查的本质和目的在于,发现和处理一切可能危害国家安全的外国投资,而无论该外国投资披上了何种形式外衣。国家安全审查就是要透过外在形式,直击本质。

二、国家安全审查机构

外国投资国家安全审查机构包括受理机构和审查机构。外国投资者并

---

① 参见缪心毫、余柔:《中国外资并购安全审查新规的审视与完善》,载《天津财经大学学报》2011年第6期。

购属于《国务院办公厅关于建立外国投资者并购境内企业安全审查制度的通知》明确的并购安全审查范围的境内企业,应向商务部提出并购安全审查申请。两个或者两个以上外国投资者共同并购的,可以共同或确定一个外国投资者向商务部提出并购安全审查申请。所以,国家安全审查的受理机构为商务部。

《国务院办公厅关于建立外国投资者并购境内企业国家安全审查制度的通知》要求建立外国投资者并购境内企业安全审查部际联席会议(以下简称"联席会议")制度,具体承担并购安全审查工作。联席会议在国务院领导下,由发改委、商务部牵头,根据外资并购所涉及的行业和领域,会同相关部门开展并购安全审查。联席会议的主要职责是:分析外国投资者并购境内企业对国家安全的影响;研究、协调外国投资者并购境内企业安全审查工作中的重大问题;对需要进行安全审查的外国投资者并购境内企业交易进行安全审查并作出决定。

有学者认为,此处规定由发改委、商务部牵头,可能考虑的是两个部门在并购安全审查过程中相互监督、相互制约。但是,如此规定也可能导致分工不清、权责不明,使得两个部门在工作中相互推诿。另外,根据外资并购所涉及的行业和领域,会同相关部门开展审查,虽然可以提高审查效率,降低行政成本,但是如果涉及的部门很少,可能会出现无人参加联席会议的情形,这样就与联席会议共同审查的初衷相违背了。[①] 将发改委、商务部作为共同牵头机构的规定与《反垄断法》保持一致,也与我国国家安全审查联席会议的不确定性构成相一致。但是,笔者认为,在外国投资国家安全审查中,应以商务部作为联席会议的牵头机构,这样既可以避免"双部门"的职责不清问题,也与商务部作为国家安全审查的受理机构这一规定相一致。

关于联席会议的构成问题,有学者提出了详细的建议:(1)联席会议制度应过渡为一个常设的国家安全审查委员会,承担具体的安全审查工作,并可对其进行问责。(2)在人员的构成上,成员应是各部委的负责人。(3)牵头机构可以由多个部门组成,但是否固定可以再斟酌,结合具体个案所涉行业

---

① 参见柳琛子:《中国外资并购安全审查立法的现状及对策》,载《华北电力大学学报(社会科学版)》2013年第4期。

和风险加以确定可能更为妥当。(4)关于"相关部门",建议指定有共性的重要国家部门,如国防部、国家安全部、财政部、商务部、科学技术部、国务院国有资产监督管理委员会、司法部等,并将其法定化,以增加透明度,便于监督。(5)规定补充所需部门的程序,如可授权国务院另行增加相关成员,国务院既可以通过一揽子指定,也可以通过在个案中具体指定的方式进行。特别需要指出的是,"相关部门"的选定直接关系到利益冲突的解决是否有一个机制的保障,首先要考虑到必须让代表不同利益和立场的部门都能够参与进来,要让鼓励外资与维护国家安全的矛盾在利益的博弈与相互制约中达到动态的平衡。①

笔者认为,"联席会议在国务院领导下,由发展改革委、商务部牵头,根据外资并购所涉及的行业和领域,会同相关部门开展并购安全审查"的规定,决定了联席会议既不是一个常设机构,也没有确定的构成,而是根据个案的情况,先确定由发改委还是商务部作为牵头机构,再由该牵头机构组织该案所涉及相关部门组成联席会议,继而展开国家安全审查。

有学者认为,我国的相关规定缺乏对审查机构审查权力的约束。②"联席会议有非常大的自由裁量权,且无相应的监督机关,这样一方面可能会导致联席会议安全审查工作效率低下、审议行为不规范等后果;另一方面还可能导致联席会议肆意决策,破坏我国公平的投资环境。"③另外,我国国家安全审查制度的特点之一是由商务部负责与并购交易方接洽,而联席会议并不与并购交易方建立直接的法律关系。这种独特的制度设计使决策权与法律责任相分离。在《国务院办公厅关于建立外国投资者并购境内企业国家安全审查制度的通知》规定的审查程序下,审批关系仅体现在投资者与商务部之间。鉴于国家安全审查行为并非《行政诉讼法》第12条第1项意义上的"国家行为",故此类审查属于法院司法审查的受案范围。理论上,不排除商务部因否决外资并购交易而成为行政诉讼被告的可能性。在此种情况下,作出否决决

---

① 参见宋晓燕:《中国(上海)自由贸易试验区的外资安全审查机制》,载《法学》2014年第1期。
② 参见孟国碧:《论身份混同背景下我国外资并购中国家安全审查程序的完善》,载《时代法学》2014年第3期。
③ 柳琛子:《中国外资并购安全审查立法的现状及对策》,载《华北电力大学学报(社会科学版)》2013年第4期。

定的权力由联席会议掌控,而法律责任却由商务部承担。因此,《国务院办公厅关于建立外国投资者并购境内企业国家安全审查制度的通知》切断了决策权与责任担当之间的联系,使无权决策者承担了潜在的法律责任。①

对此,笔者认为:(1)国家安全审查虽然在性质上属于具体行政行为,但是属于基于国家安全利益的判断,表现出国家主权行为的某些特征,不受司法审查。(2)联席会议由来自不同部门的成员构成,能够有效抵充部门利益和肆意决策的风险,合理的构成和议事程序可以防范不当决策的风险。(3)国家安全审查本身具有复杂性、专业性和主观判断性,通过设置监督机关对审查行为进行实质监督是不现实的,也没有必要。美国国会的监督,其本意并不在于限制审查机构的自由裁量权,而在于监督审查机构是否切实维护了美国国家安全,并且不介入实际的审查程序,更多体现的是知情权。

三、国家安全审查标准

在国家安全审查中,审查标准无疑是非常重要的,外国投资者自然希望审查标准能够非常明确、具体。但是,国家安全审查是具有政治内核的法律问题,这种特质决定了国家安全审查标准无法充分法律化,表现出相当程度的模糊性、开放性。美国、澳大利亚等国家安全审查制度较为完善的发达国家在国家安全审查标准上亦是如此。

《国务院办公厅关于建立外国投资者并购境内企业安全审查制度的通知》将其规定的审查标准称为"审查内容",共有四个方面:(1)并购交易对国防安全,包括对国防需要的国内产品生产能力、国内服务提供能力和有关设备设施的影响;(2)并购交易对国家经济稳定运行的影响;(3)并购交易对社会基本生活秩序的影响;(4)并购交易对涉及国家安全关键技术研发能力的影响。从内容来看,该项规定还较为简单、薄弱,并没有涵盖所有的在国家安全审查中应当考虑的因素,有待进一步补充完善。

我国也采取较为模糊、宽泛的审查标准,仅列出了在国家安全审查中应当考虑的因素,并没有对一些关键概念作出进一步的解释和界定,这也是目

---

① 参见孙南申、彭岳:《外资并购国家安全审查制度的立法改进与完善措施》,载《学海》2014年第3期。

前各国普遍采用的方式。这样的规定方式难免受到一些诟病,我国的国家安全审查标准被指不够具体、明确。有学者就提出:"中国外资并购国家安全审查制度主要的缺陷表现在某些规定不透明。不透明的规定可能会对中国的外商投资带来非预期的效果。因为规则内容的含糊可能引发投资主体为保护自身利益而采取自保的措施,最常见的自保措施可能就是望而却步了。因此,不透明的规定会挫伤投资者在中国投资的积极性。我们有必要考虑对相关规定进行补充、细化,增强其透明度。"该学者还提出了完善的路径,即"定义关键性术语或指明判断依据","将并购安全审查的标准进一步具体化"。[①] 产生这种评价的原因就在于,对国家安全审查的本质和功能缺乏准确的认识,完全从规则技术性的角度观察国家安全审查制度。

四、国家安全审查程序

(一)审查程序的启动

国家安全审查程序的启动分为三种情形:(1) 外国投资者主动申请审查。外国投资者并购境内企业,属于《国务院办公厅关于建立外国投资者并购境内企业安全审查制度的通知》明确的并购安全审查范围的,外国投资者应向商务部提出并购安全审查申请。两个或者两个以上外国投资者共同并购的,可以共同或确定一个外国投资者向商务部提出并购安全审查申请。(2) 地方商务主管部门要求外国投资者提请审查。地方商务主管部门在按照《关于外国投资者并购境内企业的规定》《外商投资企业投资者股权变更的若干规定》《关于外商投资企业境内投资的暂行规定》等有关规定受理并购交易申请时,对于属于并购安全审查范围,但申请人未向商务部提出并购安全审查申请的,应暂停办理,并在5个工作日内书面要求申请人向商务部提交并购安全审查申请,同时将有关情况报商务部。(3) 根据相关主体的建议,商务部要求外国投资者提请审查。外国投资者并购境内企业,国务院有关部门、全国性行业协会、同业企业及上下游企业认为需要进行并购安全审查的,可向商务部提出进行并购安全审查的建议,并提交有关情况的说明(包括并购交易基本

[①] 参见陈咏梅:《中国外资并购国家安全审查论》,载《学术探索》2013年第2期。

情况、对国家安全的具体影响等),商务部可要求利益相关方提交有关说明。属于并购安全审查范围的,商务部应在 5 个工作日内将建议提交联席会议。联席会议认为确有必要进行并购安全审查的,商务部根据联席会议的决定,要求外国投资者按规定提交并购安全审查申请。

对于审查程序的启动,有学者认为,其设计不够完善,主要表现在以下两个方面:第一,第三方建议启动审查程序的规定欠完善。《国务院办公厅关于建立外国投资者并购境内企业国家安全审查制度的通知》赋予同业企业及上下游企业建议审查的权利,可能会存在以下问题:一是同业企业及上下游企业对具有竞争关系的并购主体的相关信息可能并不完全了解,要想上报,存在现实的困难;二是不能排除个别企业恶意破坏投资并购行为,而相关规定又没有对上报不实、故意破坏等行为作出处罚的明确规定。对这两个问题,商务部相关规定没有作出具体的补充。第二,主管部门依职权启动审查程序的规定不完善。《国务院办公厅关于建立外国投资者并购境内企业国家安全审查制度的通知》规定了两种启动审查程序的方式,即申请人申报、商务部要求并购方申报,并不包含主管部门依职权主动启动审查程序。那么,如果申请人没有申报,相关部门也没有要求申报,并购交易又确实对国家安全造成威胁,对于这样的交易应如何处理?目前的规定缺乏相应的处理办法。[①]

笔者认为,赋予同业企业及上下游企业建议审查的权利对于发现国家安全威胁、维护国家安全利益是有益的,属于动员社会力量提供可能威胁国家安全的"并购情报"。所以,审查建议权的作用类似于情报征集。至于最终是否真正启动和进入国家安全审查程序,由商务部根据情况进行判断。在判断过程中,商务部可以要求被建议审查的并购案的当事方提供相关信息。因此,不应当对第三方的审查建议权附加过多的要求和义务,更谈不上处罚的问题。另外,对商务部要求并购方申报,应作广义理解,属于依职权主动审查的范畴,否则要求申报审查就失去了作用,只是在表述上可以进一步优化。

在向商务部提出并购安全审查正式申请前,申请人可就其并购境内企业的程序性问题向商务部提出商谈申请,提前沟通有关情况。该预约商谈不是

---

① 参见孟国碧:《论身份混同背景下我国外资并购中国家安全审查程序的完善》,载《时代法学》2014 年第 3 期。

提交正式申请的必经程序,商谈情况不具有约束力和法律效力,不作为提交正式申请的依据。"商谈机制"虽看似可有可无,但如果运用得当,可以发挥非常重要的作用,在消除误解、促进交易、提高效率、节约资源等方面都会有所体现。

申请国家安全审查时,申请人必须向商务部提交规定的文件。如果申请人所提交的并购安全审查申请文件完备且符合法定要求,商务部应书面通知申请人受理申请。申请人应提交下列文件:(1)经申请人的法定代表人或其授权代表签署的并购安全审查申请书和交易情况说明;(2)经公证和依法认证的外国投资者身份证明或注册登记证明及资信证明文件,法定代表人身份证明或外国投资者的授权代表委托书、授权代表身份证明;(3)外国投资者及关联企业(包括其实际控制人、一致行动人)的情况说明,与相关国家政府的关系说明;(4)被并购境内企业的情况说明、章程、营业执照(复印件)、上一年度经审计的财务报表、并购前后组织架构图、所投资企业的情况说明和营业执照(复印件);(5)并购后拟设立的外商投资企业的合同、章程或合伙协议以及拟由股东各方委任的董事会成员、聘用的总经理或合伙人等高级管理人员名单;(6)为股权并购交易的,应提交股权转让协议或者外国投资者认购境内企业增资的协议、被并购境内企业股东决议、股东大会决议,以及相应资产评估报告;(7)为资产并购交易的,应提交境内企业的权力机构或产权持有人同意出售资产的决议、资产购买协议(包括拟购买资产的清单、状况)、协议各方情况,以及相应资产评估报告;(8)关于外国投资者在并购后所享有的表决权对股东会或股东大会、董事会决议、合伙事务执行的影响说明,其他导致境内企业的经营决策、财务、人事、技术等实际控制权转移给外国投资者或其境内外关联企业的情况说明,以及与上述情况相关的协议或文件;(9)商务部要求的其他文件。在商务部向联席会议提交审查后,申请人修改申报文件、撤销并购交易或应联席会议要求补交、修改材料的,应向商务部提交相关文件。商务部在收到申请报告及有关文件后,于5个工作日内提交联席会议。

(二)审查过程及期限

属于并购安全审查范围的,商务部在15个工作日内书面告知申请人,并在其后5个工作日内提请外国投资者并购境内企业安全审查部际联席会议进行审查。自书面通知申请人受理申请之日起的 15 个工作日内,申请人不得实施并购交易,地方商务主管部门不得审批并购交易。15 个工作日后,商务部未书面告知申请人的,申请人可按照国家有关法律法规办理相关手续。这部分规定有些不明晰,容易使人产生误解,应当明确"商务部在书面通知受理申请之日起 15 个工作日内书面告知申请人";"收到审查通知后,申请人应暂停并购交易"。

联席会议对商务部提请安全审查的并购交易,首先进行一般性审查,对未能通过一般性审查的,进行特别审查。并购交易当事人应配合联席会议的安全审查工作,提供安全审查需要的材料、信息,接受有关询问。一般性审查采取书面征求意见的方式进行。联席会议收到商务部提请安全审查的并购交易申请后,在 5 个工作日内,书面征求有关部门的意见。有关部门在收到书面征求意见函后,应在 20 个工作日内提出书面意见。如有关部门均认为并购交易不影响国家安全,则不再进行特别审查,由联席会议在收到全部书面意见后 5 个工作日内提出审查意见,并书面通知商务部。

笔者认为,这部分规定存在两个问题:(1)联席会议收到商务部提请的安全审查后"书面征求有关部门的意见",意味着联席会议和"有关部门"是不同的主体,"有关部门"并不被包含在联席会议之中。那么,联席会议到底由哪些部门构成?还是真正意义上的"联席会议"吗?联席会议应当是本身行使实质审查职能的机构,不能再去"征求有关部门的意见"。(2)从联席会议"收申请""书面征求意见""收取书面意见"等行为来看,似乎联席会议成了常设机构,这与目前对联席会议的设定不符。所以,应该规定联席会议下设"联席会议秘书处"或"联席会议办公室"作为常设机构,接收商务部提请的国家安全审查申请和国家安全审查中的事务性工作。

如有部门认为并购交易可能对国家安全造成影响,联席会议应在收到书面意见后 5 个工作日内启动特别审查程序。启动特别审查程序后,联席会议组织对并购交易的安全评估,并结合评估意见对并购交易进行审查,意见基本一致的,由联席会议提出审查意见;存在重大分歧的,由联席会议报请国务院决定。联席会议自启动特别审查程序之日起 60 个工作日内完成特别审查,或报请国务院决定。审查意见由联席会议书面通知商务部。商务部收到联席会议书面审查意见后,在5个工作日内将审查意见书面通知申请人(或当事人),以及负责并购交易管理的地方商务主管部门。

(三)审查决定类型

根据目前我国的规定,审查决定有三种类型:

第一,对不影响国家安全的,申请人可按照《关于外国投资者并购境内企业的规定》《外商投资企业投资者股权变更的若干规定》《关于外商投资企业境内投资的暂行规定》等有关规定,到具有相应管理权限的相关主管部门办理并购交易手续。

第二,对可能影响国家安全且并购交易尚未实施的,当事人应当终止交易。申请人未经调整并购交易、修改申报文件并经重新审查,不得申请并实施并购交易。

第三,外国投资者并购境内企业行为对国家安全已经造成或可能造成重大影响的,根据联席会议审查意见,商务部会同有关部门终止当事人的交易,或采取转让相关股权、资产或其他有效措施,以消除该并购行为对国家安全的影响。

我国目前的审查规范并没有规定缓和措施,所以在审查决定中也就没有"附条件通过国家安全审查"这一类型。虽然没有"一审定终身",而是允许"调整并购交易,重新审查",但是相比于运用缓和措施的附条件通过国家安全审查,这种重新审查的方式不够经济。所以,笔者建议在国家安全审查中规定缓和措施,并购方必须承诺完全履行审查机构提出的缓和措施,审查机构附条件通过这项并购的安全审查,并建立监督机制,严格监督并购方履行缓和措施的情况,及时发现和纠正履行缓和措施中存在的问题;如果并购方事后拒绝履行缓和措施确定的义务,审查机构有权采取措施消除国家安全威胁,包括但不限于强制转让、进行业务剥离、转移控制权等措施。

(四)重启审查程序

外国投资者并购境内企业未被提交联席会议审查,或联席会议经审查认为不影响国家安全的,若此后发生调整并购交易、修改有关协议文件、改变经营活动以及其他变化(包括境外实际控制人的变化等),导致该并购交易属于《国务院办公厅关于建立外国投资者并购境内企业安全审查制度的通知》明确的并购安全审查范围的,当事人应当停止有关交易和活动,由外国投资者按照规定向商务部提交并购安全审查申请。

重启国家安全审查程序可以防止并购方采取"蒙混过关"的方式应对国家安全审查,也反映出外资并购国家安全审查制度对于国家安全的实质性保护,以目的性为导向,以产生威胁或危害为绝对触发条件。

(五) 保密义务

参与并购安全审查的商务主管部门、相关单位和人员应对并购安全审查中的国家秘密、商业秘密及其他需要保密的信息承担保密义务。笔者认为,这一规定十分必要。一方面,国家安全审查涉及"国家安全信息",这些信息属于国家机密,参与国家安全审查的组织和个人都必须严守国家机密。另一方面,国家安全审查必然涉及并购方的核心信息,这些信息对于企业的经营至关重要,可能是竞争对手或相关企业非常关注并希望获得的信息。参与国家安全审查的组织和个人必须承担保密义务,不得将并购方的相关信息外泄。所以,这一规定体现了我国对外国投资者权益的保护。

第四节 自贸区国家安全审查制度

一、制定自贸区国家安全审查规范之必要性

建立中国(上海)自由贸易试验区是我国在新时期加快政府职能转变、积极探索管理模式创新、促进贸易和投资便利化的需要,是国家战略发展的需要。自贸区的建立将极大拓展我国对外开放的广度与深度,推动外商投资管理体制的科学化、国际化、法制化改革。其中一项重要改革就是逐步建立"以准入后监督为主,准入前负面清单方式许可管理为辅"的投资准入管理体制,对外资准入的管理由审批制改为备案制。改革带来了发展的机遇,同时也带来了挑战。外商投资管理体制改革在促进外商投资便利化和国民待遇方面意义重大,同时也对如何在备案制的背景下防范外商投资威胁国家安全提出了新的课题。

我国政府在经济管理中一直存在着所谓"重审批、轻监管"的现象。"重审批"容易产生市场准入的障碍,"轻监管"则可能造成政府监管的缺位。上

海自贸区实行"事中事后"的管理模式,从"重审批、轻监管"转为"宽准入、严监管"是其转变政府职能、创新政府管理模式的重大举措。以投资准入管理为例,自贸区取消了审批制,降低了投资准入的门槛,提高了投资便利化水平,改善了投资环境。取消和减少事前审批,并非意味着政府在自贸区无所作为,而是要求政府更有作为,只是其作为的环节、方式等发生了转换。

自贸区对外商投资实行备案制和负面清单管理,不再实行外资进入审批制度。所以,自贸区内的外商投资国家安全审查问题更显重要。根据负面清单管理制度,对负面清单之外的领域,按照内外资一致的管理原则,外商投资项目实行备案制,国务院规定对国内投资项目保留核准的除外;外商投资企业设立和变更实行备案管理。对负面清单之内的领域,外商投资项目实行核准制,国务院规定对外商投资项目实行备案的除外;外商投资企业设立和变更实行审批管理。除列明的外商投资准入特别管理措施,禁止(限制)外商投资国家以及中国缔结或者参加的国际条约规定禁止(限制)的产业,禁止外商投资危害国家安全和社会安全的项目,禁止从事损害社会公共利益的经营活动。自贸区内的外资并购、外国投资者对上市公司的战略投资、境外投资者以其持有的中国境内企业股权出资,应符合相关规定要求;涉及国家安全审查、反垄断审查的,按照相关规定办理。

国务院在《中国(上海)自由贸易试验区总体方案》中提出,"完善国家安全审查制度,在试验区内试点开展涉及外资的国家安全审查,构建安全高效的开放型经济体系"。《中国(上海)自由贸易试验区条例》规定,自贸区管委会依法履行国家安全审查、反垄断审查有关职责。该条例第37条进一步规定:"自贸试验区建立涉及外资的国家安全审查工作机制。对属于国家安全审查范围的外商投资,投资者应当申请进行国家安全审查;有关管理部门、行业协会、同业企业以及上下游企业可以提出国家安全审查建议。当事人应当配合国家安全审查工作,提供必要的材料和信息,接受有关询问。"《中国(上海)自由贸易试验区管理办法》第30条规定:"自贸试验区建立安全审查和反垄断审查的相关工作机制。投资项目或者企业属于安全审查、反垄断审查范围的,管委会应当及时提请开展安全审查、反垄断审查。"国家发改委曾称要研究建立自贸区外资安全审查制度,制定中国(上海)自由贸易试验区外商投资国家安全审查管理办法,推动上海自贸区探索试行有效的外商投资安全审查措施,为完善全国性的外商投资安全审查机制积累新经验,探索新途径。但是,这一管理办法迟迟未能出台。直至 2015 年 4 月 8 日,国务院办公厅才发布了《自由贸易试验区外商投资国家安全审查试行办法》。在此之前,自贸区外商投资国家安全审查存在以下问题:

(一)从现有的规范来看,管委会的职责不清

《中国(上海)自由贸易试验区条例》所称管委会"依法履行国家安全审查、反垄断审查有关职责"到底是哪些职责?是实质性的审查职责,还是程序性的辅助职责?如果是实质性的审查职责,国家安全审查是一个极为复杂的过程,管委会根本无法承担这样的重任,也没有权力决定关乎国家安全的事项;如果是程序性的辅助职责,就不能称之为"依法履行国家安全审查职责",而是承担与国家安全审查有关的辅助工作,实质性的审查工作仍由国家专门的审查机构承担。从《中国(上海)自由贸易试验区管理办法》的规定来看,管委会的职责是"提请"审查,而非审查。这也确认了管委会的职责是程序性的辅助职责。但是,"提请"审查与其他主体"提出国家安全审查建议"是何种关系尚不明确。所以,必须明确自贸区管委会在国家安全审查中的职责。自贸区外商投资国家安全审查制度的特点之一就是自贸区管委会的介入,但是其职责职能限于程序性的辅助工作,并且要极尽具体、明确。即管委会的主要工作应该是发现潜在的国家安全威胁,受理和提请国家安全审查,反馈审查信息和处理意见,监督消除国家安全威胁措施的落实,向审查机构汇报落实情况等。在未来建立统一的外国投资国家安全审查制度时,要考虑自贸区管委会作为一个特殊主体在国家安全审查中的法律定位和功能定位,既要发挥自贸区管委会进行前端管理的优势,又要避免自贸区管委会的介入影响统一的国家安全审查制度的建立。在未来统一的国家安全审查制度中,自贸区管委会自然不是法定的组织机构,这就需要考虑自贸区管委会如何切入自贸区内的外国投资国家安全审查事务,结合自贸区内外国投资的特殊性和自贸区管委会的优势,探索积极的补充、辅助和促进作用,同时避免僭越权限。

上海自贸区建立了"一口受理"服务模式。所谓"一口受理",简而言之,

就是"一表申请,一口受理"。其实质在于政府优化办事流程,由"一口受理"窗口"统一接收申请材料,统一向申请人送达有关文书"。目前,上海自贸区实行"一口受理"机制的事项包括:外商投资项目核准(备案)、企业设立(变更)以及企业境外投资备案。除此之外,上海自贸区还积极发展国际中转、集拼和分拨业务,简化自贸区内货物流转的手续,按照"集中申报、自行运输"的方式,推进自贸区内企业间货物流转;通过完善信息网络平台,实现部门间协同管理,实现高效便捷的服务,促进了投资和贸易的便利化。在国家安全审查事项上,上海自贸区同样可以运用"一口受理"的服务模式,方便相关投资者申请国家安全审查,协助国家安全审查机关和外资主管机构监督、落实国家安全审查决定、措施。但是,"一口受理"是服务模式,不是强制性要求和程序,不能妨碍外国投资者直接申请国家安全审查。

(二)如何与现有的国家安全审查机制进行协调

第一,作为外资并购国家安全审查机构的部际联席会议虽然由发改委、商务部牵头,但是商务部作为受理外资并购国家安全审查的部门,在审查程序中实际上起主导作用。目前,发改委在研究制定自贸区外商投资国家安全审查管理办法,似乎将在自贸区国家安全审查中发挥主导作用。这种局面可能影响国家安全审查机制的内在协调和统一审查机制的建立。

第二,无论是《国务院办公厅关于建立外国投资者并购境内企业安全审查制度的通知》,还是《商务部实施外国投资者并购境内企业安全审查制度的规定》,都将审查的对象限定为外资并购交易;而上海自贸区国家安全审查的对象是所有类型的外国投资,并不仅限于外资并购交易。

第三,现有的国家安全审查机制在审查程序、缓和措施等方面都有所欠缺,自贸区外商投资国家安全审查管理办法既要考虑与现有的国家安全审查机制的协调,又要积极探索和创新,发挥补充和完善的作用。所以,必须依托现有的国家安全审查机制。虽然自贸区采取负面清单管理方式,并且审查的对象不局限于外资并购交易,但是自贸区国家安全审查机制不宜另起炉灶,而应着力于与现有的国家安全审查机制的衔接并予以补充与修正,既要满足国家安全审查的实际需要,又要努力促进国家安全审查机制的内在协调和统一审查机制的建立。应通过自贸区外商投资国家安全审查管理办法完善现有的国家安全审查机制,如明确部际联席会议的具体成员部门以及部门负责人作为联席会议的参与者,建立部际联席会议秘书处作为常设机构,以国家安全委员会作为最终决定机构,补充国家安全风险缓和措施等。现有的国家安全审查机制还不够健全,只有层级较低的外资并购国家安全审查管理办法。但是,商务部正在推动外资法律的统一,以形成新的外国投资法,并且在草案征求意见稿中设专章规定了国家安全审查。所以,上海自贸区外商投资国家安全审查管理办法必须充分考虑到这一重要立法规划,在权限范围内将草案征求意见稿中有关国家安全审查的内容吸收进自贸区外商投资国家安全审查管理办法,并考虑在外国投资法的国家安全审查框架下,落实、优化、细化上海自贸区外商投资国家安全审查制度。

(三)如何理解负面清单管理与国家安全审查的关系

负面清单管理的逻辑在于,我国将实行外资准入的国民待遇原则,这是大前提。负面清单是在这一前提下对部分领域外商投资的特殊管理措施。但是,无论是在负面清单外还是负面清单内,都可能存在外商投资威胁国家安全的情形。负面清单管理使得相关主体失去了在审批环节考量国家安全的机会,这就要求国家安全审查制度必须更加系统、完善、有效,建立国家安全威胁的主动发现机制,及时发现和处理可能威胁国家安全的外国投资。负面清单管理方式也要求外国投资者充分认识、正确理解和高度重视中国的国家安全审查制度,不能错误地认为中国对于外国投资从审批制到备案制的改革降低了对国家安全的考虑。对于可能危害中国国家安全的投资,外国投资者应当主动申请国家安全审查。如果外国投资者未主动申请国家安全审查,而被采取消除国家安全的措施并遭受投资损失,不能要求获得任何赔偿。自贸区国家安全审查制度不能局限于外商的并购投资,应覆盖所有可能威胁国家安全的外国投资。我国对外资并购国家安全审查的范围采用列举的方式进行规定,包括:外国投资者并购境内军工及军工配套企业,重点、敏感军事设施周边企业,以及关系国防安全的其他单位;外国投资者并购境内关系国家安全的重要农产品、重要能源和资源、重要基础设施、重要运输服务、关键技术、重大装备制造等企业,且实际控制权可能被外国投资者取得。采用列举的方式虽然范围明确,但是实际上很难穷尽所有可能威胁国家安全的外商投资。所以,可以采用列举加兜底条款的方式确定国家安全审查的范围。

二、《自贸区审查办法》的特点

2015年4月8日,国务院办公厅印发《自由贸易试验区外商投资国家安全审查试行办法》(以下简称《自贸区审查办法》),包括审查范围、审查内容、安全审查工作机制和程序、其他规定四个部分。《自贸区审查办法》适用于中国(上海)自由贸易试验区、中国(广东)自由贸易试验区、中国(天津)自由贸易试验区、中国(福建)自由贸易试验区等,试点实施与负面清单管理模式相适应的外商投资国家安全审查措施,引导外商投资有序发展,维护国家安全。

与《国务院办公厅关于建立外国投资者并购境内企业安全审查制度的通知》和《商务部实施外国投资者并购境内企业安全审查制度的规定》相比,《自贸区审查办法》具有以下几个方面的特点：

(一) 名称

《自贸区审查办法》使用的是"外商投资国家安全审查",而不是"外资并购国家安全审查",较之以前的规范更加周严和准确,覆盖了所有类型的外商投资,而不局限于并购方式的外商投资。在"审查范围"等部分,《自贸区审查办法》都使用了"投资"概念。

(二) 审查范围

《自贸区审查办法》提出了确定审查范围总的原则,即"对影响或可能影响国家安全、国家安全保障能力,涉及敏感投资主体、敏感并购对象、敏感行业、敏感技术、敏感地域的外商投资进行安全审查"。这一原则以"敏感"作为关键词,虽然具有抽象性、模糊性,但是用在国家安全审查立法中并无不当,与国家安全的抽象性、模糊性以及国家安全审查的特性相一致。

在安全审查范围上,《自贸区审查办法》在《国务院办公厅关于建立外国投资者并购境内企业安全审查制度的通知》的基础上,增加了"重要文化、重要信息技术产品和服务"领域,将这些领域的投资纳入国家安全审查范围。这主要是基于文化安全和网络安全方面的考虑,将这两方面的安全问题上升到国家安全层面。

《自贸区审查办法》对"投资"作了界定,包括三种类型:(1) 外国投资者单独或与其他投资者共同投资新建项目或设立企业;(2)外国投资者通过并购方式取得已设立企业的股权或资产;(3)外国投资者通过协议控制、代持、信托、再投资、境外交易、租赁、认购可转换债券等方式投资。简言之,投资包括新建、并购以及替代三种方式,如果不将替代方式纳入投资范围,很可能会出现以这些实质投资规避投资规制政策的现象。未来我国在进行国家安全审查统一立法时,也应当采用"投资"这一表述,覆盖所有形式的外国投资,而不能仅仅局限于并购投资。

在界定"控制权"时,《国务院办公厅关于建立外国投资者并购境内企业安全审查制度的通知》将其中一种情形规定为"外国投资者及其控股母公司、控股子公司在并购后持有的股份总额在50%以上",而《自贸区审查办法》将这种情形规定为"外国投资者及其关联投资者持有企业股份总额在50%以上"。也就是说,《自贸区审查办法》用"关联投资者"替代了"控股母公司、控股子公司"。这种修正无疑是正确的,因为与外国投资者"一致行动"的绝不只有"控股母公司"和"控股子公司"。例如,外国投资者的兄弟公司之间虽是独立法人且没有纵向关系,但同属一个上级投资者,存在明显的关联关系。另外,《国务院办公厅关于建立外国投资者并购境内企业安全审查制度的通知》将"控制权"的最后一种情形界定为"其他导致境内企业的经营决策、财务、人事、技术等实际控制权转移给外国投资者的情形",而《自贸区审查办法》将这种情形界定为"其他导致外国投资者对企业的经营决策、人事、财务、技术等产生重大影响的情形"。也就是说,《国务院办公厅关于建立外国投资者并购境内企业安全审查制度的通知》将经营决策、财务、人事、技术等事项的"控制权转移"作为判断标准,而《自贸区审查办法》将对该等事项的"重大影响"作为判断标准。从理论上分析,似乎《国务院办公厅关于建立外国投资者并购境内企业安全审查制度的通知》的规定更加符合"外国投资者获得控制权"的结果要求,但是在实践中可能会带来如何判断该等事项的控制权是否转移这一棘手问题,也容易产生争议;而以"重大影响"作为判断标准就回避了这一问题,只要产生重大影响即可,无须论证该等事项的控制权是否转移。所以,《自贸区审查办法》的规定更加具有可操作性。

(三)审查内容

在审查内容(审查标准)上,《自贸区审查办法》在《国务院办公厅关于建立外国投资者并购境内企业安全审查制度的通知》的基础上,增加了"外商投资对国家文化安全、公共道德的影响"以及"外商投资对国家网络安全的影响",这与其对审查范围的规定相一致。这里使用了"公共道德"这一概念。笔者认为,这并不妥当,将"公共道德"上升到国家安全层面着实有些牵强,可以考虑使用"公共利益"或"公共秩序"这些在国际法上有一定共识的概念,"公共道德"属于"公共利益"或"公共秩序"的范畴;或者干脆删除"公共道德"的表述,因为道德属于广义的文化范畴,文化安全可以包容公共道德问题。

(四)审查程序

在审查程序上,自贸区外商投资国家安全审查适用《国务院办公厅关于建立外国投资者并购境内企业安全审查制度的通知》的相关规定。《自贸区审查办法》增加了"附条件通过审查"的规定,即"对影响或可能影响国家安全,但通过附加条件能够消除影响的投资,联席会议可要求外国投资者出具修改投资方案的书面承诺。外国投资者出具书面承诺后,联席会议可作出附加条件的审查意见"。附条件通过审查中的缓和措施需要投资者作出书面承诺,并且必须得到审查机构的认可,在性质上属于审查机构与外国投资者之间达成的"约定",外国投资者必须全面履行约定,遵守附加条件。《自贸区审查办法》规定:"如发现外国投资者提供虚假信息、遗漏实质信息、通过安全审查后变更投资活动或违背附加条件,对国家安全造成或可能造成重大影响的,即使外商投资安全审查已结束或投资已实施,自贸试验区管理机构应向国家发展改革委和商务部报告。"

第五节 统一的国家安全审查制度

随着改革开放的深入,改革外国投资管理体制和统一外国投资立法已经获得广泛共识,依托自由贸易试验区的外国投资管理体制改革试验已经启动,用以统合三部外资法的《外国投资法(草案征求意见稿)》也已于2015年1月由商务部公布,公开向社会征求意见。在此背景下,建立统一的国家法律层级的外国投资国家安全审查制度不仅具有必要性,也具备客观的条件。

一、国家安全审查制度设计的总体评价

改革开放早期制定的《中外合资经营企业法》《外资企业法》和《中外合作经营企业法》(通常合称为"外资三法"),奠定了我国利用外资的法律基础,为推动改革开放伟大历史进程做出了重大贡献。"随着国内外形势发展,现行外资三法已经难以适应全面深化改革和进一步扩大开放的需要。第一,外资三法确立的逐案审批制管理模式已经不能适应构建开放型经济新体制的需要,不利于激发市场活力和转变政府职能。第二,外资三法中关于企业组织形式、经营活动等规定和《公司法》等有关法律存在重复甚至冲突。第三,外资并购、国家安全审查等重要制度需要纳入外国投资的基础性法律并进一步完善。"①制定统一的外国投资法既有紧迫的内在现实需求,也具备国家经济环境、外资管理经验、法律技术与经验等外部条件。

制定外国投资法将为建立统一的外国投资国家安全审查制度提供合适的契机。首先,外国投资法是规范外国投资行为的基本法律,国家安全审查制度属于其必要的组成部分和应有之内容。其次,统一的国家安全审查制度应上升到国家法律层级。但是,在我国的立法模式下,并不适合就国家安全审查问题单独立法,也不适合将其放入现行的三部外资法中。所以,在统合制定外国投资法时,建立统一的外国投资国家安全审查制度较为适宜。最后,我国已经先后出台《国务院办公厅关于建立外国投资者并购境内企业安全审查制度的通知》《商务部实施外国投资者并购境内企业安全审查制度的规定》《自由贸易试验区外商投资国家安全审查试行办法》三个关于外国投资国家安全审查的文件,为制定统一的外国投资国家安全审查制度进行了探索,积累了经验。

《外国投资法(草案征求意见稿)》在第四章"国家安全审查"中以 27 个条文对国家安全审查作出具体规定,主要包括审查机构、审查程序、审查标准、审查决定、缓和措施、安审临时措施与强制措施、信息公开、法律责任、诉讼豁免等内容,其中安审临时措施与强制措施、信息公开、法律责任、诉讼豁免都

---

① 《商务部新闻发言人孙继文就〈中华人民共和国外国投资法(草案征求意见稿)〉发表谈话》,http://www.mofcom.gov.cn/article/ae/ag/201501/20150100871007.shtml,2018 年 3 月 15 日访问。

是在以前的国家安全审查规范的基础上新增的,非常值得肯定。审查标准也扩展到十项具体的考量因素,并且设置了概括性条款"联席会议认为应当考虑的其他因素",较为具体和全面。另外,《外国投资法(草案征求意见稿)》还对准入许可与国家安全审查之间的衔接问题作出规定:"外国投资主管部门在进行准入审查时,发现外国投资事项危害或可能危害国家安全的,应暂停准入审查程序,并书面告知申请人提交国家安全审查申请;进行准入审查的省、自治区、直辖市人民政府外国投资主管部门应将有关情况报告国务院外国投资主管部门。除非申请人撤回准入许可申请,外国投资者应当按照本法第四章'国家安全审查'提交国家安全审查申请。"但是,较之以前的规范,《外国投资法(草案征求意见稿)》删除了关于国家安全审查范围和保密义务的规定,这是值得商榷的。

二、国家安全审查制度完善的具体建议

(一)关于审查机构

笔者建议:(1)确定商务部为国家安全审查联席会议的唯一牵头机构。(2)"会同相关部门"的表述有歧义。是联席会议会同相关部门,还是牵头机构会同相关部门? 如果是前者,说明联席会议本身的构成就有问题,因为相关部门应该包括在联席会议之中;如果是后者,就应当明确表述牵头机构与相关部门构成联席会议,不应当再出现"会同相关部门"的表述。(3)联席会议作为非常设审查机构,其构成也应当具有确定性,没有必要根据个案的情况再斟酌哪些部门是相关部门,人为地增加复杂性和风险性。这样,既可以避免牵头机构的选择偏好,也可以避免相关部门以"不相关"为由拒绝介入或以"相关性"为由要求介入等问题。广泛、明确、稳定的构成既可以保证审查标准的一致性和审查质量,也不会不当增加"不相关部门"的负担。(4)在法律确定联席会议制度的基础上,授权国务院就联席会议的构成和工作程序作出具体规定。联席会议的构成应当具有确定性,但是并不排斥根据情况的变化作出调整。所以,授权国务院进行规定比较合适,有利于在法律的稳定性与应对变化之间找到平衡点。

(二)关于审查范围

《外国投资法(草案征求意见稿)》删除了关于国家安全审查范围的规定,

代之以"对任何危害或可能危害国家安全的外国投资进行审查"这一概括性规定。笔者认为,这种规定方式有待商榷:(1)确定审查范围是各国国家安全审查立法中的普遍做法。尽管各国所确定的具体范围不一,但是都采取了设定范围的方式。确定审查范围不仅有利于外国投资者判断其所实施的投资是否属于国家安全审查范围以及是否应当申请国家安全审查,避免投资行为的不确定性,也有助于审查机构、各类社会组织甄别可能威胁国家安全的外国投资。(2)审查标准或称"安审因素"并不能取代审查范围,二者之间虽存在一定的联系,但侧重点不同,作用也不同,不能相互替代。(3)为了避免界定审查范围上可能存在的疏漏,可以采取列举加概括的方式,对当下各方已经认识到的可能威胁国家安全的外国投资进行列举,如从主体性、行业性、地域性、关键性等方面进行罗列,在此基础上再加上概括性条款,如"其他可能威胁国家安全的投资"。

(三)关于审查程序

《外国投资法(草案征求意见稿)》在审查程序上的一些改进值得肯定,如第62条第1款规定:"经过一般性审查后,如联席会议认为外国投资不危害国家安全的,应形成审查意见,并书面通知国务院外国投资主管部门;认为外国投资可能存在危害国家安全风险的,应决定进行特别审查,并书面通知国务院外国投资主管部门。"较之《国务院办公厅关于建立外国投资者并购境内企业安全审查制度的通知》的规定,如"一般性审查采取书面征求意见的方式进行","如有关部门均认为并购交易不影响国家安全,则不再进行特别审查"等,《外国投资法(草案征求意见稿)》的优点在于:第一,没有规定采用书面征询意见的方式。一方面,书面征询意见不适合作为国家安全审查的工作方式;另一方面,即使采用书面征询意见的方式,也没有必要在法律中进行规定。这属于联席会议的议事方式和程序问题,可以由国务院作出规定。第二,不再使用"有关部门均认为"的表述。因为在国家安全审查中,审查机构是联席会议,最终形成的是联席会议的意见,不应出现具体部门的意见。具体部门的意见不具有外部性,无须在法律中作出规定。另外,联席会议应当根据议事规则形成意见,不一定是完全一致的意见。

《外国投资法(草案征求意见稿)》第64条第2款规定:"在特别审查过程

中,联席会议认为外国投资危害或可能危害国家安全的,应提出书面审查意见,报请国务院决定。予以通过的,由国务院外国投资主管部门书面通知申请人和有关当事人;予以否决的,由国务院作出否决决定。"该规定将国家安全审查的否决权赋予国务院,这具有法理上和比较法上的基础。很多国家都将这项权力赋予最高行政机构,以彰显和强化否决意见的权威性、正式性和谨慎性。

当然,《外国投资法(草案征求意见稿)》在审查程序上不全是亮点,也存在一些问题,值得进一步探讨和研究。关于外国投资者申请审查的规定就需要改进,如第 50 条规定:"外国投资危害或可能危害国家安全的,外国投资者可向国务院外国投资主管部门提交国家安全审查申请。"在这里,外国投资者不是"可"提交国家安全审查申请,而是"应"提交国家安全审查申请。提交申请是外国投资者的义务,而非可为可不为的权利。

《外国投资法(草案征求意见稿)》第 68 条规定:"国务院外国投资主管部门应编制和公布外国投资国家安全审查指南。"第 69 条规定:"国务院外国投资主管部门应编制和公布外国投资国家安全审查年度报告。"这些关于信息公开的规定对于提高国家安全审查的公开性和透明度,实现对外国投资者的参照和引导作用都具有积极意义。但是,《外国投资法(草案征求意见稿)》删除了在《自贸区审查办法》中有所体现的保密义务,不利于保护国家机密信息和相关投资者的商业秘密。笔者建议增加保密义务条款。

附　录

附录一
罗尔斯公司(Ralls)诉美国外国投资委员会(CFIUS)案

美国哥伦比亚特区联邦上诉法院
罗尔斯公司(Ralls)(上诉人)v. 美国外国投资委员会(CFIUS)
及其他人(被上诉人)[①]

案号:13-5315
2014年5月5日开庭
2014年7月15日判决

摘　要

背景:

Ralls 为两个中国公民所有,他们也是某中国制造企业(三一重工股份有

[①] 2014 WL 3407665 (C. A. D. C.).

限公司)的负责人。针对2012年美国总统奥巴马以保护国家安全为由签发的禁止Ralls在俄勒冈州一军事基地附近兴建风电场的行政决定,Ralls提起诉讼,请求宣告该行政决定违法,并作出初步和永久的禁止执行该行政决定的判决。美国哥伦比亚特区联邦地方法院驳回起诉。原告Ralls上诉。

判决:

上诉法院法官凯伦·L.亨德森的判决如下:

(1) Ralls提供的证据没有清楚而有说服力地表明国会意图通过1950年《国防生产法》(DPA)排除对地方法院驳回起诉裁定的司法审查。

(2) 在总统依赖某些证据作出既不能通过诉讼手段解决也不受司法审查的剥离决定前,Ralls有权根据正当程序条款被告知并评估总统依赖的该等证据,给予Ralls反驳的机会。依据政治问题原则也无权禁止法院就Ralls是否被给予该等机会作出判决。

(3) Ralls拥有对该有限责任公司及其财产100%的所有权,对风力发电项目拥有完全所有权。依据法律规定,Ralls有权对总统令是否违反正当程序提出质疑。

(4) 缺乏预先批准的程序并不能阻止对是否遵守正当程序提出质疑。

(5) 总统令未经过正当法律程序,剥夺了Ralls合法的财产所有权。

(6) CFIUS发布的行政命令规避司法复审,而根据法律规定,它应当受到司法审查的约束,除非无审判价值原则(mootness doctrine,是美国法院受理司法审查案件必须遵循的原则,指只有在行政行为对相对方产生的不利影响还未消除,法院的审理具有实际的意义或价值之时,法院才能受理此案件的司法审查)被适用。

(7) 对CFIUS发布的行政命令,可以进行司法审查。

撤销原判,发回重审。

判决书正文

凯伦·L.亨德森,巡回法院法官:

2012年3月,上诉人Ralls收购了4个美国有限责任公司(风电项目公司),这些公司成立的目的是在俄勒冈州中北部兴建风电场。该交易很快受到CFIUS的详细审查。CFIUS是根据DPA设立的一个行政委员会,由美国财政部部长担任主席。① 根据DPA第721节的规定,CFIUS有权就"可能会导致外国控制下的任何人参与的州际贸易"进行审查。尽管Ralls是一个美国公司,但是因其两个股东都是中国公民,故该交易在DPA的管辖范围内。CFIUS认为,Ralls收购风电项目公司威胁国家安全,因此发布暂时性的限制命令:限制Ralls进入该风电场并禁止其继续建设风电场。接着,这个问题被提交给总统,总统同样认为这笔交易会对国家安全造成威胁。总统签发了一个永久性的行政命令(总统令):禁止这笔交易,并要求Ralls撤走对风电项目公司的投资。Ralls针对CFIUS和总统共同签发的行政命令向地方法院提起诉讼。Ralls的诉求之一是CFIUS和美国总统(包括财政部部长兼CFIUS主席雅各布·卢,合称"被上诉人")均未给予Ralls机会对签发行政命令的依据进行审查和辩驳,因此它主张这项行政命令违反了美国宪法第五修正案规定的正当程序条款。地方法院驳回了Ralls的诉讼请求,认为该诉求无审判价值,总统令违反程序正义的主张不构成一项诉讼请求。基于下述理由,本院判决撤销原判,发回重审。

I. 背景

A. 相关法律法规

本案涉及的行政部门对商事交易的审查权,是依据DPA第721节(也被称为《艾克森-弗罗里奥修正案》)②的规定而得来的。经修订的DPA第721节规定"总统有权通过CFIUS"审查"受管辖的商事交易,评估交易对美国国家安全的影响"。③ 该第721节把"受管辖的交易"定义为"外国人通过任何形式的并购、收购、接管……控制从事州际贸易的任何人"④。

基于DPA第721节的规定,首先由CFIUS对受管辖交易进行审查。如前所述,CFIUS的主席由财政部部长担任,其成员包括多个联邦机构的负责

---

① See 50 U.S.C. app. § 2170(k).
② 这个名称来自其共同提案人即前任参议员詹姆斯·艾克森(James Exon, D-Neb.)和前任众议员詹姆斯·弗罗里奥(James Florio, D-N.J.)。
③ See 50 U.S.C. app. § 2170(b)(1)(A).
④ Id. § 2170(a)(3).

人以及其他涉及外交政策、国家安全、经济部门的政府高官。① 启动 CFIUS 审查的方式有两种：首先，无论在交易完成前后，受管辖交易的一方当事人若向 CFIUS 主席递交一份书面报告，就可能会启动审查。一个被提议或已完成的交易的一方或双方当事人可以向委员会主动报告有关交易。② 该主动报告的内容至少应当包括预期完成交易的日期，或者是已完成交易的日期。③ 交易是指一个被提议或已完成的并购、收购、接管。④ 其次，CFIUS 可以自主启动审查。CFIUS 的审查期长达 30 天。在此期间，CFIUS 通过考量 50 U.S.C. app. § 2170(f)中规定的 11 个因素评估交易对国家安全的影响。

在审查期间，如果 CFIUS 认为"这项交易有损害美国国家安全的威胁且这种威胁不能被削弱"，委员会必须"立即就该交易对国家安全产生的影响进行调查，……并采取任何与此交易有关的必要行动保护国家安全"。⑤ "为解除因受管辖交易而造成的对美国国家安全的威胁，CFIUS 被明示授权与受管辖交易的任何一方当事人进行协商、签署协议或施加影响，并强制执行任何协议或条件。"⑥调查期不得超过 45 天。⑦ 如果在调查结束时 CFIUS 认为因交易而对国家安全造成的影响已消除且这项交易不需要被禁止，则基于 DPA 第 721 节的审查行为应当被终止。同时，CFIUS 要向国会提交一份最终调查报告。⑧

如果在调查结束时 CFIUS 认为一项受管辖交易应当被暂停或禁止，必须"向总统提交一份报告并请求总统作出决定"，报告内容包括对该交易影响国家安全的评估和 CFIUS 的建议。⑨ 一旦 CFIUS 的报告被提交给总统，如果

---

① CFIUS 成员包括财政部、国土安全部、商业部、国防部、能源部、劳动部部长以及国家情报局局长，他们是作为无投票权且依职权工作的成员。此外，还包括美国司法部部长以及其他政府官员如总统。See 50 U.S.C. app. § 2170(k)(2). 总统也被任命为 CFIUS 的美国贸易谈判代表和科技政策办公室主管，管理作为观察员的几个白宫官员。See Exec. Order No. 13,456, § 3(b), (c), 73 Fed. Reg. at 4677, 4677 (2008).

② See 31 C.F.R. § 800.402(c)(1)(vii).

③ Id. § 800.224.

④ DPA 规定总统"有权通过制定规章制度的形式行使第 721 节规定的职责"。See 50 U.S.C. app. § 2170(h)(1). 总统将这部分职责委托给财政部部长执行。See Exec. Order No. 13,456, § 4.1(b), 73 Fed. Reg. at 4678.

⑤ See 50 U.S.C. app. § 2170(b)(2)(A), (B).

⑥ 50 U.S.C. app. § 2170(l)(1)(A).

⑦ Id. § 2170(b)(2)(C).

⑧ Id. § 2170(b)(3)(B); 31 C.F.R. § 800.506(d).

⑨ See 31 C.F.R. § 800.506(b), (c).

总统认为暂停或禁止有损害美国国家安全威胁的任何受管辖交易是适当的，他应当在15天内采取相应的行动。① 根据 DPA 第721节的规定，总统只有在发现存在如下情形时，才可以行使其权力：

存在可靠的证据使总统相信，外国投资者通过其控制的权益采取的行动会产生损害国家安全的威胁；同时，总统认为，就该等交易而言，只能根据 DPA 第721节的规定和《国际紧急经济权力法》行事，其他法律条款都没有赋予总统充分、适当的权力以保护国家安全。②

值得注意的是，"总统基于 DPA 第721(d)(1)节做出的行为以及基于第721(d)(4)节给出的调查结果不受司法审查管辖"③。为了决定是否暂停或禁止一项交易，总统应当适当考虑"DPA 第721(f)节规定的各种因素"④。

B. 事实背景

Ralls 是一家在特拉华州注册的美国公司，它的主营业地在乔治亚州。Ralls 为两个中国公民所有，分别是段大为和吴佳梁。段大为是中国制造企业三一重工集团的财务总监。在进行该笔交易时，吴佳梁担任三一重工集团的副总裁和三一电气有限公司（以下简称"三一电气"）的总经理。Ralls 在提交的修改后的起诉状中主张："Ralls 主要负责在美国寻找机会投资和建设风电场，并在建设中使用三一电气自有的风力发电机，借此与竞争对手竞争，向美国风力发电企业证明三一电气的风力发电机的质量和可靠性。"⑤

2012年3月，Ralls 收购了4个美国风电项目公司，包括：Pine City 风电场有限公司、Mule Hollow 风电场有限公司、High Plateau 风电场有限公司以及 Lower Ridge 风电场有限公司。⑥这些风电项目公司最初是由一家为美国人所有的 Oregon 风电场有限公司设立的，该公司在俄勒冈州中北部发展了4

---

① See 50 U.S.C. app. § 2170(d)(1), (2).
② Id. § 2170(d)(4).
③ Id. § 2170(e).
④ Id. § 2170(d)(5).
⑤ Ralls Corp. v. Comm. on Foreign Inv. in the U. S., No. 1:12-cv-01513 (D.D.Cir. Oct. 1, 2012).
⑥ Ralls 是通过一系列的交易收购风电项目公司的。2010年，俄勒冈州风电场将其在风电项目公司的财产出售给一家在特拉华州注册的公司 Terna Energy USA 控股公司（简称"Terna"），该公司属于一个上市的希腊公司。2012年，Terna 将风电项目公司的资产出售给一家在特拉华州注册的公司 IWE，IWE 属于 USIRE。USIRE 将 IWE 卖给了 Ralls。

个风电场(合称"Butter Creek 项目")。在 Ralls 收购它们之前,每个风电项目公司都拥有建设风电场所必需的资产,包括:从当地土地所有者处取得的地役权和风力发电机;与当地的公用事业单位太平洋电力公司达成的电力购买协议;为获取与太平洋电力公司输电网的连接权而达成的并网协议;为管理和使用与附近风电场共享的设备而达成的传输互联协议;为在特定的、被批准的地点建设 5 个风力发电机而取得的必要的政府许可和批准材料。

Butter Creek 项目坐落在由美国海军控制的空中禁区和轰炸区的东部周边。3 个风电场的位置距离空中禁区 7 英里,Lower Ridge 风电场在空中禁区内。"为减少 Lower Ridge 风力发电机与低空军用飞机训练之间的冲突",美国海军催促 Ralls 将 Lower Ridge 风电场搬离该禁区。Ralls 迁移了该风电场,但是仍然在空中禁区内。

Ralls 在起诉书中指出,Oregon 风电场有限公司开发的其他 9 个风电项目(Echo 项目)的位置与 Butter Creek 项目的位置大致相同,且 9 个项目均使用了外国制造的风力发电机。根据 Ralls 的表述,Echo 项目中使用的 7 个发电机在空中禁区内,其中一个项目 Pacific Canyon 目前是属于外国投资者的。除此之外,Ralls 还指出,在空中禁区西部及其附近有几十甚至上百个外国制造并由外国投资者拥有的风力发电机。被上诉人在口头协议中承认空中禁区附近存在外国投资者拥有的其他风力发电机。

2012 年 6 月 28 日[①],Ralls 向 CFIUS 提交了一份 25 页的报告,向其申报 Ralls 收购风电项目公司的情况。[②]这份报告阐明了 Ralls 认为该交易没有给美国国家安全造成威胁的原因。CFIUS 依据 50 U. S. C. app. § 2170(b)(1)的规定开始进行审查。在 30 天的审查期内,针对 CFIUS 提出的几个问题,Ralls 作了回答,并当面向 CFIUS 的官员作了一次陈述。Ralls 主张,CFIUS 没有告知 Ralls 其对该交易存在的顾虑;在 Ralls 作当面陈述时以及其他任何时候,CFIUS 也没有向 Ralls 披露其审查的内容。

CFIUS 认为 Ralls 收购风电项目公司的行为给美国国家安全造成威胁。

---

① 除非另作说明,以下所述事件均发生在 2012 年。
② Ralls 在地方法院承认,在 CFIUS 告知 Ralls 若不事先申报则国防部打算提交一份通知以触发 CFIUS 审查后,Ralls 才向 CFIUS 申报。

7月25日,CFIUS签发了一个采取临时限制措施的命令(以下称"7月命令")以减少威胁。7月命令要求 Ralls:(1)停止在 Butter Creek 项目涉及的风电场的所有建设和运作活动;(2)在 2012 年 7 月 30 日之前将储存的物资或其他存储物从风电场移走,并且不能在风电场储存任何新的物资;(3)禁止进入风电场。[1]5 天后,即 7 月 30 日,CFIUS 依据 50 U.S.C. app. § 2170(b)(2) 的规定启动了一项调查。

调查开始 3 天后,即 8 月 2 日,CFIUS 签发了一个经修订的采取临时限制措施的命令(以下称"CFIUS 命令")。除了 7 月命令的限制条件外,CFIUS 命令的内容还包括:在 Ralls 未从 Butter Creek 项目涉及的风电场移除所有物资(包括混凝土地基)前,Ralls 不得完成任何出售风电项目公司(包括其资产)的行为;Ralls 应当提前将出售行为通知 CFIUS,CFIUS 有权在 10 个工作日内否决该出售行为。"在 CFIUS 或总统依据 DPA 第 721 节的规定作出最终决定,或者是 CFIUS 或总统明令废除此命令前",CFIUS 命令一直有效。7月命令和 CFIUS 命令均未披露因交易而对国家安全造成的威胁的性质,也没有披露 CFIUS 签发禁令所依据的证据。9 月 13 日,调查期结束,CFIUS 向总统递交了一份报告(包括 CFIUS 提供的建议)[2],请求总统作出决定。

9 月 28 日,总统签发了一个"关于 Ralls 对 4 个美国风电项目公司收购行为的命令"(以下称"总统令")。总统令声明,"有可靠的证据使总统相信,Ralls 有可能采取行动导致损害国家安全的威胁";同时,"除 DPA 第 721 节以及《国际紧急经济权力法》以外,其他法律条款都没有就此问题赋予总统充分、适当的权力,即总统在面临这一问题时有权依自身的判断保护国家安全"。依据调查结果,总统令禁止该风电项目公司交易。"为使禁令得到实施",总统令要求 Ralls:(1)在禁令颁发后 90 天内,出售其在风电项目公司中所有的权益和资产,并停止经营活动;(2)移除在风电场"存储的、存放的、已安装的或附着的"所有财产;(3)禁止进入风电场;(4)禁止将放置在风电场的"三一重工集团制造的任何产品出售、转让或者促成出售、转让给任何第三方使用或安

---

[1] See Appendix (JA) 82-83, Ralls v. Comm. on Foreign Inv. in the U.S., No. 13-5315 (D. C. Cir. Feb. 7, 2014).

[2] 虽然调查记录中包含 CFIUS 在 7 月和 8 月签发的两个禁令的副本,但是没有包含 9 月的调查报告和 CFIUS 提交给总统的建议。

装";(5)遵守向第三方出售风电项目公司和资产的限制条件。同时,总统令废除了CFIUS签发的两个命令。

毋庸置疑,CFIUS和总统均未向Ralls提供其作出决定所依据的证据和理由,也没有给予Ralls机会反驳这些证据和理由。

C. 地方法院审理程序

大约在总统令签发两周前,在地方法院,Ralls针对CFIUS及其当时的主席即财政部部长蒂莫西·盖特纳提起诉讼。Ralls请求判令CFIUS命令无效并停止实施,主张CFIUS颁布命令的行为是武断的、任意的,属于越权行为,违反了《联邦行政程序法案》(APA)和5 U.S.C. §§ 551等;同时,该命令违反了美国宪法第五修正案的正当程序条款之规定,因而剥夺了Ralls受宪法保护的财产权。第二天,即9月13日,Ralls提出动议,请求法院颁发临时限制令和预先禁令(TRO/PI)。TRO/PI动议的审理被安排在9月20日,但是Ralls在审理日的前一天自愿撤回请求。

9月28日总统签发总统令后,Ralls修改了诉状,增加了针对总统令的诉讼请求,并将总统列为被告。修正的诉状包括五个部分:第一和第二部分是基于APA对CFIUS命令提出质疑;第三部分主张被上诉人的行为超越权限;第四和第五部分分别基于宪法第五修正案的正当程序条款和平等保护条款主张这两个命令违宪。

CFIUS和总统提出动议,请求法院基于缺乏对事管辖权驳回Ralls的起诉。2013年2月,地方法院同意了其部分请求,同时也否定了其部分请求。法院首先认为DPA第721节禁止就越权行为和平等保护问题对总统令进行司法审查,而不禁止对程序正义问题的司法审查。法院同时认为,根据总统令的内容,Ralls关于CFIUS命令的请求无审判价值。因此,法院驳回了Ralls关于第一、二、三、五部分的全部请求以及第四部分针对CFIUS命令的请求。

不久之后,被上诉人依据《联邦民事诉讼程序法》第12(b)(6)条的规定,请求法院以Ralls未提出诉讼请求为由驳回Ralls提出的关于总统令违反程序正义的主张。2013年10月,地方法院最终同意被上诉人的请求。为驳回Ralls关于程序正义的主张,地方法院首先认为总统令没有剥夺Ralls受宪法保护的财产权。虽然地方法院认可依据州法律的规定,Ralls"通过2012年3

月的交易已获得相应的财产权利"①,但是认为 Ralls 没有受宪法保护的权利,因为 Ralls"明知收购该等财产权利有被总统否决的风险,仍然自愿进行收购",并且"在参与该交易之前,Ralls 放弃了取得 CFIUS 和总统批准认可的机会"。因此,地方法院认为,即使 Ralls 有受宪法保护的财产权,被上诉人也已经给 Ralls 提供了正当程序。根据法院的判决,2012 年 6 月,CFIUS 已通知 Ralls 该交易会被审查,并允许 Ralls 在申报材料时、后续与 CFIUS 官员的交流过程中以及在给 CFIUS 官员做报告时提交证据。

Ralls 随即就地方法院驳回的关于总统令违反程序正义的主张(Rule 12(b)(6))以及 5 个针对 CFIUS 命令的主张(Rule 12(b)(1))提起上诉。②我们首先讨论被驳回的关于总统令违反程序正义的主张(第四部分的部分内容),接着讨论被驳回的针对 CFIUS 命令的主张(第一、二部分的全部内容和第三、四、五部分的部分内容)。

II. 程序正义的主张

我们的第一个问题是:就地方法院驳回的 Ralls 关于总统令违反正当程序的决定,上诉法院是否有管辖权?③"美国司法权所特有的性质和限制条件以及司法权的不变性和无例外性要求我们首先确定司法管辖权问题。"④被上诉人辩称,首先,DPA 第 721 节明确地剥夺了上诉法院对程序正义主张的司法管辖权;其次,该主张不具有可裁判性。上诉法院否定了被上诉人对司法管辖权提出的两个主张,然后开始审查法律依据。

A. 司法审查的法定除外事由

正如 DPA 所规定的:

总统基于第 721(d)(1)节做出的行为以及基于第 721(d)(4)节得出

---

① See Ralls Corp. v. Comm. on Foreign Inv. in the U. S. , —F. Supp. 2d—, No. 1:12-cv-01513, 2013 WL 5565499, at *6 (D. D. Cir. Oct. 9, 2013, as amended on Oct. 10, 2013).
② 对被驳回的关于总统令存在越权行为和平等保护问题的主张(第三、五部分的部分内容),Ralls 没有提起上诉。
③ See Bancoult v. McNamara, 445 F. 3d at 427, 432 (D. C. Cir. 2006) (quoting Steel Co. v. Citizens for a Better Env't, 523 U. S. at 83, 94, 118 S. Ct. 1003, 140 L. Ed. 2d at 210 (1998)).
④ Steel Co. , 523 U. S. at 94-95 (quoting Mansfield, C. & L. M. R. Co. v. Swan, 111 U. S. at 379, 382, 4 S. Ct. 510, 28 L. Ed. at 462 (1884)).

的调查结果不应当受到司法审查。总统的行为,是指"如果总统认为暂停或禁止有损害美国国家安全威胁的任何受管辖交易是适当的,他应当采取相应的行动"。总统基于第 721(d)(4)节得出的调查结果包括他的两项决定:(1)有可靠的证据使他相信,外商行使控制权采取的行动可能产生损害国家安全的威胁;(2)其他法律条款不能赋予他充分的权力以保护国家安全。

  最高法院长久以来坚持认为,只有当存在清楚而有说服力的证据表明国会意图禁止违宪审查时,司法审查的法定除外事由才能排除违宪审查。① 我们的判例清楚地表明,特别严格的、清楚而有说服力的证据标准同时适用于形式上和适用上违宪的主张。②③ 我们认同 Ungar 案,最高法院和本法院要求清楚地表明国会意图排除违宪审查,是为了避免制度上的风险,即不允许在

---

 ① E. g., Bowen v. Mich. Acad. of Family Physicians, 476 U. S. at 667, 681, 106 S. Ct. 2133, 90 L. Ed. 2d at 623 (1986); Califano v. Sanders, 430 U. S. at 99, 109, 97 S. Ct. 980, 51 L. Ed. 2d at 192 (1977); Weinberger v. Salfi, 422 U. S. 749, 762, 95 S. Ct. 2457, 45 L. Ed. 2d at 522 (1975); Johnson v. Robison, 415 U. S. 361, 373-74, 94 S. Ct. 1160, 39 L. Ed. 2d at 389 (1974).

 ② See Griffith v. FLRA, 842 F. 2d at 487, 494 (D. C. Cir. 1988) (quotation marks omitted); Ungar v. Smith, 667 F. 2d at 188, 193 (D. C. Cir. 1981); Ralpho v. Bell, 569 F. 2d at 607, 619-20 (D. C. Cir. 1977).

 ③ 援引通用电气公司诉美国环保署案(360 F. 3d 188 (D. C. Cir. 2004)),被上诉人辩称,清楚而有说服力的证据证明国会的态度是没有必要排除对适用上违宪的司法审查。See Br. for the Appellees 26-27 & n. 3, Ralls Corp. v. Comm. on Foreign Inv. in the U. S., No. 13-5315 (D. C. Cir. Mar. 14, 2014).但是,通用电气公司没有宣示一个与 Griffith 案、Ungar 案和 Ralpho 案不同的规则。在通用电气公司案中,我们认为不需要"依据回避宪法原则以支撑我们对条文文本的理解",因为很明显,条文文本没有排除违宪审查的请求。Id. at 194. 换句话来说,因条款明确允许违宪审查,故在这里就没有必要适用清楚而有说服力的证据标准。Id.

 同时,我们也不认为针对适用上违宪的请求而适用清楚而有说服力的证据标准被近期的判决摧毁了。在 McBryde 案(McBryde v. Committee to Review Circuit Council Conduct and Disability Orders of the Judicial Conference of the United States, 264 F. 3d at 52 (D. C. Cir. 2001))中,我们认为"我们忽略了 Traynor 案(Traynor v. Turnage, 485 U. S. at 535, 542-44, 108 S. Ct. 1372, 99 L. Ed. 2d at 618 (1988)中最高法院判决的可行性,该判决推迟了最后的巡回审判(Griffith 案)",摧毁了对适用上违宪的请求适用清楚而有说服力的标准的理据。我们注意到,Traynor"可以通过 Robison 判决(巡回审判的来源)获取更多的成文法依据,而不是关于违宪主张特殊性的想法"。Id. at 59-60. 虽然 Traynor 对依然有效的清楚而有说服力的证据标准表达了怀疑,但是我们在该案中依然适用这项标准。我们研读该案不是为了获得一种不同的方式。简而言之,Griffith 案、Ungar 案和 Ralpho 案保留了良法,我们应当遵守这些法律。See United States v. Carson, 455 F. 3d at 336, 384 n. 43 (D. C. Cir. 2006). "我们当然应当遵循先例,而非一个与之相反的联席审理法院或最高法院的授权。"Brewster v. Comm'r, 607 F. 2d 1369, 1373 (D. C. Cir. 1979).

法庭上主张政府行为损害了受宪法保护的权利。① 为适用清楚而有说服力的证据标准,我们查阅了成文法文本和立法史,以证实国会禁止违宪司法审查的意图。②

从 Ralpho 案开始,我们断定,一个广义上的法定除外事由不能排除对程序正义的司法审查。依据 1971 年颁布的《密克罗尼西亚赔偿法案》(MCA),国会设立密克罗尼西亚赔偿委员会(以下简称"委员会")管理一个 500 万美元的基金,该基金是用来赔偿在第二次世界大战中受到伤害的密克罗尼西亚人的。③ MCA 规定,委员会安置和支付款项的行为"应当最终是为了赔偿目的,即使该法案的其他条款与之相反且不受司法审查的限制"④。一个索赔人向地方法院提起诉讼,主张基于正当程序,他有权获得公平的审理。但是,这个权利因为委员会依赖额外的"秘密"证据而被剥夺了。⑤依据法定除外事由,地方法院以缺乏司法管辖权为由驳回起诉。但是,我们撤销了驳回起诉的裁定。我们发现成文法文本或立法史中没有关于违宪审查的肯定性陈述,更加确定的是,也没有清楚而有说服力的证据表明国会意图禁止违宪司法审查。⑥

在 Ungar 案中,我们得出了一个相似的结论。一群投资一个匈牙利公司的投资者向外籍财产办公室(OAP)提出索赔,请求该办公室将在第二次世界大战期间没收的财产归还给他们。⑦在 OAP 拒绝了这些投资者的请求后,他们针对索赔程序对程序正义提出了质疑,认为 OAP 没有给予他们充分的时间准备案件材料。⑧虽然某部法规规定了所有 OAP 针对索赔申请的决定是"终局性的",并且"不受任何法院的司法审查",但是该法规没有禁止我们进行违宪司法审查。特别需要指出的是,我们发现成文法文本和包含"不涉及

---

① See 667 F. 2d at 193; Robison,415 U. S. at 366-67.
② See Robison, 415 U. S. at 367-71; Griffith, 842 F. 2d at 494; Ungar, 667 F. 2d at 193; Ralpho, 569 F. 2d at 617-22 & n. 59.
③ See Ralpho, 569 F. 2d at 613.
④ Ralpho, 569 F. 2d at 611 (quoting 50 U. S. C. app. § 2020 (1972)).
⑤ Id.
⑥ Id. at 621-22; Griffith, 842 F. 2d at 494 ("finding in the legislative history no affirmative statement addressed to preclusion of constitutional claims, we held there was no preclusion of such claims" in Ralpho (emphasis in Griffith)).
⑦ See Ungar, 667 F. 2d at 190.
⑧ Id. at 197.

禁止司法审查"的立法史均未表明国会有明确的意图禁止对违反程序正义的司法审查。① 我们尤其不想认为国会不明原因拒绝合理的赔偿请求的行为已成为一个先例,即国会意图禁止违宪司法审查的请求。②

我们采取了一个稍微不同的方式分析 McBryde 案涉及的相关成文法的立法史。③ 在 McBryde 案中,一个得克萨斯州联邦地方法院的法官认为第五巡回法院审判委员会的一项决议违反了程序正义并对此提出反对,一个负责复审巡回法院委员会行为和美国司法会议无效命令的委员会(简称"审查委员会")支持该决议,按有司法不端行为制裁了该法官。为对 McBryde 进行制裁,审判委员会和审查委员会是基于司法行为以及 1980 年《残疾人法案》赋予的权力而作出决定。该法案中有一个关于司法审查的条款,规定审判委员会作出的"所有判决和决定都应当是终局性的、确定的,并且不应当通过上诉或其他方式进行复审"。要理解该排除司法复审条款,我们认为立法史具有决定性。尤其值得一提的是,我们认为国会驳回参议院提出的关于设立一个新的复审司法不端行为的法院的提案,表明国会有明确意图禁止一个传统的根据《宪法》第 3 条设立的法院(或称"宪法法院")对 McBryde 提出的关于程序正义的请求进行复审。我们依据以下事实得出结论,即一个受纪律处分的法官有权要求审判委员会对适用上的违宪进行司法审查,该委员会与由宪法法院法官组成的法院类似。我们发现"大量的立法信息形成了一个令人难以置信的立法目的",在阅读成文法时也能得出同样的结论,即法律允许由一个宪法法院对适用上的违宪进行司法审查。

虽然先例设立了难以逾越的障碍,但是被上诉人仍主张以 DPA 的相关内容禁止我们进行违宪审查。根据被上诉人的主张,关于禁止对"总统基于 DPA 第 721(d)(1)节的行为"进行司法审查的条文文本,即 50 U. S. C. app. § 2170(e)规定禁止对总统基于此条做出的所有行为进行司法审查,包括"总

---

① See Ungar,667 F. 2d at 194-95。

② Id. at 195 n. 2. 在 Griffith 案中,我们放弃了一个从立法史中得出的相似的推论。See 842 F. 2d at 494. 在这里,我们认为,即使一个会议委员会在最初的参议院法案中无声地删除了一个关于对联邦劳资关系局的决定进行司法审查的条款,也不能因其涉及宪法问题而"推论国会意图排除违宪审查"。Id.

③ See McBryde v. Committee to Review Circuit Council Conduct and Disability Orders of Judicial Conference of U. S. , 264 F. 3d at 52 (D. C. Cir. 2001)。

统不向 Ralls 发出更多通知的决定,基于对国家安全的担忧而不信任 Ralls 的决定,以及对向公众说明理由的详细程度的判断"①。

依据 McBryde 案,被上诉人也主张,我们可以从现行的、以前的国会监督条款以及立法史中的部分内容推断出,国会的意图是在国会中而不是在法庭上对总统基于 DPA 做出的行为进行复审。他们首先指向与一条现已被废除的 DPA 条款有关的立法史,即总统应当"立即将基于第 721(d)节作出是否采取行动的决定以一份书面报告的形式提交"给国会。立法史表明此条款意图帮助"国会和公众了解作为总统决定基础的政策,目的是使总统对其基于《艾克森-弗罗里奥修正案》做出的行为负责"②。被上诉人还援引了修订前的 DPA 的某个条款,规定总统为帮助国会履行监督职责,应当每四年向国会提供一份关于外商收购行为的报告。在这里,外商收购行为是指收购涉及关键技术或与关键技术有关的商业秘密的美国公司。③ 根据现行 DPA 的规定,总统应当将其暂停或终止受管辖交易的决定以及关键技术评估报告做成一份单独的年报,并提交给国会。④ 最后,被上诉人提请我们注意 2007 年《外国投资与国家安全法》(FINSA)⑤,FINSA 修改了 DPA 第 721 节的部分内容。根据一份参议院的报告,FINSA 的目的在于"加强政府对在美国的外商投资的审查和监督","也在于加强国会监督权"。⑥ FINSA 意图通过增强 CFIUS 的监督权以达成这个目的。⑦

我们认为,法条文本和 DPA 的立法史均未提供清楚而有说服力的证据以证明国会意图排除对总统令的违宪司法审查。首先,条文禁止对总统所有"基于 DPA 第 721(d)(1)节做出的行为"进行司法审查,并没有禁止对 Ralls

---

① Br. for the Appellees 27, Ralls Corp. v. Comm. on Foreign Inv. in the U. S., No. 13-5315 (D. C. Cir. Mar. 14, 2014).
② H. R. CONF. REP. No.102-966, at 731-32 (1992).
③ See 50 U. S. C. app. § 2170(k).
④ Id. § 2170(m).
⑤ Pub. L. No. 110-49, 121 Stat. 246.
⑥ See S. REP. No. 109-264, at 1 (2006).
⑦ 其他变更之处:FINSA 要求 CFIUS 基于完整的审核报告和调查结果向国会提交更为详细的通知和报告材料(50 U. S. C. app. § 2170(b)(3),(m)),同时将审核报告和调查结果及时通知受管辖交易的当事人(Id. § 2170(b)(6))。FINSA 要求任何代理机构为 CFIUS 的利益制作并向其提供详细报告,报告内容包括"参与的任何协议或代理机构提出的限制条件"(Id. § 2170(l)(3)(B)(i))。

提出的法律适用方面的违宪进行司法审查。① 我们认为,对这部分最自然的解读是,禁止法院对总统作出的"暂停或禁止受管辖交易的'决定'进行司法审查,这里的交易特指存在损害美国国家安全危险的交易"。② 然而,条文没有提到对前述总统行为进行违宪审查的可行性。③ 这个结论与 Ralpho 案和 Ungar 案的结论一致。在这两个案件中,从相似的广义的条文文字角度,我们认为法条没有禁止对程序进行违宪审查,法院却依此作出不予审查的判决。

被告以立法史和国会检查条款为依据是徒劳的。首先,没有任何立法史明确讨论总统履行 DPA 第 721 节的规定会引起违宪司法审查。在 Ungar 案、Ralpho 案中,这个漏洞可能具有决定性。虽然在 McBryde 案中,我们发现存在清楚而有说服力的证据表明在没有明确的立法史记载的情况下,国会意图排除违宪审查,但是该案是个特例。在 McBryde 案中,因程序规定由宪法法院法官进行违宪审查以及由宪法法院进行额外的审查,国会意图排除针对适用上违宪的审查程序。④ 这与 Ralpho 案、Ungar 案(以及本案)相当不同。在这三个案件中,宪法法院法官的任何司法审查行为都完全取决于司法审查除外事由的范围。⑤

即使从残缺的立法史中找不到决定性的依据,DPA 中规定的国会监督权的性质也不能表明国会意图阻止因总统的行为引起的违宪司法审查。国会基于现行法律对总统的监督,包括每年基于 DPA 第 721 节的规定对总统作出的决定和做出的行为以及总统针对外商收购关键技术行为的评估报告进行事后审查。⑥ 我们很难认为国会保留对总统行为和关键技术评估报告有限的审查权,说明国会意图废除法院监管违宪行政行为的权力,而由国会履行相应的监管职责。⑦（即使"大多数情况下,权力在行政机构和立法机构的控制

---

① See 50 U.S.C. app. § 2170(e).
② Id. § 2170(d)(1).
③ FINSA 的立法史证实了我们的解读。尤其是参议院报告 109-264 的记录,其中记载的禁止司法审查条款规定,禁止审查总统行使其被赋予的权力作出的决定。See S. REP. No. 109-264, at 11. 这一叙述证实了我们的解读,即该条款适用于总统的最终决定。
④ See 264 F. 3d at 62-63.
⑤ See Ungar, 667 F. 2d at 193; Ralpho, 569 F. 2d at 616-17.
⑥ See 50 U.S.C. app. § 2170(m)(2), (3).
⑦ E.g., Landon v. Plasencia, 459 U.S. 21, 34-35, 103 S. Ct. at 321, 74 L. Ed. 2d at 21 (1982).

范围内",司法机构仍有权决定其他机构适用的程序是否"符合正当程序条款的公平标准"。)实际上,与从监督条款中得出的推论相比,从国会驳回下述事项中得出的推论毫无疑问更具说服力,包括驳回:(1)对合理赔偿请求进行司法审查的请求;①(2)一个明确规定有权对联邦劳工关系局(FLRA)的决定进行违宪审查的条款。②因为在这两种情况下,我们都没有发现清楚而有说服力的证据表明国会意图排除违宪司法审查。③

B. 可诉性

被上诉人还辩称,总统令违反程序正义的主张引发了一个不具有可裁判性的政治问题。(对"不能进行司法自由裁量的总统令提出违反程序正义的主张,应当由行政部门处理,针对该主张也没有规定司法性的调查或处理标准"。)"政治问题原则是权力分立的一个基本原则,它将在国会或行政部门处理范围内的以政策选择和价值判断为主的争议排除在司法审查之外。"④("法院对政治决定没有管辖权,依政治决定的性质,应当由行政部门而非司法部门管辖……")

法院在 Baker 案⑤中详述了递交一份判决书是否为不具有裁判性的政治问题的判断标准。在该案中,政治问题原则阻碍了法院认定一项诉讼请求,当依据基本案情明显地发现:(1)一个由同等行政部门管理的显而易见的宪法性问题;或者(2)欠缺司法性的调查和处理标准予以解决;或者(3)若没有一个在先的、不具有司法裁量性的政策方针,就不能判决;或(4)若没有对同等行政部门表示尊重,则一个法院不可能独立解决问题;或(5)无异议地遵守一个已作出的政治决定的特别需要;或(6)存在针对一个问题,多个部门发出多种声明而导致陷入僵局的可能性。因为"Baker 案列出的六大因素相互无关联,不需要结合起来考虑",所以法院适用政治问题原则"只需要推定一个

---

① See Ungar, 667 F. 2d at 195 & n. 2.
② See Griffith, 842 F. 2d at 495.
③ Id. Ungar, 667 F. 2d at 195 & n. 2.
④ El-Shifa Pharm. Indus. Co. v. United States, 607 F. 3d 836, 840 (D. C. Cir. 2010) (en banc) (quotation marks and citation omitted); Schneider v. Kissinger, 412 F. 3d at 190, 193 (D. C. Cir. 2005).
⑤ Baker v. Carr, 369 U. S. 186, 82 S. Ct. 691, 7 L. Ed. 2d at 663 (1962).

因素存在即可,不需要所有因素都存在"。①

虽然与外交政策和国家安全密切相关的问题很少成为司法干预的对象,②但是"认为每一个涉及外交关系的案件或争议都在司法管辖权之外的看法是错误的"③。("因为一个判决可能有重大的政治上的弦外之音",法院可能不会拒绝裁判争议。)④实际上,"司法机关是宪法的最终解释者。大多数情况下,法院针对违宪的主张将会进行公正的审理。"⑤("即使在有军事行动的情况下,法院有时也会参与审判。")因此,如果法律问题可能涉及外交政策或国家安全,我们不能不假思索地拒绝裁决相关法律问题。相反,"在法院决定政治问题原则是否阻止对一项诉讼请求进行审判之前,我们应当对'特定案件'中'出现的特定问题进行区别分析'"⑥。

在威胁国家安全的背景下,我们在审理由国务卿认定的国外恐怖组织的决定中,说明了具有裁判性的法律问题和不具有裁判性的政治问题之区别。与 8 U.S.C. § 1189(a)(1)⑦的规定相一致,在发现符合下列条件时,国务卿可以认定一个外国团体为外国恐怖组织:(1) 该组织为外国组织;(2) 该组织所参与的活动符合 1996 年《反恐和有效死刑法案》(AEDPA)对恐怖活动的定义;(3) 该组织的恐怖活动威胁到国家或国民的安全。尽管外国恐怖组织的认定牵涉到外交政策和国家安全利益,但是在这个案件⑧中,我们认为,就国务卿需要遵守的上述法定要求的前两个标准,即该组织是否为外国组织和是否参与恐怖活动而言,可以进行司法审查。同时,我们认为,国务卿认定该组织威胁国家安全的事实是在司法审查范围之外的。我们不能胜任审查这一

---

① See Schneider, 412 F. 3d at 194.
② See Haig v. Agee, 453 U. S. 280, 292, 101 S.Ct. 2766, 69 L. Ed. 2d at 640 (1981).
③ Baker, 369 U. S. at 211; Japan Whaling Ass'n v. Am. Cetacean Soc'y, 478 U. S. 221, 230, 106 S.Ct. 2860, 92 L. Ed. 2d at 166 (1986).
④ See Zivotofsky ex rel. Zivotofsky v. Clinton, 132 S. Ct. 1421, 1427-30, 182 L. Ed. 2d at 423 (2012).
⑤ El-Shifa, 607 F. 3d at 841-42 (quotation marks and citation omitted).
⑥ El-Shifa, 607 F. 3d at 841 (quoting Baker, 369 U. S. at 211).
⑦ 这个条款包含在 1996 年《反恐和有效死刑法案》(Pub. L. No. 104-132, 110 Stat. 1214)中,由 1996 年的《非法移民改革和移民责任法案》所修正。See Pub. L. No. 104-208, Div. C., 110 Stat. 3009, 3009-546.
⑧ People's Mojahedin Organization of Iran v. Department of State (PMOI I), 182 F. 3d at 17 (D. C. Cir. 1999).

事实的工作,因为这个结论是一个政治问题,它涉及"司法部门没有资质条件及责任作出而只有行政部门才有权作出的"外交决策问题。

但是,被上诉人争辩道,Ralls 关于正当程序的诉求不同于我们在 PMOI I 案中所审查的决议。① 他们特别宣称:"Ralls 要求法庭判定,在考虑交易所带来的国家安全风险问题时,总统是否必须以及如何干预一个想要进行投资的外国投资者,在什么时间和条件下必须公开自己的想法,以何种详尽程度进行公开。"被上诉人辩称:"这个决定寻求非司法的自由裁量权,这种裁量权是宪法授予行政机关的,并且没有提供在司法上需要揭露和管理的标准。"

我们不同意上述说法。首先,Ralls 对正当程序的诉求并没有挑战总统认为 Ralls 对风电项目公司的收购威胁国家安全的决定,或为了减轻对国家安全的威胁而禁止这种交易。在 PMOI I 案中,类似这种政治问题,我们都拒绝去考虑。审查这些问题需要我们在外交政策和国家安全领域进行判断。但是,Ralls 并没有要求我们进行这样的判断。取而代之,Ralls 要求我们审理正当程序条款是否使它有权获得通知以及获得总统所依据的证据,是否有机会在总统作出其不受法院审理(法定不复审)的决定之前进行反驳。我们认为这个问题很明确,Ralls 所主张的正当程序的诉求并不能触及政治机构的特权,也不能要求获得非司法自由裁量权的实施,并且易受到司法管理标准的影响。相反,最高法院很久以前就认识到,解释宪法条款是立法者委托给司法机构的权力。②

C. 法律依据

我们从头审查驳回起诉的动议③,"认定原告对事实的宣称是真实的并且……同意原告能从所宣称的事实中获得所能推导出的所有利益"④。然而,

---

① 除了 PMOI I, 182 F. 3d 17 案,我们也解决了在 National Council of Resistance of Iran v. Department of State (NCRI), 251 F. 3d at 192 (D. C. Cir. 2001)案和 People's Mojahedin Organization of Iran v. Department of State (PMOI II), 613 F. 3d at 220 (D. C. Cir. 2010)案中指定认定 FTO 遇到的正当程序问题的挑战。然而,在法院审理的情况下,我们不依赖于 NCRI 案和 PMOI II 案,因为这两个案例都没有说明政治问题原则。See Defenders of Wildlife v. Perciasepe, 714 F. 3d at 1317, 1325 (D. C. Cir. 2013).(默示管辖不受任何先例的影响。)

② See Zivotofsky, 132 S. Ct. at 1427-28 ("It is emphatically the province and duty of the judicial department to say what the law is." (quoting Marbury v. Madison, 5 U. S. (1 Cranch) 137, 177, 2 L. Ed. 60 (1803))).

③ See Cal. Valley Miwok Tribe v. United States, 515 F. 3d at 1262, 1266 (D. C. Cir. 2008).

④ Sparrow v. United Air Lines, Inc., 216 F. 3d at 1111, 1113 (D. C. Cir. 2000).

我们并不能接受将未能获得所宣称的事实支持的原告的法律结论或推论视作真实的。①只要原告在诉讼请求中提出一个合理的理由，能显示"申诉人有权获得救济"，法院就不会撤销。②

Ralls 对总统令的质疑是，未经正当程序，总统令剥夺了它受保护的财产权。宪法第五修正案的正当程序条款规定："未经正当法律程序，任何人的生命、自由和财产权利都不得被剥夺。"在对正当程序提出质疑的案件中，第一个问题通常是原告是否被剥夺了受保护的财产权或自由权益。③如果原告被剥夺了受保护的权利，我们接着会考虑政府在实施剥夺程序时是否遵守了正当程序的要求。

1. 宪法上保护的财产权

"因为宪法是保护而非创造财产利益，所以财产权是否存在将通过参照'存在的规则或像州法律这样具有独立渊源的解释'加以确定。"④换句话说，财产权"获得……宪法上的地位事实上是由于它首先被州法律认可和保护"⑤。

地区法院发现，并且被上诉人对此并无异议，当 Ralls 获得风电项目公司及其所有的资产时，便拥有受州法律保护的财产权，包括当地的地役权，即允许和当地的公用事业单位协议建设风力涡轮机、购电和进行发电机联网，与附近的风电场传输互联和管理协议，以及对于兴建风力涡轮机的必要许可和批准。⑥我们认可地区法院在这一点上的意见——毫无疑问，Ralls 对风电项

---

① See Browning v. Clinton, 292 F. 3d at 235, 242 (D. C. Cir. 2002).
② See Atherton v. D. C. Office of Mayor, 567 F. 3d at 672, 681 (D. C. Cir. 2009) (quoting Bell Atl. v. Twombly, 550 U. S. 544, 557, 127 S. Ct. 1955, 167 L. Ed. 2d at 929 (2007) (brackets and quotation marks omitted).
③ See Am. Mfrs. Mut. Ins. Co. v. Sullivan, 526 U. S. 40, 59, 119 S. Ct. 977, 143 L. Ed. 2d at 130 (1999).
④ Phillips v. Wash. Legal Found., 524 U. S. at 156, 164, 118 S. Ct. 1925, 141 L. Ed. 2d at 174 (1998) (quoting Bd. of Regents of State Colleges v. Roth, 408 U. S. 564, 577, 92 S. Ct. 2701, 33 L. Ed. 2d at 548 (1972)); Cleveland Bd. of Educ. v. Loudermill, 470 U. S. at 532, 538, 105 S. Ct. 1487, 84 L. Ed. 2d at 494 (1985).
⑤ Paul v. Davis, 424 U. S. at 693, 710, 96 S. Ct. 1155, 47 L. Ed. 2d at 405 (1976).
⑥ See Ralls Corp., 2013 WL 5565499, at * 6 ("There is no dispute that plaintiff Ralls entered into a transaction in March 2012 through which it obtained certain property rights under state law."); Br. for the Appellees 37 ("It may be assumed that Ralls acquired some state property rights through its transaction....").

目公司及其资产的利益符合俄勒冈州法律对财产权的定义。①

在通常的案件中,财产权得到州法律认可的事实足以引发正当程序条款的保护。②然而,本案中,地区法院认为 Ralls 受州法律保护的财产权并不受宪法保护。这是因为:(1) Ralls 是"出于自愿获取存在被总统否决危险的财产权利"的;(2)"在参与该交易之前,Ralls 放弃了取得 CFIUS 和总统批准认可的机会"。③被上诉人在案件上诉期间拿起这把"保护伞",认为 Ralls 的财产权之获得过于偶然,并不值得宪法对其进行保护,并且 Ralls 因未寻求交易前的预先批准程序而被视为主动放弃了这些利益。

我们拒绝接受地区法院所使用的和被上诉人所主张的理念。首先,我们并不同意这种认为 Ralls 受州法律保护的财产利益因其获得过于偶然而不受宪法保护的看法。Ralls 在交易完成时便被赋予受州法律保护的全部权利,即意味着必然附带正当程序保护。Ralls 在州法律下所获得的利益并无任何偶然问题,并且被上诉人没有提供任何法律支持——除了地区法院的指令——这个主张,即州法律所认可的财产权本质上有被联邦法律剥夺的可能性。正如 Ralls 恰当地指出,联邦政府不能通过简单地"宣称未来财产可能会被剥夺"而回避给予州财产的正当程序保护。④

这个案件不同于依赖于被上诉人的 Dames & Moore v. Regan, 453 U. S. 654, 101 S. Ct. 2972, 69 L. Ed. 2d 918 (1981)案。在那个案件中,法院认为原告 Dames 和 Moore 在伊朗的财产之获得过于偶然,以至于无法依宪法第五修正案获得宪法性索赔的支持。因为依照财政部外国资产控制办公室所颁布的法规,除非财产之获得被许可,并且该许可可以被总统在任何时间进行修订、修改或撤销,否则该案中在伊朗的财产便是无效的。因此,Dames

---

① E. g., Or. Rev. Stat. Ann. § 63. 239 ("A membership interest [in an Oregon LLC] is personal property."); McQuaid v. Portland & V. Ry. Co., 18 Or. 237, 22 P. 899, 906 (Or. 1889) (holder of easement has property interest); Bunnell v. Bernau, 125 Or. App. 440, 865 P. 2d at 473, 473-74 (Or. Ct. App. 1993) (same); Lynch v. United States, 292 U. S. at 571, 579, 54 S. Ct. 840, 78 L. Ed. 1434 (1934) ("Valid contracts are property [under the Fifth Amendment], whether the obligor be a private individual, a municipality, a state, or the United States.").

② E. g., Phillips, 524 U. S. at 163-64; Loudermill, 470 U. S. at 538; Paul, 424 U. S. at 710.

③ See Ralls Corp., 2013 WL 5565499, at * 7.

④ See Br. for Appellant 21, Ralls Corp. v. Comm. on Foreign Inv. in the U. S., No. 13-5315 (D. C. Cir. Feb. 7, 2014).

和 Moore 只有在获得政府的许可后才有权获得他们的财产,而且这种许可能会因任何原因而随时被撤销。我们认为,完全归属于 Ralls 的州财产权与该案中 Dames 和 Moore 充其量只能算是偶然获得的附属财产利益有很大的不同。① Ralls 的财产权派生于并没有针对偶然所得的情况进行规则构建的州法律,并且对这种情形传统上都以正当程序进行保护。②

我们并不认可因 Ralls 的交易未获得预先批准而使其放弃财产权的看法。地区法院发现有两个出自地区法院的案例中出现主动放弃者。③在那两个案例中,与我们同样级别的两个地区法院都宣称,如果原告自动放弃提供给他的正当程序保护,将不会获得由于被告违背正当程序而应获得的赔偿。④但是,这两个案例中,地区法院都坚持认为,主动放弃正当程序保护的一方既不可以再反过来申诉自己没有获得足够的程序救济,也不可以申诉因放弃正当程序保护而失去财产。⑤因此,即使这些案例在一定程度上是相关的,其相关性也只有在正当程序调查的第二个步骤进行,即什么是正当程序。⑥

不管怎样,只要法规明确表示,在受管辖的交易完成之前或之后,参与交易的一方都可以决定提交自愿申请,要求得到批准,那么我们就不认为未寻

---

① 同时,法院在 Dames 和 Moore 案的审理中分外强调其控股已经被限制,如果还有,申请也超出了特定的事实。See Dames & Moore v. Regan, 453 U. S. at 661. ("我们尝试放下与此案无关的非普遍性规则,并尝试仅对本案判决必须解决的问题提供意见。")

② E. g. , Phillips, 524 U. S. at 163-64; Loudermill, 470 U. S. at 538; Paul, 424 U. S. at 710.

③ See Alvin v. Suzuki, 227 F. 3d at 107 (3d Cir. 2000), and Parker v. Board of Regents of the Tulsa Junior College, 981 F. 2d at 1159 (10th Cir. 1992).

④ See Alvin, 227 F. 3d at 116 ("[A] procedural due process violation cannot have occurred when the governmental actor provides apparently adequate procedural remedies and the plaintiff has not availed himself of those remedies."); Parker, 981 F. 2d at 1163 ("There is no violation of due process, because plaintiff chose to end her employment without a hearing and not to avail herself of the available due process procedures.").

⑤ See Alvin, 227 F. 3d at 116; Parker, 981 F. 2d at 1163; see also Loudermill, 470 U. S. at 541 ("'Property' cannot be defined by the procedures provided for its deprivation.").

⑥ 但是,即使在正当程序调查的第二个步骤,案件也不支持被上诉人的立场。我们认为,只有当一方当事人放弃宪法上的正当程序保护时才表示他放弃正当程序索赔。See Alvin, 227 F. 3d at 116 ("原告必须充分利用提供给他或她的程序,除非这些程序没有被提供或者显然不足"); Parker, 981 F. 2d at 1163("不存在违反正当程序的问题,因为原告选择结束自己的职业生涯并没有举行听证会,也并没有利用现成的正当程序")。没有任何迹象表明 Ralls 在完成交易后所接受的程序不同于它在经过预先批准后所应进行的程序,正如下文中将讨论的,这个程序是不充分的。

求预先批准等于放弃正当程序保护。①

2. 什么是正当程序？

"不像其他法律规则",正当程序"不是一个有着固定内涵且与时间、地点、空间不相关的技术概念"②。相反,"正当程序是灵活的,并且根据特定的情况,需要寻求程序性的保护"③。在 Mathews 诉 Eldridge 这个有重要影响的案件中,美国最高法院进行了一个三要素平衡测试,以确定正当程序的构成要素。

首先,个人利益将会受行政行为影响;其次,利用这些程序有错误剥夺财产权的风险,以及额外或替代性程序保障可能带来的价值（如有）;最后,影响政府的利益,包括适用额外或替代性程序的功能,以及财政和行政负担。

正当程序通常要求就行政行为发出通知,并且提供"能在有效的时间内,以有效的方式获得听证的机会"。最高法院和本法院都认识到,有权知晓做出行政行为的事实依据以及有机会反驳支持这些行政行为的证据,都是正当程序的核心要素。④

我们相信,先前关于国务卿认定 FTO 的案例清楚地表明,被认定为 FTO 的组织有权通过正当程序获得通知和非机密证据,也有权反驳非机密证据,这些对基于 DPA 规定的程序性制度同样适用。⑤ 正如在 DPA 下颁布的缓解令会影响交易一方的财产权一样,认定 FTO 也会影响财产权：被认定的实体将会被禁止进入其在美国的账户。⑥ 尽管财产权可能会受到威胁,但是国务

---

① See 31 C. F. R. §§ 800.401(a), 800.402(c)(1)(vii), 800.224.

② Nat'L Council of Resistance of Iran v. Dep't of State (NCRI), 251 F. 3d at 192, 205 (D. C. Cir. 2001) (quoting Gilbert v. Homar, 520 U. S. 924, 930, 117 S. Ct. 1807, 138 L. Ed. 2d at 120 (1997)).

③ Morrissey v. Brewer, 408 U. S. 471, 481, 92 S. Ct. 2593, 33 L. Ed. 2d at 484 (1972).

④ E. g., Greene v. McElroy, 360 U. S. 474, 496, 79 S. Ct. 1400, 3 L. Ed. 2d at 1377 (1959) (citing "immutable" principle in case involving revocation of security clearance that "the evidence used to prove the Government's case must be disclosed to the individual so that he has an opportunity to show that it is untrue"); Gray Panthers v. Schweiker, 652 F. 2d at 146, 165 (D. C. Cir. 1980) (claimants with Medicare reimbursement claims under $100 dollars entitled to "core requirements of due process"—"adequate notice of why the benefit is being denied and a genuine opportunity to explain why it should not be").

⑤ E. g., People's Mojahedin Org. of Iran v. Dep't of State (PMOI II), 613 F. 3d at 220 (2010) (D. C. Cir. 2010) (per curiam); Chai v. Dep't of State, 466 F. 3d at 125 (D. C. Cir. 2006); NCRI, 251 F. 3d 192.

⑥ See 18 U. S. C. § 2339B(a)(1), (2).

卿认定 FTO 的规则程序没有给予被认定人程序保护。①

通过援引正当程序的要求对 FTO 的认定程序提出质疑,我们认为,在 NCRI 案中,NCRI 不应被认定为 FTO,并且 NCRI 也因此被剥夺了在"小银行账户"中的利益。同时,NCRI 并没有收到就该认定发出的通知,也没有获得反驳支持该认定的非机密证据的机会。②这些程序性的保护都是正当程序条款所要求的。我们坚持认为,政府在国家安全上具有更有说服力的利益。同时,我们不确定 NCRI 是否能有效地反驳证据。("我们没有任何理由假定申诉者可以提供可能改变国务卿意见的证据。但是,没有正当程序的保护,我们也没有理由假定申诉者可以改变国务卿的意见。")我们很确定,今天也反复申明,正当程序不要求披露行政行为所依据的机密材料,以及什么是机密信息。在行政机构的管辖范围之内,我们无意强迫负有保护国家安全职责的行政机构做出违背其职责的事情。在随后的 FTO 案中,我们始终都在跟进 NCRI。③

尽管如此,在这个先例中,地区法院认为,Ralls 经历了足够多的程序,它已经被通知其交易需要进行审查,并且在自愿通知和接下来的讨论中,以及对 CFIUS 官员做报告时,被给予机会出示证据。鉴于被上诉人在保护国家安全中有实质利益,法院决定不需要附加其他程序。很显然,地区法院发现 NCRI 案及其结论不适用于这个案件。地区法院认为,NCRI 案不适用于本案。在本案中,行政机关授权披露了非机密信息,只是因为这些信息最终将会告知公众。④地区法院也表明,NCRI 案和其他我们认定 FTO 的决议都不能适用于本案,因为那些案件都有其特殊的制度背景。根据地区法院的意见,"AEDPA 有一个司法审查条款,并且为了审查的目的,它要求建立行政记录

---

① See NCRI, 251 F. 3d at 196 ("The unique feature of th[e] statutory procedure is the dearth of procedural participation and protection afforded the designated entity."); id. ("At no point in the proceedings establishing the administrative record is the alleged [FTO] afforded notice of the materials used against it, or a right to comment on such materials or the developing administrative record.")

② See 251 F. 3d at 201, 208-09.

③ E.g., PMOI II, 613 F. 3d at 227; Chai, supra.

④ See Ralls Corp., 2013 WL 5565499, at * 14 (quoting NCRI, 251 F. 3d at 209 ("[T]he Secretary has shown no reason not to offer the designated entities notice of the administrative record which will in any event be filed publicly...")).

制度,这些情况明确地构成上诉法院裁决的基础"。

被上诉人在答辩状中进行了类似的辩护,他们认为,Ralls 提交书面论据,与 CFIUS 的官员们见面,回答后续问题,以及提前收到被上诉人打算采取行动的通知,都构成了在国家利益受到威胁时需要的充分的程序。被上诉人同样认为,FTO 案不能适用于本案,本案不同于以往的案件,因为"是否禁止 Ralls 的交易是由总统自由裁量的"。最终,被上诉人宣称,Ralls 不能通过地区法院迫使总统在其拥有自由裁量权的领域内,针对敏感问题公开表达自己的想法,或者被允许进行其实应该被禁止的司法审查。同时,即使需要这样的正当程序,在第一次口头辩论期间,被上诉人也要求本法院指令地区法院考虑,而是否披露特定的非机密信息其实是受行政特权保护的。

我们认定,总统令未经正当程序剥夺了 Ralls 在宪法上受保护的财产权。以上讨论清楚地表明,正当程序至少要求,受影响的主体被提前告知行政行为,被给予机会获取非机密证据,以及有机会对此进行反驳。① 但是,总统令剥夺了 Ralls 重要的财产权(根据地区法院的记录,涉及 600 万美元),Ralls 没有被给予任何程序上的保护。在 FTO 案中,缺乏这种程序上的保护,违背了宪法,尽管被上诉人在维护国家安全上有实质利益;同时,我们也不确定额外的程序是否会导致总统发布一个不同的总统令。② FTO 案清楚地表明,有关国家安全的实质利益支持仅保留机密信息,但是不能以此为借口不提供通知以及用于禁止交易的非机密信息。③ 虽然 Ralls 有机会向 CFIUS 出示证据并与之谈判,但是由于 Ralls 没有机会对被上诉人所关心的问题提交相应的回复或反驳总统行为所依据的事实基础,所以显然不符合正当程序。④

被上诉人要求不适用 FTO 案不能令人信服。首先,与地区法院的观点相反,我们从 NCRI 案及其结论中可知,公开非机密证据是正当程序所要求的,而并不是简单地因为非机密信息以后在某个时点总会被披露。我们的判

---

① E. g., McElroy, 360 U. S. at 496; NCRI, 251 F. 3d at 208-09; Schweiker, 652 F. 2d at 165.
② E. g., PMOI II, 613 F. 3d at 228; NCRI, 251 F. 3d at 208-09.
③ 由于记录没有反映相关证据是否为机密的、非机密的或两者皆是,我们在口头辩论前发出了一个命令,要求政府准备讨论由 CFIUS 和总统复查的证据的本质。由于我们在口头辩论中的询问,被上诉人的律师表示 CFIUS 和总统所依赖的证据兼有机密证据和非机密证据。See NCRI, 251 F. 3d at 208-09.
④ See Greene, 360 U. S. at 496; NCRI, 251 F. 3d at 205; Schweiker, 716 F. 2d at 32.

决将予以援用。①FTO 案背景的独特性也不能阻止援用该案的结论。正如我们在 NCRI 案中所注意到的,AEDPA 的独特性在于,"相关实体没有提供参与程序和相应的程序保护"。根据 DPA,国会要求提供程序性保护。但是,在 FTO 案这一先例中,该等程序性保护缺失,而这与本案是完全一致的。

被上诉人认为,我们不能要求总统公开表达对敏感问题的想法,这是没有依据的。我们的结论是:虽然发布总统令所遵循的程序违背了正当程序,但是这并不意味着总统以后必须在审查受管辖交易时,对与国家安全有关的敏感问题公开表达自己的想法。不过,在总统令禁止交易之前,Ralls 必须获得我们所讲的程序上的保护。DPA 明确规定,CFIUS 代表总统审查受管辖交易,②总统只有在审阅 CFIUS 编制的材料和建议后才能采取行动。我们相信,CFIUS 在审查阶段充足的程序也会促进总统的正当程序义务之履行。对于被上诉人后来才提起的行政特权论点,由于没有在答辩状中提及,因此我们指令地方法院考虑行政特权是否禁止披露信息。

总之,我们认为,Ralls 拥有实质性的财产权,总统令未经正当程序而剥夺了 Ralls 的利益。

III. 针对 CFIUS 命令的诉求

我们接下来讨论地区法院以无审判价值为由驳回 Ralls 针对 CFIUS 命令的诉求之判决,因为 CFIUS 命令已被总统令明确撤销了。

《宪法》第 3 条规定,联邦法院"只能判决实际且正在进行的争论"③。人们由这种限制推导出无审判价值原则。④如果一项司法决定既不会在当前影响当事人的权利,对其未来也没有确定性的影响,那么对相关事项就要排除司法审查。⑤在联邦法院审判的案件必须在审查的各阶段都实际存在争议,而

---

① E. g. , PMOI II, 613 F. 3d at 227 ("[D]ue process requires that the PMOI be notified of the unclassified material on which the Secretary proposes to rely and an opportunity to respond to that material before its redesignation [as an FTO]." (emphases added)).

② See 50 U. S. C. app. § 2170(b)(1)(A) (review conducted by "President, acting through [CFIUS]").

③ Honig v. Doe, 484 U. S. 305, 317, 108 S. Ct. 592, 98 L. Ed. 2d at 686 (1988).

④ See Foretich v. United States, 351 F. 3d at 1198, 1210 (D. C. Cir. 2003).

⑤ See Clarke v. United States, 915 F. 2d at 699, 701 (D. C. Cir. 1990).

不仅仅存在于起诉时,这是宪法的基本要求。①

当总统令撤销CFIUS命令并使其失去一切影响时,双方当事人似乎承认Ralls对CFIUS的诉求是没有审判价值的。Ralls辩称,我们可能会考虑适用无审判价值的例外,即"有能力审查却规避审查"。为了适用这些例外,一方当事人必须表明:"(1)被指控的行为在中止或终了前能够进行充分诉讼的时间太短;(2)可以合理地期望相同的申诉主体将再次遇到同样的情况。"②"当这两种情况同时出现时,原告可以主张一个特殊的情形而导致这个例外适用。"③我们认为,Ralls已经具备适用例外需要的两个条件。

A. 规避审查

如果受指控的行为因持续时间太短而不能在过期前于最高法院进行充分诉讼,那么该受指控的行为可以免于司法审查。④首要原则是:"持续不到两年的行政行为不能在其终止或过期前进行充分诉讼,只要受指控行为的特点是持续时间短。"⑤在说明一个问题能否被充分诉讼时,我们不考虑快速审查的可能性。⑥

尽管有两年的时间,但是如果一方当事人由于自己的拖延行为影响了对诉求进行充分审理,则该当事人不可以宣称其可以规避审查。⑦美国联邦航空管理局(FAA)发布命令,撤销申请人阿姆斯特朗的飞行执照。在发布这个命令时,FAA作出一个紧急决定,即允许在不给阿姆斯特朗答辩机会的前提下,

---

① See Newdow v. Roberts, 603 F. 3d at 1002, 1008 (D. C. Cir. 2010) (quoting Steffel v. Thompson, 415 U.S. 452, 459 n. 10, 94 S. Ct. 1209, 39 L. Ed. 2d at 505 (1974)) (brackets and ellipsis omitted).

② Clarke, 915 F. 2d at 704(second alteration added).

③ Del Monte Fresh Produce Co. v. United States, 570 F. 3d at 316, 322 (D. C. Cir. 2009) (quotation marks, citation and brackets omitted).

④ See Christian Knights of Ku Klux Klan Invisible Empire, Inc. v. District Columbia, 972 F. 2d at 365, 369-70 (D. C. Cir. 1992) (citing Nebraska Press Ass'n v. Stuart, 427 U.S. 539, 547, 96 S. Ct. 2791, 49 L. Ed. 2d at 683 (1976)); Del Monte Fresh Produce Co., 570 F. 3d at 322.

⑤ Del Monte Fresh Produce Co., 570 F. 3d at 322; accord Performance Coal Co. v. Fed. Mine Safety & Health Review Comm'n, 642 F. 3d at 234, 237 (D. C. Cir. 2011); Pub. Utilities Comm'n of Cal. v. FERC, 236 F. 3d at 708, 714 (D. C. Cir. 2001); Burlington N. R. R. v. Surface Transp. Bd., 75 F. 3d at 685, 690 (D. C. Cir. 1996).

⑥ See Washington Post v. Robinson, 935 F. 2d at 282, 287 n. 6 (D. C. Cir. 1991); In re Reporters Comm. for Freedom of the Press, 773 F. 2d at 1325, 1329 (D. C. Cir. 1985).

⑦ See Armstrong v. FAA, 515 F. 3d at 1294, 1296 (D. C. Cir. 2008).

就强行实施这个命令。阿姆斯特朗及时就 FAA 的命令提起行政复议,但是对紧急决定提起司法审查申请是在该决定作出 79 天后。在行政复议期间,阿姆斯特朗要求为期两周的延期以完成他的申诉报告,这一要求得到同意。当美国国家运输安全管理委员会支持 FAA 的撤销命令时,阿姆斯特朗对紧急决定的质疑就没有审判价值了。我们认为,阿姆斯特朗的行为不符合无审判价值例外的条件,因为是其自身的拖延行为导致案件无审判价值。阿姆斯特朗在 79 天后才寻求对紧急决定的司法审查,并要求两周的延期以完成他的申诉报告,"他使我们不可能说紧急决定存在的时间太短而难以审查"。同时,我们也依据这样的事实,即他自己不努力参与行政复议,使得对紧急决定的申诉失去了审判价值。

根据阿姆斯特朗案,地区法院认为,尽管 CFIUS 命令存续时间短,但是 Ralls 的诉求没有满足作为无审判价值例外的"规避审查"的构成要件。① 地区法院解释道,Ralls 决定延迟对 CFIUS 命令的控诉(延迟了 41 天或 42 天),并且撤回了针对 TRO/PI 的动议,导致法院在行政命令失效前无法审理 Ralls 的诉求。尽管被上诉人在上诉中没有为地区法院"规避审查"的论据进行辩护,但是我们需要讨论无审判价值例外的构成要素,以履行我们确立司法管辖权的责任。

我们认为,CFIUS 命令满足"规避审查"的条件。CFIUS 命令在被总统令撤销前,仅有效存在 75 天,这是一个典型的短存续时间,是由 DPA 及其实施细则规定的。②

75 天包括 CFIUS 的 30 天审查期加上 45 天调查期,CFIUS 拥有广泛的权力以减轻由受管辖交易所带来的安全风险。但是,CFIUS 不能永远中止或禁止交易。反之,如果 CFIUS 有效暂停了一个交易,正如它在本案中所做的那样,并且相信暂停交易需要在 75 天后继续存在,就必须将情况汇报给总

---

① See Ralls Corp., 926 F. Supp. 2d at 97.
② See Del Monte Fresh Produce Co., 570 F. 3d at 322 (action with duration less than two years evades review "so long as the short duration is typical of the challenged action").

统。① 总统必须在 15 天内作出决定。因此,CFIUS 暂停交易的命令不会持续超过 90 天,要么到期,要么被总统令取代。我们在对规避审查的分析中不会考虑缺乏紧急上诉的问题,②即一个 CFIUS 命令存续时间太短,以至于不能获得最高法院的审查,因此导致规避审查。

阿姆斯特朗案不会得出相反的结论。即使 Ralls 在 CFIUS 命令发布的当天就寻求司法审查,在命令被撤销前,它也不能获得地区法院和最高法院的审查。同样,持续 90 天的 CFIUS 减缓命令的审判和上诉程序通常需要超过 12 个月。③阿姆斯特朗案并非如此:在行政程序否定阿姆斯特朗的诉求前,如果他能行动得更加迅速,就可以在地区法院和最高法院获得对 FAA 紧急决定的复审。

同时,我们认为,讨论 Ralls 的 TRO/PI 动议的撤回没有任何意义。即使 Ralls 放弃了获得地区法院对 CFIUS 命令的诉求进行审查的机会,这些诉求也不能通过最高法院在 75 天内充分诉讼。④ Ralls 不能通过推动自己的动议以阻止其诉求变得没有审判价值。Ralls 的动议要求法庭"发出临时限制令以强制停止 CFIUS 命令……法院计划对 Ralls 初步禁令的要求进行审理……并且实施初步禁令以暂停诉讼未决期间命令的进一步实施。"⑤如果法院同意 Ralls 的动议,CFIUS 命令将会被禁止实施。但是,没有任何迹象表明 CFIUS 会终止其行政行为。相反,CFIUS 可能会按要求在 75 天结束时将情况汇报给总统,并且总统令也将使 Ralls 对 CFIUS 命令的诉求变得没有审判价值。在阿姆斯特朗案中,阿姆斯特朗如果成功地禁止行政命令,他的诉求将更有可能变得有审判价值。⑥

---

① See 31 C.F.R. § 800.506(b)(1) ("[T]he Committee shall send a report to the President requesting the President's decision if... [t]he Committee recommends that the President suspend or prohibit the transaction.").

② See Robinson, 935 F. 2d at 287 n. 6; In re Reporters Comm. for Freedom of the Press, 773 F. 2d at 1329.

③ See Christian Knights of Ku Klux Klan, 972 F. 2d at 370.

④ See Del Monte Fresh Produce Co., 570 F. 3d at 322; Christian Knights of Ku Klux Klan, 972 F. 2d at 369.

⑤ Ralls Corp. v. Comm. on Foreign Inv. in the U. S., No. 1:12-cv-01513 (D. D. Cir. Sept. 13, 2012).

⑥ See 515 F. 3d at 1295-96; Nedow, 603 F. 3d at 1008-09.

B. 有可能重复

申诉方如果存在"合理的预期,会再次面临相同的决定",则可界定为"有可能重复"。① "同一决定"通常"是指特定机构的政策、法规、准则或反复做出相同的行政行为"②。"问题不在于导致原告申诉的同一事实是否可能再次发生",而在于"侵犯原告的法律上的错误行为是否有可能再次发生"③。最高法院认为,"有可能重复"这一条件不应该被过分严格地适用。④换言之,争议只需要"有可能重复"即可,而不是"可能重复的概率比不可能重复的概率大"。⑤

Doe 诉 Sullivan 案表明,争议是有可能重复的,即使重复的概率完全无法预测。在该案中,为"沙漠盾牌"行动服务的军人对食品和药物管理局(FDA)的一条规定提起集体诉讼,该规定允许 FDA"自行作出判断,通过获得军事人员的知情同意书以使用被研究的药物……是否在某些战场或与战斗有关的情况下是不可行的。"当案件诉至法院时,军事行动已经结束了,因此军人的诉求也就没有审判价值了。但是,我们认为,受控诉的行为是可能重复的,即有可能再次发生。因为提出诉讼的人员仍然作为军队的一员,并且 FDA 可能保留这些规定。尽管接下来的战争尚未来临,但是我们得出了这一结论。

地区法院认为,Ralls"没能成功证明其有合理的预期,未来将会发生相同的行政行为"⑥。尽管法院接受了 Ralls 的诉求,"它打算从事涉及在美国各地收购风电场的交易",但是法院认为,没有"合理的可能性认定 Ralls 在不同的位置收购不同的风电场必然会引起相同的反应"。被上诉人同样认为,CFIUS 发布的命令"与 CFIUS 审查特别交易时出现的特别问题一致,且涉及地理区域问题",因此 Ralls 不能证明这样一个特定的决定有可能再次发生。

---

① See Christian Knights of Ku Klux Klan, 972 F. 2d at 370 (quoting Weinstein v. Bradford, 423 U. S. 147, 149, 96 S. Ct. 347, 46 L. Ed. 2d at 350 (1975).
② Pub. Utilities Comm'n, 236 F. 3d at 715 (quotation marks omitted).
③ See Del Monte Fresh Produce Co., 570 F. 3d at 324.
④ See Honig, 484 U. S. at 318 n. 6.
⑤ See Accord Doe v. Sullivan, 938 F. 2d 1370, 1378-79 (D. C. Cir. 1991) ("It is enough... that the litigant faces some likelihood of becoming involved in the same controversy in the future." (quotation marks omitted)).
⑥ Ralls Corp., 926 F. Supp. 2d at 97.

我们不同意上述观点。Ralls 在它修正的申诉书中宣称"打算在美国持续寻找发展风电场的机会,并以收购风电项目公司的方式收购现有的风电场"。假定这一主张属实,我们在驳回起诉阶段必须作这样的假定。① 这就很清楚,Ralls 意图在 CFIUS 的管辖范围内进行受管辖的交易。唯一的不确定性来自评估 CFIUS 对此作出的反应。我们认为,CFIUS 将会在未来再次给予相同的回复。②正如 Ralls 在修正的申诉书中所宣称的,并且被上诉人在口头辩论阶段所承认的,使用外国制造的风力发电机组的其他外资风电场和 Butter Creek 项目一样,也在靠近空中禁区的区域运营,这些风电场却没有受到政府干预。因此,我们推断,风电项目公司靠近空中禁区不是导致 CFIUS 作出决定的唯一因素。同时,靠近空中禁区可能是 CFIUS 特别关注的问题,因为 Ralls 意图继续在全美收购风电项目公司,所以有一定的可能性,Ralls 将再次获得影响国家安全的政府财产或领空附近的地役权。③ 与 Doe 诉 Sullivan 案中军人将在未来参加战争且使用化学武器的可能性相比,我们认为这至少是有可能的。④ CFIUS 没有给出任何说明,表明它在未来将会提供更多的程序。被上诉人的立场是,Ralls 已经被提供所有应该提供的程序。因此,我们认为,Ralls 已经符合无审判价值例外的两个条件,即有可能重复却规避审查。

总之,我们认为,总统令未经正当程序,剥夺了 Ralls 受保护的宪法性财产权。我们将案件发回地区法院,并且说明 Ralls 有权获得这里所阐述的必要的程序,这些程序应该包括获取总统所依据的非机密证据和对其进行反驳的权利。⑤如果出现争议,如行政特权主张,地区法院有能力很好地解决这些

---

① See El-Shifa, 607 F. 3d at 839; Tri-State Hosp. Supply Corp. v. United States, 341 F. 3d at 571, 572 n. 1 (D. C. Cir. 2003).

② See Doe v. Sullivan, 938 F. 2d at 1379.

③ See Am. Compl. ¶¶ 58, 71; Reply Br. 29 n. 10, Ralls Corp. v. Comm. on Foreign Inv. in the U. S., No. 13-5315 (D. C. Cir. Apr. 1, 2014).

④ 为了支持他们的断言,即 CFIUS 命令被不可能再次发生的事实推进,被上诉人争论道:"Ralls 已经完成了其他不会引起 CFIUS 发布减缓命令的交易。"但是,这些交易并非受管辖的交易,并且因此显然不一样。

⑤ See NCRI, 251 F. 3d at 209 (leaving FTO designation in place and ordering Secretary of State to provide designated entity with access to unclassified evidence supporting designation and opportunity to respond).

问题。最后,由于针对 CFIUS 命令的起诉因管辖权问题被驳回,我们缺乏事实依据作出判断,所以指令地区法院就 Ralls 的其他主张进行第一次实体审理。①

撤销原判,发回重审。

附录二
关于罗尔斯公司(Ralls)收购四个
美国风电项目公司的总统令

关于 Ralls 收购四个美国风电项目公司的行为,依据是包括 1950 年《国防生产法》(DPA)中被修订的第 721 节在内的美国宪法和法律赋予总统的权力,我作为总统,有权作出以下决定:

第一节 调查结果

我在此得出以下调查结果:

(a) 有可靠的证据令我相信,根据特拉华州法律设立的 Ralls、Ralls 的子公司、Ralls 的关联公司三一重工集团(包括三一电气和三一重工,统称为"三一各公司"),以及作为三一集团的高级管理人员和 Ralls 实际控制人的中国公民段大为(段先生)和吴佳梁(吴先生),他们通过控制根据俄勒冈州法律设立的 Lower Ridge 风电场、High Plateau 风电场、Mule Hollow 风电场以及 Pine City 风电场(统称为"风电项目公司"),可能会采取对美国国家安全造成威胁的行动;以及

(b) 除 DPA 第 721 节和《国际紧急经济权力法》(50 U.S.C. 1701 以及其后的部分)以外的法律条款,在我看来,在这件事上没有赋予我充分和适当的权力以保护国家安全。

---

① 这些诉求包括 Ralls 对 CFIUS 命令的控诉(第一、二部分),对越权行为(第三部分)、正当程序和平等保护问题(第四、五部分的部分内容)的控诉。

第二节 经命令和授权的行动

以总统令第一部分阐明的调查结果为基础,同时适当考虑DPA第721(f)节规定的11个因素,依据包括第721节在内的相关法律赋予我的权力,我在此命令:

(a) 为收购风电项目公司而进行的交易以及三一各公司、吴先生和段先生所拥有的风电项目公司的资产交易在此被禁止,三一各公司、吴先生和段先生所拥有的对风电项目公司及其资产的任何所有者权益,不论是以直接还是间接方式通过其所有者、子公司或附属公司获取的,在此被禁止进行交易。

(b) 为了实施此项命令,Ralls应当剥离其所有财产权益,包括:

(i) 风电项目公司;

(ii) 风电项目公司的资产、知识产权、技术、工作人员和顾客合同;以及

(iii) 在收购时或自收购后,风电项目公司以直接或间接方式开发、占有或控制的任何经营业务。

Ralls应当在总统令发布后90天内完成剥离工作,除非期限被延长不超过3个月,因为CFIUS可能会以书面方式要求延长时间。剥离后,Ralls应当向CFIUS提交书面文件,保证剥离工作符合总统令的要求。

(c) 在总统令发布后14个自然日内,三一各公司应当:

(i) 撤走三一各公司拟用来建设风电场(包括备用场所)的财产,主要是Ralls向CFIUS提交的通知中列明的财产,包括公司或公司代理人大量贮存的、存储的、放置的所有项目、构建物、其他设施或各种装置(包括混凝土地基);

(ii) 同时向CFIUS提供一份段先生和吴先生签署的声明,保证三一各公司已完成所要求的撤资工作。

(d) 三一各公司以及任何能代表公司的人,包括管理人员、雇员和股东,不得动用资产。尽管有上述规定,与三一各公司有契约关系且经过CFIUS同意的美国公民可能有机会接触资产,但是仅仅在为了履行本节(c)款的要求时。

(e) 针对任何由三一重工集团生产而供第三方使用或安装的资产,三一

各公司以及段先生和吴先生都不得出售或以其他方式转让，以及提议和帮助出售或转让。

（f）Ralls 不能将风电项目公司转让或将其资产出卖给任何第三方，直到：

（i）三一各公司或公司的代理人已经大量贮存、储存、放置、安装或附着在资产之上的所有项目、构建物、其他设施或各种装置（包括混凝土地基）已经从 Ralls 的资产中被撤走，并且国防部已经发布通知，证实三一各公司的撤资符合本节（c）款的规定；

（ii）Ralls 将潜在的接收者或买家以书面方式通知 CFIUS；并且

（iii）Ralls 在依本节 f(ii) 款规定的 10 个工作日的通知时间内没有收到任何由 CFIUS 发出的针对潜在的接收者和买家的临时或最终的反对通知。在审查这些被提议的出售或转让时，CFIUS 所考虑的因素有：是否为美国公民所拥有；与本公司、风电项目公司或其管理人员、雇员和股东有直接的或间接的合同、财务、家庭、雇佣或其他亲密且持续的关系；能表明自己有意志和能力遵守命令。

（g）从发布命令之日起，Ralls 依据本节（b）款向 CFIUS 提供了撤资证明，该公司应按月向 CFIUS 提交证明以证实其遵守了该命令。

（h）不限制任何机构根据其他法律规定行使职权，直到撤资完成并证明令 CFIUS 满意，CFIUS 被批准采取对于证实风电项目公司的运营没有违背美国国家安全利益而言属必要和适当的措施。这些措施可包括但不限于下列各项（CFIUS 指定的美国政府雇员应在合理通知风电项目公司及其相关公司的情况下，获准进入位于美国的风电项目公司及相关公司所有的房屋和设施，以核实其是否遵守该命令）：

（i）对该公司所有和控制并与此命令相关的公司书籍、分类账、账目、书信、备忘录和其他文件进行查阅和复制；

（ii）对该公司或风电项目公司所有或控制的任何设备和技术数据（包括软件）进行检查；

（iii）采访与该命令相关的管理人员、雇员或公司和风电项目公司的代理商。

CFIUS 需要在撤资后 90 天内完成验证程序。
（i）司法部部长有权采取任何必要措施执行此命令。

第三节 撤销在先的命令

对 2012 年 7 月 25 日确立临时缓和措施的 CFIUS 命令和 2012 年 8 月 2 日确立临时缓和措施的修订命令，在此予以撤销。

第四节 保　留

在此，由于我的决定必须对保护国家安全有必要性，因此我保留对 Ralls 和风电项目公司发布进一步命令的权力。

第五节 公告和传送

（a）这个命令将会刊登在《联邦纪事》上。
（b）我在此要求财政部部长将命令的副本传送给此命令第一节中提及的当事人。

贝拉克·奥巴马
2012 年 9 月 28 日

附录三
国务院办公厅关于建立外国投资者并购境内企业安全审查制度的通知

国办发〔2011〕6 号

各省、自治区、直辖市人民政府，国务院各部委、各直属机构：

近年来，随着经济全球化的深入发展和我国对外开放的进一步扩大，外国投资者以并购方式进行的投资逐步增多，促进了我国利用外资方式多样化，在优化资源配置、推动技术进步、提高企业管理水平等方面发挥了积极作用。为引导外国投资者并购境内企业有序发展，维护国家安全，经国务院同

意,现就建立外国投资者并购境内企业安全审查(以下简称并购安全审查)制度有关事项通知如下:

一、并购安全审查范围

(一)并购安全审查的范围为:外国投资者并购境内军工及军工配套企业,重点、敏感军事设施周边企业,以及关系国防安全的其他单位;外国投资者并购境内关系国家安全的重要农产品、重要能源和资源、重要基础设施、重要运输服务、关键技术、重大装备制造等企业,且实际控制权可能被外国投资者取得。

(二)外国投资者并购境内企业,是指下列情形:

1. 外国投资者购买境内非外商投资企业的股权或认购境内非外商投资企业增资,使该境内企业变更设立为外商投资企业。

2. 外国投资者购买境内外商投资企业中方股东的股权,或认购境内外商投资企业增资。

3. 外国投资者设立外商投资企业,并通过该外商投资企业协议购买境内企业资产并且运营该资产,或通过该外商投资企业购买境内企业股权。

4. 外国投资者直接购买境内企业资产,并以该资产投资设立外商投资企业运营该资产。

(三)外国投资者取得实际控制权,是指外国投资者通过并购成为境内企业的控股股东或实际控制人。包括下列情形:

1. 外国投资者及其控股母公司、控股子公司在并购后持有的股份总额在50%以上。

2. 数个外国投资者在并购后持有的股份总额合计在50%以上。

3. 外国投资者在并购后所持有的股份总额不足50%,但依其持有的股份所享有的表决权已足以对股东会或股东大会、董事会的决议产生重大影响。

4. 其他导致境内企业的经营决策、财务、人事、技术等实际控制权转移给外国投资者的情形。

二、并购安全审查内容

(一)并购交易对国防安全,包括对国防需要的国内产品生产能力、国内服务提供能力和有关设备设施的影响。

（二）并购交易对国家经济稳定运行的影响。

（三）并购交易对社会基本生活秩序的影响。

（四）并购交易对涉及国家安全关键技术研发能力的影响。

三、并购安全审查工作机制

（一）建立外国投资者并购境内企业安全审查部际联席会议（以下简称联席会议）制度，具体承担并购安全审查工作。

（二）联席会议在国务院领导下，由发展改革委、商务部牵头，根据外资并购所涉及的行业和领域，会同相关部门开展并购安全审查。

（三）联席会议的主要职责是：分析外国投资者并购境内企业对国家安全的影响；研究、协调外国投资者并购境内企业安全审查工作中的重大问题；对需要进行安全审查的外国投资者并购境内企业交易进行安全审查并作出决定。

四、并购安全审查程序

（一）外国投资者并购境内企业，应按照本通知规定，由投资者向商务部提出申请。对属于安全审查范围内的并购交易，商务部应在5个工作日内提请联席会议进行审查。

（二）外国投资者并购境内企业，国务院有关部门、全国性行业协会、同业企业及上下游企业认为需要进行并购安全审查的，可以通过商务部提出进行并购安全审查的建议。联席会议认为确有必要进行并购安全审查的，可以决定进行审查。

（三）联席会议对商务部提请安全审查的并购交易，首先进行一般性审查，对未能通过一般性审查的，进行特别审查。并购交易当事人应配合联席会议的安全审查工作，提供安全审查需要的材料、信息，接受有关询问。

一般性审查采取书面征求意见的方式进行。联席会议收到商务部提请安全审查的并购交易申请后，在5个工作日内，书面征求有关部门的意见。有关部门在收到书面征求意见函后，应在20个工作日内提出书面意见。如有关部门均认为并购交易不影响国家安全,则不再进行特别审查,由联席会议在收到全部书面意见后5个工作日内提出审查意见,并书面通知商务部。

如有部门认为并购交易可能对国家安全造成影响,联席会议应在收到书面意见后5个工作日内启动特别审查程序。启动特别审查程序后,联席会议组织对并购交易的安全评估,并结合评估意见对并购交易进行审查,意见基本一致的,由联席会议提出审查意见;存在重大分歧的,由联席会议报请国务院决定。联席会议自启动特别审查程序之日起60个工作日内完成特别审查,或报请国务院决定。审查意见由联席会议书面通知商务部。

(四)在并购安全审查过程中,申请人可向商务部申请修改交易方案或撤销并购交易。

(五)并购安全审查意见由商务部书面通知申请人。

(六)外国投资者并购境内企业行为对国家安全已经造成或可能造成重大影响的,联席会议应要求商务部会同有关部门终止当事人的交易,或采取转让相关股权、资产或其他有效措施,消除该并购行为对国家安全的影响。

五、其他规定

(一)有关部门和单位要树立全局观念,增强责任意识,保守国家秘密和商业秘密,提高工作效率,在扩大对外开放和提高利用外资水平的同时,推动外资并购健康发展,切实维护国家安全。

(二)外国投资者并购境内企业涉及新增固定资产投资的,按国家固定资产投资管理规定办理项目核准。

(三)外国投资者并购境内企业涉及国有产权变更的,按国家国有资产管理的有关规定办理。

(四)外国投资者并购境内金融机构的安全审查另行规定。

(五)香港特别行政区、澳门特别行政区、台湾地区的投资者进行并购,参照本通知的规定执行。

(六)并购安全审查制度自本通知发布之日起30日后实施。

国务院办公厅
二〇一一年二月三日

附录四
商务部实施外国投资者并购境内企业
安全审查制度的规定

2011年第53号

根据《国务院办公厅关于建立外国投资者并购境内企业安全审查制度的通知》(国办发〔2011〕6号)以及外商投资相关法律法规,在广泛征求公众意见的基础上,我部对《商务部实施外国投资者并购境内企业安全审查制度有关事项的暂行规定》(商务部公告2011年第8号)进行了完善,形成了《商务部实施外国投资者并购境内企业安全审查制度的规定》。现予以公布,自2011年9月1日起实施。

中华人民共和国商务部
二〇一一年八月二十五日

第一条 外国投资者并购境内企业,属于《国务院办公厅关于建立外国投资者并购境内企业安全审查制度的通知》明确的并购安全审查范围的,外国投资者应向商务部提出并购安全审查申请。

两个或者两个以上外国投资者共同并购的,可以共同或确定一个外国投资者(以下简称申请人)向商务部提出并购安全审查申请。

第二条 地方商务主管部门在按照《关于外国投资者并购境内企业的规定》《外商投资企业投资者股权变更的若干规定》《关于外商投资企业境内投资的暂行规定》等有关规定受理并购交易申请时,对于属于并购安全审查范围,但申请人未向商务部提出并购安全审查申请的,应暂停办理,并在5个工作日内书面要求申请人向商务部提交并购安全审查申请,同时将有关情况报商务部。

第三条 外国投资者并购境内企业,国务院有关部门、全国性行业协会、同业企业及上下游企业认为需要进行并购安全审查的,可向商务部提出进行并购安全审查的建议,并提交有关情况的说明(包括并购交易基本情况、对国家安全的具体影响等),商务部可要求利益相关方提交有关说明。属于并购安全审查范围的,商务部应在 5 个工作日内将建议提交联席会议。联席会议认为确有必要进行并购安全审查的,商务部根据联席会议决定,要求外国投资者按本规定提交并购安全审查申请。

第四条 在向商务部提出并购安全审查正式申请前,申请人可就其并购境内企业的程序性问题向商务部提出商谈申请,提前沟通有关情况。该预约商谈不是提交正式申请的必经程序,商谈情况不具有约束力和法律效力,不作为提交正式申请的依据。

第五条 在向商务部提出并购安全审查正式申请时,申请人应提交下列文件:

(一)经申请人的法定代表人或其授权代表签署的并购安全审查申请书和交易情况说明;

(二)经公证和依法认证的外国投资者身份证明或注册登记证明及资信证明文件;法定代表人身份证明或外国投资者的授权代表委托书、授权代表身份证明;

(三)外国投资者及关联企业(包括其实际控制人、一致行动人)的情况说明,与相关国家政府的关系说明;

(四)被并购境内企业的情况说明、章程、营业执照(复印件)、上一年度经审计的财务报表、并购前后组织架构图、所投资企业的情况说明和营业执照(复印件);

(五)并购后拟设立的外商投资企业的合同、章程或合伙协议以及拟由股东各方委任的董事会成员、聘用的总经理或合伙人等高级管理人员名单;

(六)为股权并购交易的,应提交股权转让协议或者外国投资者认购境内企业增资的协议、被并购境内企业股东决议、股东大会决议,以及相应资产评估报告;

(七)为资产并购交易的,应提交境内企业的权力机构或产权持有人同意出售资产的决议、资产购买协议(包括拟购买资产的清单、状况)、协议各方情况,以及相应资产评估报告;

(八)关于外国投资者在并购后所享有的表决权对股东会或股东大会、董事会决议、合伙事务执行的影响说明,其他导致境内企业的经营决策、财务、

人事、技术等实际控制权转移给外国投资者或其境内外关联企业的情况说明,以及与上述情况相关的协议或文件;

（九）商务部要求的其他文件。

第六条 申请人所提交的并购安全审查申请文件完备且符合法定要求的,商务部应书面通知申请人受理申请。

属于并购安全审查范围的,商务部在15个工作日内书面告知申请人,并在其后5个工作日内提请外国投资者并购境内企业安全审查部际联席会议（以下简称联席会议）进行审查。

自书面通知申请人受理申请之日起的15个工作日内,申请人不得实施并购交易,地方商务主管部门不得审批并购交易。15个工作日后,商务部未书面告知申请人的,申请人可按照国家有关法律法规办理相关手续。

第七条 商务部收到联席会议书面审查意见后,在5个工作日内将审查意见书面通知申请人（或当事人）,以及负责并购交易管理的地方商务主管部门。

（一）对不影响国家安全的,申请人可按照《关于外国投资者并购境内企业的规定》《外商投资企业投资者股权变更的若干规定》《关于外商投资企业境内投资的暂行规定》等有关规定,到具有相应管理权限的相关主管部门办理并购交易手续。

（二）对可能影响国家安全且并购交易尚未实施的,当事人应当终止交易。申请人未经调整并购交易、修改申报文件并经重新审查,不得申请并实施并购交易。

（三）外国投资者并购境内企业行为对国家安全已经造成或可能造成重大影响的,根据联席会议审查意见,商务部会同有关部门终止当事人的交易,或采取转让相关股权、资产或其他有效措施,以消除该并购行为对国家安全的影响。

第八条 在商务部向联席会议提交审查后,申请人修改申报文件、撤销并购交易或应联席会议要求补交、修改材料的,应向商务部提交相关文件。商务部在收到申请报告及有关文件后,于5个工作日内提交联席会议。

第九条 对于外国投资者并购境内企业,应从交易的实质内容和实际影响来判断并购交易是否属于并购安全审查的范围;外国投资者不得以任何方式实质规避并购安全审查,包括但不限于代持、信托、多层次再投资、租赁、贷款、协议控制、境外交易等方式。

第十条 外国投资者并购境内企业未被提交联席会议审查,或联席会议经审查认为不影响国家安全的,若此后发生调整并购交易、修改有关协议文件、改变经营活动以及其他变化(包括境外实际控制人的变化等),导致该并购交易属于《国务院办公厅关于建立外国投资者并购境内企业安全审查制度的通知》明确的并购安全审查范围的,当事人应当停止有关交易和活动,由外国投资者按照本规定向商务部提交并购安全审查申请。

第十一条 参与并购安全审查的商务主管部门、相关单位和人员应对并购安全审查中的国家秘密、商业秘密及其他需要保密的信息承担保密义务。

第十二条 本规定自 2011 年 9 月 1 日起实施。

附录五
国务院办公厅关于印发自由贸易试验区外商投资国家安全审查试行办法的通知

国办发〔2015〕24 号

各省、自治区、直辖市人民政府,国务院各部委、各直属机构:

《自由贸易试验区外商投资国家安全审查试行办法》已经国务院同意,现印发给你们,请认真贯彻执行。

国务院办公厅
2015 年 4 月 8 日

自由贸易试验区外商投资国家安全审查试行办法

为做好中国(上海)自由贸易试验区、中国(广东)自由贸易试验区、中国(天津)自由贸易试验区、中国(福建)自由贸易试验区等自由贸易试验区(以下统称自贸试验区)对外开放工作,试点实施与负面清单管理模式相适应的外商投资国家安全审查(以下简称安全审查)措施,引导外商投资有序发展,维护国家安全,制定本办法。

一、审查范围

总的原则是,对影响或可能影响国家安全、国家安全保障能力,涉及敏感投资主体、敏感并购对象、敏感行业、敏感技术、敏感地域的外商投资进行安全审查。

(一)安全审查范围为:外国投资者在自贸试验区内投资军工、军工配套和其他关系国防安全的领域,以及重点、敏感军事设施周边地域;外国投资者在自贸试验区内投资关系国家安全的重要农产品、重要能源和资源、重要基础设施、重要运输服务、重要文化、重要信息技术产品和服务、关键技术、重大装备制造等领域,并取得所投资企业的实际控制权。

(二)外国投资者在自贸试验区内投资,包括下列情形:

1. 外国投资者单独或与其他投资者共同投资新建项目或设立企业。

2. 外国投资者通过并购方式取得已设立企业的股权或资产。

3. 外国投资者通过协议控制、代持、信托、再投资、境外交易、租赁、认购可转换债券等方式投资。

(三)外国投资者取得所投资企业的实际控制权,包括下列情形:

1. 外国投资者及其关联投资者持有企业股份总额在50%以上。

2. 数个外国投资者持有企业股份总额合计在50%以上。

3. 外国投资者及其关联投资者、数个外国投资者持有企业股份总额不超过50%,但所享有的表决权已足以对股东会或股东大会、董事会的决议产生重大影响。

4. 其他导致外国投资者对企业的经营决策、人事、财务、技术等产生重大影响的情形。

二、审查内容

(一)外商投资对国防安全,包括对国防需要的国内产品生产能力、国内服务提供能力和有关设施的影响。

（二）外商投资对国家经济稳定运行的影响。

（三）外商投资对社会基本生活秩序的影响。

（四）外商投资对国家文化安全、公共道德的影响。

（五）外商投资对国家网络安全的影响。

（六）外商投资对涉及国家安全关键技术研发能力的影响。

三、安全审查工作机制和程序

（一）自贸试验区外商投资安全审查工作，由外国投资者并购境内企业安全审查部际联席会议（以下简称联席会议）具体承担。在联席会议机制下，国家发展改革委、商务部根据外商投资涉及的领域，会同相关部门开展安全审查。

（二）自贸试验区安全审查程序依照《国务院办公厅关于建立外国投资者并购境内企业安全审查制度的通知》（国办发〔2011〕6号）第四条办理。

（三）对影响或可能影响国家安全，但通过附加条件能够消除影响的投资，联席会议可要求外国投资者出具修改投资方案的书面承诺。外国投资者出具书面承诺后，联席会议可作出附加条件的审查意见。

（四）自贸试验区管理机构在办理职能范围内外商投资备案、核准或审核手续时，对属于安全审查范围的外商投资，应及时告知外国投资者提出安全审查申请，并暂停办理相关手续。

（五）商务部将联席会议审查意见书面通知外国投资者的同时，通知自贸试验区管理机构。对不影响国家安全或附加条件后不影响国家安全的外商投资，自贸试验区管理机构继续办理相关手续。

（六）自贸试验区管理机构应做好外商投资监管工作。如发现外国投资者提供虚假信息、遗漏实质信息、通过安全审查后变更投资活动或违背附加条件，对国家安全造成或可能造成重大影响的，即使外商投资安全审查已结束或投资已实施，自贸试验区管理机构应向国家发展改革委和商务部报告。

（七）国家发展改革委、商务部与自贸试验区管理机构通过信息化手段，在信息共享、实时监测、动态管理和定期核查等方面形成联动机制。

四、其他规定

（一）外商投资股权投资企业、创业投资企业、投资性公司在自贸试验区内投资，适用本办法。

（二）外商投资金融领域的安全审查另行规定。

（三）香港特别行政区、澳门特别行政区、台湾地区的投资者进行投资，参照本办法的规定执行。

（四）本办法由国家发展改革委、商务部负责解释。

（五）本办法自印发之日起30日后实施。

附录六
《外国投资法（草案征求意见稿）》第四章

（2015年4月8日商务部公布）

第四章　国家安全审查

第四十八条【安全审查制度】

为确保国家安全，规范和促进外国投资，国家建立统一的外国投资国家安全审查制度，对任何危害或可能危害国家安全的外国投资进行审查。

第四十九条【安审联席会议】

国务院建立外国投资国家安全审查部际联席会议（以下简称联席会议），承担外国投资国家安全审查的职责。

国务院发展改革部门和国务院外国投资主管部门共同担任联席会议的召集单位，会同外国投资所涉及的相关部门具体实施外国投资国家安全审查。

第五十条【投资者申请安审】

外国投资危害或可能危害国家安全的，外国投资者可向国务院外国投资主管部门提交国家安全审查申请。

第五十一条【安审申请材料】

外国投资者向国务院外国投资主管部门提出国家安全审查申请时,应提交以下材料:

(一)申请书,包括:

1. 外国投资者及其实际控制人、高级管理人员情况;

2. 外国投资基本信息,包括投资金额、投资领域、投资区域、投资方式、出资比例和方式、经营计划等;

3. 外国投资危害或可能危害国家安全的说明;

4. 涉及外国投资企业的设立或变更的,提交该外国投资企业的组织形式、治理结构等信息;

5. 通知和送达方式。

(二)与申请书内容有关的文件和证明材料;

(三)外国投资者及其实际控制人的陈述、声明及对申请材料真实性、完整性的承诺。

国务院外国投资主管部门可在国家安全审查过程中要求外国投资者及其他当事人补充提交相关材料。

第五十二条【预约商谈】

向国务院外国投资主管部门提出安全审查申请之前,外国投资者可就有关程序性问题提出预约商谈的请求,提前沟通有关情况。

第五十三条【确定是否需要进行安审】

国务院外国投资主管部门应在收到第五十一条【安审申请材料】规定的申请材料后15个工作日内告知申请人有关外国投资事项是否需要进行国家安全审查。

需要进行国家安全审查的,国务院外国投资主管部门在告知申请人后5个工作日内提请联席会议进行审查。

第五十四条【投资者撤回安审申请】

外国投资者提出国家安全审查申请后,未经国务院外国投资主管部门同意,不得撤回申请。

第五十五条【依职权启动安审】

联席会议可依职权决定对危害或可能危害国家安全的外国投资进行国家安全审查。

有关部门、行业协会、同业企业、上下游企业及外国投资者以外的其他当事人认为某一外国投资需要进行国家安全审查的,可向国务院外国投资主管部门提出进行国家安全审查的建议。联席会议认为确有必要进行国家安全审查的,可以决定进行审查。

联席会议作出启动国家安全审查决定的,国务院外国投资主管部门应书面告知外国投资者。

第五十六条【再次进行安审】

具有下列情形的,联席会议可依据本法第五十五条【依职权启动安审】对已审查的外国投资再次进行国家安全审查:

(一)外国投资者或其他当事人在审查过程中隐瞒有关情况,提供虚假材料或者进行虚假陈述的;

(二)外国投资者或其他当事人违反了审查决定中所附限制性条件实施投资的。

第五十七条【安审因素】

对外国投资进行国家安全审查应当考虑的因素包括:

(一)对国防安全,包括对国防需要的国内产品生产能力、国内服务提供能力和有关设备设施的影响,对重点、敏感国防设施安全的影响;

(二)对涉及国家安全关键技术研发能力的影响;

(三)对涉及国家安全领域的我国技术领先地位的影响;

(四)对受进出口管制的两用物项和技术扩散的影响;

(五)对我国关键基础设施和关键技术的影响;

(六)对我国信息和网络安全的影响;

(七)对我国在能源、粮食和其他关键资源方面长期需求的影响;

(八)外国投资事项是否受外国政府控制;

(九)对国家经济稳定运行的影响;

(十)对社会公共利益和公共秩序的影响;

（十一）联席会议认为应当考虑的其他因素。

第五十八条【安审决定类型】

根据国家安全审查结果,国务院或者联席会议可作出如下决定:

（一）外国投资不危害国家安全的,予以通过;

（二）外国投资危害或者可能危害国家安全、但可通过附加限制性条件消除的,予以附条件通过;

（三）外国投资危害或者可能危害国家安全且无法消除的,不予通过。

第五十九条【配合安审义务】

外国投资者及其他当事人应配合联席会议进行国家安全审查,提供审查需要的信息,接受有关询问或核查。

第六十条【安审阶段】

联席会议进行国家安全审查,分为一般性审查阶段和特别审查阶段。

第六十一条【一般性审查时限】

一般性审查应在国务院外国投资主管部门依据本法第五十三条【确定是否需要进行安审】提请联席会议进行审查之日或者联席会议依据本法第五十五条【依职权启动安审】决定进行国家安全审查之日起30个工作日内完成。

第六十二条【一般性审查意见】

经过一般性审查后,如联席会议认为外国投资不危害国家安全的,应形成审查意见,并书面通知国务院外国投资主管部门;认为外国投资可能存在危害国家安全风险的,应决定进行特别审查,并书面通知国务院外国投资主管部门。

国务院外国投资主管部门在收到联席会议审查意见后5个工作日内书面通知申请人和有关当事人。

第六十三条【特别审查时限】

特别审查应在依据本法第六十二条【一般性审查意见】规定启动特别审查程序之日起60个工作日内完成。

启动特别审查程序后,联席会议应当组织对外国投资的安全评估,并结合评估意见进行审查。

第六十四条【特别审查意见】

经特别审查后,联席会议认为外国投资不危害国家安全的,应提出书面审查意见并书面通知国务院外国投资主管部门;国务院外国投资主管部门在收到联席会议审查意见后5个工作日内书面通知申请人和有关当事人。

在特别审查过程中,联席会议认为外国投资危害或可能危害国家安全的,应提出书面审查意见,报请国务院决定。予以通过的,由国务院外国投资主管部门书面通知申请人和有关当事人;予以否决的,由国务院作出否决决定。

第六十五条【附加限制性条件】

为避免有关外国投资对国家安全可能产生的危害,申请人可在审查决定作出前向国务院外国投资主管部门提出对有关外国投资附加限制性条件的建议。

联席会议应对该建议的有效性和可行性进行评估。

联席会议可根据评估结果与有关当事人议定附加限制性条件,包括对投资进行必要的调整,以消除对国家安全可能产生的危害。

第六十六条【附条件通过】

经过评估并与当事人达成一致,联席会议可作出予以附条件通过的决定,并书面通知国务院外国投资主管部门告知申请人和有关当事人。

第六十七条【附条件的监督执行】

外国投资按照本法获得附加限制性条件通过国家安全审查的,外国投资者、外国投资企业在依据本法第五章【信息报告】第四节【定期报告】提交年度报告时应同时说明上一年度遵守限制性条件的有关情况。

国务院外国投资主管部门应当会同有关部门采取适当措施监督限制性条件的执行情况。有关当事人违反限制性条件对国家安全造成危害或者有可能造成危害的,国务院外国投资主管部门可依据本法第五十六条【再次进行安审】规定再次提请国家安全审查。

第六十八条【安审指南】

国务院外国投资主管部门应编制和公布外国投资国家安全审查指南。

第六十九条【安审年度报告】

国务院外国投资主管部门应编制和公布外国投资国家安全审查年度报告。

第七十条【安审临时措施】

国家安全审查程序进行中,国务院外国投资主管部门可采取必要的临时措施,以维护国家安全。

第七十一条【安审强制措施】

经过国家安全审查认定外国投资对国家安全已经造成或可能造成重大危害的,国务院外国投资主管部门应责令当事人不得实施或者终止外国投资,或采取转让相关股权、资产或其他有效措施,消除或者避免外国投资对国家安全的危害。

国务院外国投资主管部门可会同有关部门采取必要措施,消除或者避免外国投资对国家安全的危害。

第七十二条【法律责任承担】

外国投资者未申请国家安全审查而实施投资,国务院外国投资主管部门依据本法第七十条【安审临时措施】、第七十一条【安审强制措施】采取措施给已实施投资造成损失的,由外国投资者承担。

第七十三条【行政复议和诉讼的豁免】

对于依据本章作出的国家安全审查决定,不得提起行政复议和行政诉讼。和

第七十四条【外国投资金融领域安全审查制度】

外国投资者投资金融领域的国家安全审查制度,由国务院另行规定。

参考文献

一、中文文献

1. 〔德〕埃贝哈德·施密特-阿斯曼等:《德国行政法读本》,于安等译,高等教育出版社 2006 年版。

2. 常蕊:《外资并购的安全审查:前置条件与监督机制》,载《改革》2014 年第 9 期。

3. 钞鹏:《企业国际化与母国国际影响力》,载《经济问题探索》2011 年第 4 期。

4. 车丕照、董毅:《东道国对跨国公司活动的法律规制》,载《甘肃政法学院学报》2002 年第 6 期。

5. 陈婵婷:《从华为案看美国国会对外资国家安全审查的政治监督》,载《时代金融》2012 年第 12 期。

6. 陈垦:《外资并购的国家安全审查概念与实践》,载《中国外资》2011 年第 24 期。

7. 陈晓芳、刘其军:《中国投资遭遇美国国家安全审查的困境与突破》,载《商业时代》2013 年第 17 期。

8. 陈咏梅:《中国外资并购国家安全审查论》,载《学术探索》2013 年第 2 期。

9. 陈玉祥、孙强：《非美发达国家外资并购安全审查制度风险的隐喻及对策》，载《理论月刊》2010 年第 12 期。

10. 成思危：《只有坚持改革开放 才能确保产业安全》，载《财经界》2008 年第 1 期。

11. 迟德强：《浅析跨国公司对国家政治主权的影响》，载《江汉论坛》2007 年第 7 期。

12. 楚树龙：《世界的变化和中国国家安全》，载《国际政治研究》2009 年第 4 期。

13. 戴超武：《国家利益概念的变化及其对国家安全和外交决策的影响》，载《世界经济与政治》2000 年第 12 期。

14. 邓翔：《外资并购国家安全审查实体性标准比较研究》，西南政法大学 2013 年硕士学位论文。

15. 丁丁、潘方方：《对我国的外资并购国家安全审查制度的分析及建议》，载《当代法学》2012 年第 3 期。

16. 杜仲霞：《反垄断法视野下的外资并购》，载《法治研究》2010 年第 2 期。

17. 范春辉：《跨国公司的政治逻辑》，载《文化纵横》2011 年第 6 期。

18. 方之寅：《析美国对外资并购的审查和限制》，载《东方法学》2011 年第 2 期。

19. 〔美〕弗雷德里克·皮尔逊、西蒙·巴亚斯里安：《国际政治经济学：全球体系中的冲突与合作》，杨毅、钟飞腾、苗苗译，北京大学出版社 2006 年版。

20. 傅若兰、查道炯：《应对发达国家市场准入的策略分析——以中资企业进入澳大利亚为例》，载《当代亚太》2014 年第 1 期。

21. 高发伟：《浅谈加拿大投资审查及中国国有企业如何应对》，载《国际石油经济》2014 年第 5 期。

22. 高友才：《经济全球化：生成、利弊、对策》，载《郑州大学学报（哲学社会科学版）》2011 年第 6 期。

23. 顾宝炎：《外国国有企业管理中的企业责任和政府控制》，载《经济与管理研究》2000 年第 6 期。

24. 顾功耘、罗培新主编:《经济法前沿问题研究(2014)》,北京大学出版社 2015 年版。

25. 郭富青:《论公司实际控制权:性质·渊源·法律导向》,载《甘肃政法学院学报》2011 年第 1 期。

26. 郭连成:《经济全球化正负效应论》,载《世界经济与政治》2000 年第 8 期。

27. 韩龙、沈革新:《美国外资并购国家安全审查制度的新发展》,载《时代法学》2010 年第 5 期。

28. 何可:《中航技收购事件的由来及影响》,载《对外经贸实务》2008 年第 8 期。

29. 何维达、李冬梅:《我国产业安全理论研究综述》,载《经济纵横》2006 年第 8 期。

30. 何贻纶:《国家安全观刍议》,载《政治学研究》2004 年第 3 期。

31. 贺丹:《企业海外并购的国家安全审查风险及其法律对策》,载《法学论坛》2012 年第 2 期。

32. 胡代光:《经济全球化的利弊及其对策》,载《福建论坛(经济社会版)》2000 年第 11 期。

33. 华民:《经济全球化与中国的对外开放》,载《学术月刊》2007 年第 7 期。

34. 黄进、张爱明:《在美国的收买投资与国家安全审查》,载《法学评论》1991 年第 5 期。

35. 黄一玲:《求解跨国公司应对东道国政治壁垒之博弈策略》,载《东南学术》2014 年第 4 期。

36. 纪宝成、刘元春:《关于对我国产业安全若干问题的看法》,载《产经评论》2006 年第 10 期。

37. 江山:《加拿大"投资—国家安全"审查中的关键资源——基于〈加拿大投资法〉的分析》,载《国际经济合作》2013 年第 1 期。

38. 金灿荣、刘世强:《未来十年的世界与中国:国际政治视角》,载《现代国际关系》2010 年第 S1 期。

39. 景玉琴:《政府规制与产业安全》,载《经济评论》2006年第2期。

40. 康荣平、杜玉平:《无母国型跨国公司——跨国公司发展的新现象》,载《国际经济评论》2005年第3期。

41. 李成强:《产业安全理论评介、涵界与展望》,载《黑龙江社会科学》2008年第3期。

42. 李建强:《外资并购的反垄断审查和国家安全审查研究》,载《特区经济》2011年第6期。

43. 李军:《外资国家安全审查制度历史考察及我国制度选择》,载《云南大学学报(法学版)》2014年第11期。

44. 李孔岳、罗必良:《政府控制国有企业的方式与效率分析》,载《南方经济》2004年第2期。

45. 李凌云:《我国反垄断立法中有关外资并购的国民待遇问题》,载《华东政法学院学报》2003年第4期。

46. 李群:《外资并购国家安全审查法律制度研究》,西南政法大学2012年博士学位论文。

47. 李少军:《国家安全理论初探》,载《世界经济与政治》1995年第12期。

48. 李轩:《国际投资保护主义的兴起与中国的对策研究》,载《河北经贸大学学报》2013年第6期。

49. 梁洪学:《公司控制权的演进及其本质》,载《江汉论坛》2008年第10期。

50. 梁忠前:《"国家安全"概念法理分析》,载《江苏社会科学》1995年第4期。

51. 林军:《利益相关者与公司控制权安排》,载《暨南学报(人文科学与社会科学版)》2004年第4期。

52. 刘镜:《论美国跨国公司政治行为对美国政治的积极作用》,载《和田师范专科学校学报(汉文综合版)》2008年第6期。

53. 刘郁:《主权财富基金的法律规制问题研究》,载《甘肃联合大学学报(社会科学版)》2009年第4期。

54. 刘跃进:《论国家安全的基本含义及其产生和发展》,载《华北电力大学学报(社会科学版)》2001年第4期。

55. 刘跃进主编:《国家安全学》,中国政法大学出版社2004年版。

56. 柳琛子:《中国外资并购安全审查立法的现状及对策》,载《华北电力大学学报(社会科学版)》2013年第4期。

57. 楼朝明:《影响中国企业在澳大利亚投资的政治经济因素分析》,载《国际商务研究》2014年第1期。

58. 卢进勇、李锋:《国际投资保护主义的历史演进、特点及应对策略研究》,载《亚太经济》2012年第4期。

59. 卢炯星主编:《中国外商投资法问题研究》,法律出版社2001年版。

60. 〔美〕罗伯特·基欧汉、约瑟夫·奈:《权力与相互依赖——转变中的世界政治》,林茂辉、段胜武、张星萍译,中国人民公安大学出版社1992年版。

61. 罗志松:《外资并购的东道国风险研究》,人民出版社2007年版。

62. 孟国碧:《论身份混同背景下我国外资并购中国家安全审查程序的完善》,载《时代法学》2014年第3期。

63. 孟国碧:《论身份混同背景下我国外资并购中国家安全审查机构的完善》,载《求是学刊》2014年第5期。

64. 苗迎春:《主权财富基金的对外投资与中国海外利益的维护》,载《中国发展观察》2009年第2期。

65. 缪心毫、余柔:《中国外资并购安全审查新规的审视与完善》,载《天津财经大学学报》2011年第6期。

66. 倪同木:《中国外资并购国家安全审查规则的强化——一个比较法的视角》,载《世界经济与政治论坛》2014年第3期。

67. 欧阳卓飞:《经济全球化与企业境外投资》,载《中南财经政法大学学报》2003年第3期。

68. 潘德勇:《欧盟外资并购国家安全审查制度对中国的启示》,载《湖北经济学院学报》2013年第3期。

69. 裴长洪:《后危机时代经济全球化趋势及其新特点、新态势》,载《国际经济评论》2010年第4期。

70. 彭岳:《外资并购国家安全审查中的权限配置问题:中美之间的差异

及启示》,载《国际商务研究》2012 年第 4 期。

71. 漆彤:《论主权财富基金之若干法律纷争》,载《武大国际法评论》2010 年第 1 期。

72. 漆彤、余茜:《从新自由主义到嵌入式自由主义——论晚近国际投资法的范式转移》,载刘志云主编:《国际关系与国际法学刊》(2014·第 4 卷),厦门大学出版社 2014 年版。

73. 乔颖、彭纪生:《国内产业安全问题的研究述评》,载《济南大学学报》2007 年第 3 期。

74. 权睿学:《澳大利亚外国投资审查制度和法律框架概述》,载《国际经济合作》2011 年第 7 期。

75. 尚清、徐建东:《俄罗斯外商投资安全审查制度的新变化及启示》,载《经济纵横》2014 年第 12 期。

76. 沈四宝、盛建明:《经济全球化与国际经济法的新发展》,载《中国法学》2006 年第 3 期。

77. 史建三、钱诗宇等:《企业并购反垄断审查比较研究》,法律出版社 2010 年版。

78. 史美霖:《经济全球化下跨国资本直接投资新趋势与利用外资的战略思考》,载《企业经济》2006 年第 7 期。

79. 史树林:《论主权财富基金的法律问题》,载《中央财经大学学报》2008 年第 5 期。

80. 宋彩云:《海外并购中的国家安全审查风险及其法律对策》,上海大学 2014 年硕士学位论文。

81. 宋伟:《国家安全:范畴与内涵——一种现实主义的视角》,载《东南亚纵横》2009 年第 3 期。

82. 宋晓燕:《中国(上海)自由贸易试验区的外资安全审查机制》,载《法学》2014 年第 1 期。

83. 宋玉华、李锋:《主权财富基金的新型"国家资本主义"性质探析》,载《世界经济研究》2009 年第 4 期。

84. 孙晋平:《国际关系理论中的国家安全理论》,载《国际关系学院学报》

2000年第4期。

85. 孙晋、翟孟:《对我国外资并购的反垄断法思考——以美国可口可乐收购我国汇源为例》,载《新疆大学学报(哲学·人文社会科学版)》2009年第3期。

86. 孙礼鹏:《被中止的交易》,载《航空档案》2009年第4期。

87. 孙南申、彭岳:《外资并购国家安全审查制度的立法改进与完善措施》,载《学海》2014年第3期。

88. 孙瑞华、刘广生:《产业安全:概念评析、界定及模型解释》,载《中国石油大学学报(社会科学版)》2006年第5期。

89. 唐勇:《跨国公司行为的政治维度》,立信会计出版社1999年版。

90. 陶金元、杨德锋、张存玉:《跨国公司传承母国文化的路径分析》,载《商业研究》2011年第11期。

91. 陶林:《美国〈伯德修正案〉评析》,载《山东大学学报(哲学社会科学版)》2006年第2期。

92. 汪育俊:《全面理解"国家安全"概念》,载《江南社会学院学报》2000年第1期。

93. 王东光:《外资审查的政治维度》,载顾功耘主编:《政府与市场关系的重构——全面深化改革背景下的经济法治》,北京大学出版社2015年版。

94. 王佳慧:《〈俄罗斯战略外资法〉内容、变化及实施效果》,载《俄罗斯学刊》2014年第4期。

95. 王健:《2002年〈企业法〉与英国竞争法的新发展》,载《环球法律评论》2005年第2期。

96. 王娜:《美国跨国公司的政治权力及对中美关系的影响》,载《国际关系学院学报》2004年第4期。

97. 王少喆:《跨国并购国家安全审查制度比较研究》,北京大学2007年硕士学位论文。

98. 王小琼:《德国外资并购国家安全审查新立法述评及其启示》,载《国外社会科学》2011年第6期。

99. 王雪莉:《西方主要工业国家(德国与美国)外资并购审查制度的比较

研究》,中国政法大学 2011 年硕士学位论文。

100. 王遥、刘笑萍:《经济安全与主权财富基金投资动向研究》,载《广东金融学院学报》2008 年第 6 期。

101. 王玉梁、朱喜秋:《经济全球化与国际投资——趋势及对策》,载《国际经济合作》1999 年第 11 期。

102. 巫云仙:《改革开放以来我国引进和利用外资政策的历史演进》,载《中共党史研究》2009 年第 7 期。

103. 吴汉洪、贾炳军:《澳大利亚外国投资国家安全审查制度及应对策略》,载《徐州工程学院学报(社会科学版)》2014 年第 4 期。

104. 吴兴南、林善炜:《全球化与未来中国》,中国社会科学出版社 2002 年版。

105. 冼国明、张岸元:《跨国公司与美国国会对华政治》,载《世界经济》2004 年第 4 期。

106. 肖芳:《〈里斯本条约〉与欧盟成员国国际投资保护协定的欧洲化》,载《欧洲研究》2011 年第 3 期。

107. 肖莹莹:《公司盈利渐与母国经济脱钩》,载《经济参考报》2006 年 3 月 3 日第 003 版。

108. 谢平、陈超:《论主权财富基金的理论逻辑》,载《经济研究》2009 年第 2 期。

109. 徐维余:《外资并购安全审查法律比较研究》,华东政法大学 2010 年博士学位论文。

110. 于永刚:《美国外资并购国家安全审查法律制度探析——兼论我国相关法律制度的构建》,华东政法大学 2009 年硕士学位论文。

111. 俞婷婷、徐明玉:《中国产业安全研究的最新进展:一个文献综述》,载《经济研究导刊》2009 年第 28 期。

112. 袁文全:《论跨国公司社会责任的母国规制》,载《西南民族大学学报(人文社会科学版)》2010 年第 1 期。

113. 〔英〕约翰·邓宁:《外国直接投资:全球化与发展、新的挑战与机遇》,载《国际经济合作》2005 年第 4 期。

114. 曾智慧:《澳大利亚外资并购审查制度研究》,湘潭大学 2011 年硕士学位论文。

115. 张国凤、吴雄文:《建立和完善外资并购安全审查制度对军工企业改革与发展的影响》,载《国防科技工业》2011 年第 3 期。

116. 张国平:《外资并购的准入管制和反垄断管制》,载《南京师大学报(社会科学版)》2008 年第 6 期。

117. 张金清、吴有红:《外资并购对我国经济安全的潜在威胁分析》,载《复旦学报(社会科学版)》2010 年第 2 期。

118. 张立:《产业安全问题的国家政治经济学分析》,载《天府新论》2007 年第 4 期。

119. 张清敏:《国家安全:中国对外安全战略的核心》,载《国际政治研究》2009 年第 4 期。

120. 张庆麟、刘艳:《澳大利亚外资并购国家安全审查制度的新发展》,载《法学评论》2012 年第 4 期。

121. 张薇:《澳大利亚外资审查法律制度及应对建议》,载《国际经济合作》2011 年第 2 期。

122. 张小茜、汪炜:《持股结构、决议机制与上市公司控制权》,载《经济研究》2008 年第 11 期。

123. 赵蓓文:《经济全球化新形势下中国企业对外直接投资的区位选择》,载《世界经济研究》2015 年第 6 期。

124. 赵超:《中外能源投资市场准入制度比较研究》,山西大学 2012 年硕士学位论文。

125. 赵平:《跨国公司的政治行为及对策研究》,载《商业研究》2012 年第 2 期。

126. 钟贵:《加拿大外资并购国家安全审查制度研究》,载《中国电力教育》2010 年第 S2 期。

127. 朱鸿伟:《跨国公司政治行为的经济学分析》,载《暨南学报(哲学社会科学版)》2006 年第 1 期。

128. 朱识义:《外资参与经营者集中国家安全审查制度研究》,浙江大学出版社 2014 年版。

129. 朱小慧:《揭示世界市场与经济全球化的内在联系》,载《中国社会科学院院报》2005 年 9 月 13 日第 002 版。

130. 朱一飞:《国家安全审查与反垄断法的区别与协调——以产业安全保障为视角》,载《河北法学》2009 年第 5 期。

131. 朱一飞:《我国国家安全审查制度之功能定位》,载《云南大学学报(法学版)》2009 年第 1 期。

二、外文文献

1. Andrew Szamosszegi, An Analysis of Chinese Investments in the U. S. Economy, U. S.-China Economic and Security Review Commission, October 2012.

2. Christopher M. Weimer, Foreign Direct Investment and National Security Post-FINSA 2007, *Texas Law Review*, 2009, Vol. 87, No. 3, pp. 663-684.

3. James F. F. Carroll, Back to the Future: Redefining the Foreign Investment and National Security Act's Conception of National Security, *Emory International Law Review*, 2009, Vol. 23, No. 1, pp. 167-200.

4. James K. Jackson, The Exon-Florio National Security Test for Foreign Investment, CRS Report for Congress.

5. Jason Cox, Regulation of Foreign Direct Investment After the Dubai Ports Controversy: Has the U. S. Government Finally Figured Out How to Balance Foreign Threats to National Security Without Alienating Foreign Companies? *The Journal of Corporation Law*, 2008, Vol. 34, No. 1, pp. 293-315.

6. Joanna Rubin Travalini, Foreign Direct Investment in the United States: Achieving a Balance Between National Economy Benefits and National Security Interests, *Northwestern Journal of International Law & Business*, 2009, Vol. 29, No. 3, pp. 779-799.

7. Jose E. Alvarez, Political Protectionism and United States International Investment Obligations in Conflict: The Hazards of Exon-Florio, *Virginia Journal of International Law*, 1989, Vol. 30, No. 1, pp. 1-188.

8. Kristy E. Young, The Committee on Foreign Investment in the United States and the Foreign Investment and National Securities Act of 2007: A Delicate Balancing Act that Needs Revision, *U. C. Davis Journal of International Law and Policy*, 2008, Vol. 15, No. 1, pp. 43-70.

9. OECD, Guidelines for Recipient Country Investment Policies Relating to National Security.

10. Stephen Sothmann, Let He Who Is Without Sin Cast the First Stone: Foreign Direct Investment and National Security Regulation in China, *Indiana International & Comparative Law Review*, 2009, Vol. 19, No. 1, pp. 203-231.

后　记

　　改革开放四十年来,我国政治、经济、社会等各方面发生了翻天覆地的变化,取得了举世瞩目的成就。我国加入世界贸易组织,签订了多项双边或多边贸易协定,全国自由贸易试验区形成"1+3+7"试点格局,对外资开放的领域不断扩大,各领域的开放程度不断加深,外资管理体制经过不断改革而逐步规范化、科学化、便利化。我国的外资开放政策取得了巨大的成功,外资对我国的经济发展做出了突出的贡献。但是,我们也应当注意到,外资在为我国经济发展注入资金、技术、管理等各种资源和动力的同时,也带来了很多挑战。在外资可能带来的所有风险中,对国家安全的威胁是最令人不能容忍的。国家安全是立国之本,是经济社会健康有序发展的前提,是一国利用外资中不容触碰的底线。为了在开放的外资政策与国家安全之间找到平衡点,很多国家建立了外国投资国家安全审查制度,即在原则上保持开放的外资政策,积极吸收利用外资,同时建立个案审查制度,对可能危害国家安全的外国投资进行审查。因此,加强国家安全审查制度研究具有重要的现实意义。

　　本书共分为四个部分:第一部分对经济全球化背景下跨国投资的产生、发展以及东道国对外国投资的保护与规制进行了阐述,为后续的研究奠定了事实上与法律上的基础;第二部分对外国投资国家安全审查行为的本质进行了探究,从国家安全审查的政治内核、法律化途径以及执法与适用的政治回归等角度,揭示了国家安全审查的特质;第三部分为比较研究,对美国、澳大利亚、加拿大、德国、俄罗斯、英国等国的国家安全审查制度进行了较为系统的论述;第四部分为国家安全审查的本土化研究,具体论述了我国从国家安全角度规制外资的法律体系、对现行国家安全审查制度的审视以及建立统一的国家安全审查制度的建议。

外国投资国家安全审查制度与国际政治、国内形势密切相关,处于不断的发展和变化之中。在本书定稿之时,美国总统特朗普签署了《2019 财年国防授权法案》,其中就包括备受关注的 2018 年《外国投资风险评估现代化法案》(FIRRMA)。FIRRMA 是美国 2007 年《外国投资与国家安全法》颁布之后对外国投资国家安全审查制度进行的重大修改。进行此次修改的重要原因是,美国部分人士认为目前的美国国家安全审查机制不足以应对外国投资对美国国家安全构成的新威胁。他们认为,这些威胁主要来源于外国投资者在美国关键技术和敏感领域进行的投资,尤其是外国政府提出的战略性投资,这些投资旨在追赶或超越美国的技术优势,获得当前或未来的军事应用技术,包括开发防御或情报应用的商业技术,如机器人、人工智能、自动化等技术。FIRRMA 对国家安全审查的范围、审查机构的权限以及审查程序等内容作了重大修改。对于 FIRRMA,本书未能详细阐述,颇为遗憾,只能留待日后对之进行认真学习和研究,以期对我国国家安全审查制度的完善提供参考和借鉴。

在本书的撰写过程中,我指导的硕士研究生王萍、刘珍、秦超、王春欣、卫芳、沈肖卿等同学提供了非常重要的帮助,书中也凝聚了他们的汗水与智慧,在此向这些优秀的学生表示诚挚的谢意。

尽管我在写作过程中努力搜集所涉各国的法律资料,力求资料的完整性和理解的准确性,但是可能仍有遗漏和理解错误之处,加上研究水平有限,肯定存在诸多不足之处,恳请专家学者批评指正。

王东光
2018 年 8 月 20 日